U0068395

作　者
陳亞先

# 此生此家

## ——大時代中的小敍事

# 目次

# 深水靜流——追憶民國生活

傅國湧

　　民國是一個動盪的亂世，不斷的政治變局、不斷的內外戰爭，將國人的正常生活一次次打斷。然而，無論多麼殘酷的戰爭也折不斷平常人過平常生活的意願，民國生活在許多過來人的記憶裏常常是溫暖、親切的，哪怕物質匱乏、遷徙流離的生活，他們也一樣過得有滋有味，而且內心總是有一種不可遏止的念頭，要尋求更好的生活，不光是物質的，還有精神的。這樣的民國生活當然是值得追憶的。

　　我覺得，歷史不僅是由帝王將相、偉人梟雄、政客名流們書寫的，歷史更是由平凡的人們自己的生活書寫的，每個人都是歷史這張大網上的一個結點，每個結點都不是可有可無的，在造物主眼裏都看為寶貴，而且不可替代。那些單純由大人物書寫的歷史是殘缺、不完整的，也是冷冰冰的，缺少生活的質感，這就需要普通人的私人記錄來填補，這不是一種簡單的補充，敘事者本身也是主體。

　　我們以往的史官文化留下了一個好的傳統，也有許多負面的影響，就是眼光未免狹隘，對普通人、對每個個體生命的重視不

夠，或者說缺乏人的意識。日記、書信、回憶錄，所有這些私人記錄因此就成為歷史敘事的重要部分，與偏重政權更迭、權力成敗的官方敘事相比，私人記錄關注的往往是人的本身。個體生命對自己親歷的時代的記錄，這樣的敘事總是帶著生命的體溫，有著與時代血肉相連的感覺，也真正能深入「生活的底裏」，與生活本身完全融為一體，一個時代的面目在其底部正是每個生命所經歷的生活，他們的記錄同樣是不可忽略的歷史，那是一個人的「史記」。法國史學家布羅代爾的名著《十五至十八世紀的物質文明、經濟和資本主義》就是由普通人的日常物質生活入手，尋找歐洲近代歷史變化的脈絡，別開歷史研究的新途徑，受到世人的推重。

　　這本《此生此家》只是一個普通人晚年對民國生活的追憶，在九十三歲的陳亞先老人筆下，沒有什麼驚心動魄、跌宕起伏的故事，也沒有什麼大起大落、扣人心弦的情節，然而，正是這些平凡而瑣細的日常生活，更真實地呈現出民國生活的本來面目，讓我們依稀找到民國生活的感覺。老人出生的1916年正當袁世凱稱帝失敗，在舉國唾罵聲中棄世之時，軍閥爭競的帷幕就在這一年拉開，國民革命、北伐戰爭的風雲翻捲在她的少女時代，抗日戰爭的滾滾硝煙曾經遮沒她的青春年華，國共角逐的結果決定了她大半生的生活……與那些成王敗寇、充滿殺戮與陰謀的大歷史不同，這裏沒有喧囂、沒有躁動，在沉重、壯闊的大背景下，人們仍然要有自己的生活，即使陷在不可抗拒的苦難中也總有無價的陽光灑在身上。

　　她回憶自己的小學、中學和大學生活，那些同學、那些老師，國民黨執政的年代，左、右分野分明，她的小學老師中就有「教養院出來的」左翼青年。在她成長的年代，她可以讀到不同

思想傾向的讀物，小學時讀過左翼作家蔣光慈的作品，大學的課外書中就有斯諾的《西行漫記》等。西安事變發生，她正在杭州女子中學求學，事後，每個同學人手一冊蔣介石的《西安蒙難記》，而且要求人人寫讀後感，她在作文中認為西安事變真相究竟如何，「倘若單憑一方之言而做出結論，或許永遠也解不開其中之謎了」。如此的「大逆不道」，老師也只是要她重寫了事，並沒有將她打入另冊。抗戰爆發，她進入上海租界的大同大學，課餘做家教，先後輔導過張元濟先生的孫女、張自忠將軍的後人，在那個國土淪喪、強寇入境的年代，她教讀《詩經》中的詩篇，心中點亮的是本民族文化的一線燈火，那種感受更非平時可比。「孤島」淪陷，她進入內地，由衡陽、獨山一路到重慶，在銀行工作，經歷了民族抗戰的艱難歲月，我印象最深的是她的同事跑警報時的歌聲。在敘述這些往事時，老人的筆觸無比平靜。這是回憶錄應有的樣式，也是我心目中的民國風範。

數年前，在南京友人的家中，我與陳亞先老人有過一面之緣，但沒有交談。兒子九歲那年獨自到南京友人家住了一段，倒是與老人成了忘年交，回家時帶回了老人給他的臨別贈詩，筆跡秀雅、詩意清新，一派民國的氣息。直到此時，遵囑為這本《此生此家》寫序，其中一些文字似曾相識，隱約覺得在哪裏讀到過，查看《老照片》的目錄，才驀然發現〈杭州頭髮巷一號〉和我的一篇小文〈蔡鍔與袁世凱〉就刊在同一期上，只是一直以來人與文沒有對上號。我喜歡這樣的文字，歷經歲月沉澱、樸素自在的文字，忠於生活本身的文字，如此的安詳無憂，如此的從容不迫，一如深水靜流，那水從她記憶的深處依依而來、汩汩淌出，沒有誇飾、沒有抒情，沒有任何的躁動不安，彷彿將塵世的所有浮華、紛擾都過濾盡了。那水是活水，從民國流淌至今，無

論時代的風浪如何顛簸不定，無論不可抗的外部環境如何幾經變遷，都擋不住生命中那些暖暖的回憶。

　　民國生活，一戶尋常人家的日常生活，一個普通人的回憶，帶著我回到那個時代，回到那些平平常常的生活場景，那裏並不滿是春天般的誘人，但那裏有永存的溫暖細節，有任何外在力量都奪不去的生活。也因此，老人的大部分記憶停留在了民國時代，後來的生活則在另一時代中。其實民國生活終結時她不過三十三歲。民國生活的誘人處，從來都不是物質的豐盈，不是十字街頭的燈光爛漫，而是普通人在日常的物質生活和精神生活中體現出來的平常心，是對生活本身始終如一的肯定。

2009年11月3日杭州

# 敍一：生不逢辰

## 一、遺腹子

1891年農曆12月27日，浙江諸暨店口鎮已故鄉村醫生陳汝達先生家中生下了他未及謀面的遺腹子。這個孩子是我的父親，名樹周，字錫楨。

祖父死時三十七歲。留下三個月後出生的馬法（父親乳名）、比他小十歲的妻子，還有六歲的女兒阿蘇。祖父究竟得何病而亡，父親事實上並不知道，我們也從未聽他或祖母說起過。只知道父親生不逢辰，這是他苦難生活的開始。所幸祖母仍活到了六十一歲才離世。那是1925年，已民國，我九歲。

祖父是遠近聞名的鄉村醫生。陳家祖宅在店口鎮北觀巷裏，地處偏僻，四方鄉鄰求醫多有不便。後來祖父在鎮南上街頭買下一樓一底。樓下一間廚房兼飯廳，另一間書房兼診所；樓上兩間為臥室。祖母說過，祖父醫道、醫德都不錯，當年四面八方乘轎來就診之人，最多時一直排到真君廟前。對那些無錢看病的人，祖父送醫送藥，直至病癒為止，可見仁心仁術。

祖父沒有留下更多遺產。除祖傳醫書外，尚有薄田二十二畝，大竹園一個，還有被當地人稱為金山嶢的山崗半座。田租作為家中口糧，維持最基本的生活；金山嶢山壁陡峭，除有些許楊梅樹之外只是柴山。楊梅一年一季，可上市去賣，數量不多，收入有限，唯一能抵作家用的就是那個大竹園。整個園子茂竹成林，黑壓壓一片，與對面金山嶢腳下的毛竹夾路相對，陽光很難照進路面，鄉里人稱為「陰世界」。

　　祖母說，每年春天出筍，請上三四人去挑選那些不能成材的敗筍，拿到街市上去賣。竹園很大，頭天裏認定的敗筍，次日再找，往往覓而不見。祖母想出一個辦法，即在家數稻草，把稻草一百根一紮、一千根十紮、一萬根一百紮地整理好，在留下的新竹上繫上一根，就可知道當年究竟有多少新竹了；然後判（當地土話，即賣給的意思）給山裏人做紙，或搭棚、建房、編製竹器。這筆收入，加上賣敗筍的錢，大約夠派不少開支。祖母曾對母親這樣說過：「我不用像你娘那樣繡花，在家數數稻草就夠一年開支了。」

　　一年四季，僅靠春季這一點收入，日子其實也好不到哪裏去。


　　伯（即父親，當地稱謂）念完小學，即到紹興府學堂上舊制中學。其時一家三口，已不能不靠典押來度日。一次，家中急需用錢，祖母讓伯拿了田契到本房人壽金堂兄弟家去借。人家指明要大竹園的契紙，否則不借。竹園是家中主要收入來源，祖母不捨；伯打了好幾個來回，商量不通，祖母這才狠狠心，將大竹園典了出去，且不得贖還。大竹園每年的收入，從此一筆勾銷。祖母為了這件事，日夜痛哭，以至後來雙目失明。

當時偌大一個村子，堂兄壽金家是最為闊綽的大戶人家。借錢只有去他家。伯中學畢業，考上了杭州武備學堂。這個學校不用繳學費，只需一些學雜費及去杭州的盤纏，合計四十個銀毫，約八塊錢。沒有一點辦法，伯只有再去壽金家借錢。之前，已提前向他們打過招呼，第二天是報到的最後限期。伯從當天太陽未下山就去了他家，都被告知：「收帳的人尚未回來，還要等等……」，不知來來回回走了多少趟，第二天天明，也未借到那八塊錢，伯就此失學。

店口村聚族而居。陳姓祠堂下分五房，祖父屬四房。上街頭是二房人集居的地方，勢力較大。祖母年輕守寡，平日裏雖足不出戶，天不黑就掩門閉戶，帶著兒女上樓，但每天清晨打開屋門，門口或堆著柴捆，或懸掛別的障礙物。這是鄉人為防止有外人進出的一種設置，畢竟祖母那時還年輕。祖母不堪忍受，決定搬回觀巷裏祖宅，想依靠本房叔伯，誰知仍受到本房的欺負。祖宅與堂房應龍大伯合一個臺門，大堂房屋公用。東邊房屋原是祖父的，自從遷出後，一直被應龍大伯擅自佔用。祖母多次交涉，始終不肯讓還。祖母受此刺激，晚年終日念叨「房子被應龍大王霸佔了」。

祖父沒有親兄弟，父親也沒有了親叔伯。自小不但無人體貼，如何成長更乏人關懷。祖父終身未得科舉，卻擁有祖傳的醫書。去世不久，有人開始覬覦這一批遺物。祖母不允，言明將來是留給兒子學用的。來人嗤之以鼻，表示這個毛頭小子，能否養大還是個問題。即使養大了，又能成什麼樣的才，繼承祖業談何容易？至於學行當，不如跟他舅舅學泥瓦匠，或許還有人傳

授……祖母遭人搶白，一時亂了心情，醫書最終被拿走，只留下一本放在樓上床頭的婦科專輯，祖母與父親一直珍藏著。

父親讀小學時，常常受人蔑視。學校裏有一架風琴，課餘同學圍著老師玩，父親靠近摸了一下，誰知，那老師當即把他拉開，喝斥道：「你，馬法也想學琴嗎？」從小受的苦難，以及冷嘲熱諷，父親只有默默忍受。從他唯一的姐姐嘴中，才可以聽到誇他的話語。姐姐每天早上給他梳辮子，他從來都是不聲不響。他的手像絲棉一樣軟，臉像餃子皮一樣細，是一個凡事只記在心上又從不事宣洩的人。後來他教育我們，總是講孝悌忠信、溫良恭儉讓，即使「五四」之後，還是孔孟仁義的那一套。

父親失學後，經紹興府學堂老師周子豪先生介紹，進杭州浙江省長公署任公務員。當年二十歲，新婚。家中田地除金山嶺外已全部抵押，尚欠債二千餘元。時逢辛亥革命，一夜之間，辮子已剪去，時局動盪不安。父親是一個講究實際的人，從來不談志向、不談信仰，也不問政治，只為養家糊口。不論革命還是不革命，抑或新舊軍閥交替，公署十六年，一朝天子一朝臣，由於奉公守法，同時練得一手好字，收發兼文書，十六年未被裁撤，亦未被提升，可謂絕無僅有。

父親一直認為開源之術，節流終可由己。工作十年之後，不僅還清了青少年時代所欠下的債務，還贖回當年典押出去的田地。民國十七年（1928），父親有機會進入銀行工作，至此工作穩定，待遇優厚（一年可有十三個月的薪水）。人生否極泰來，父親因其「非官非商」的社會地位不低而感到滿意。宿舍裏掛過一幅何際時表叔的國畫，前面有人騎馬，中間一人騎驢，後面有一些人在步行和推車。寓意比上不足，比下有餘。這種並無大志的人

生，與幼年時苦難境遇，孤兒寡母受到欺侮不無關係。説起來，真是有點不堪。

## 二、記憶的陰影

幼年的痛苦經歷，給父親終生留下不可磨滅的印象。

他由己及人，自立立人，直至成家立業，仍事母極孝。祖母的性格，有點古怪，稍有點不順心，便臥床不起。伯每次總是跪在床前，求饒勸慰。稍見緩和，才去打酒給母親解悶。父親自謀生後，一直勤勉做事，節衣縮食，並在可能的範圍內，自助助人。他在杭州設立過孤寡維持會，對周圍一些孤兒寡母提供力所能及的援助；鄉下缺醫少藥，婦女生產困難，他常年送藥、送催生丹；有青年家貧失學，便資助學費；親友求職無門，則盡量施以援手；抗戰結束之後，在南昌銀行任職，每年冬天堅持施粥濟貧。如此宅心仁厚，實際上也是在可憐自己。

諸暨人周師洛先生在杭州辦了一家民生藥廠，自任廠長兼門市部經理。父親是發起人和董事之一。因其性情耿直，遇不合規則或不合理之事，敢於直言不諱，後來被董事會推為監察委員。族兄陳伯雄，早年喪父，與寡母相依為命。論親戚，他是我家小舅婆的弟弟；論族輩，比我父親小一輩，所以我叫他伯雄哥。父親與之同病相憐，便介紹到杭州民生藥廠門市部同春藥房學徒。滿師之後，繼續留在藥房。不久，店口人與我父親合計，集資讓伯雄哥在杭州江頭（錢塘江口地段，為水陸路要道）開辦了一家之江藥房，由伯雄哥帶一個徒弟負責打理。

我在杭州上中學時，隔三差五來這裏過週末。物質條件雖不是很好，伯雄哥夫婦卻關心我的痛癢。我自小痛處多，牙痛、頭痛不斷。伯雄哥這裏有藥，免去不少就診之苦。我學會自行車，是伯雄哥在晚飯後，店裏沒什麼生意時，帶我在錢塘江大橋上學會的。有時候禮拜六晚上，他與迎春姐（伯雄哥妻子）帶我進城到大世界看京戲。去時乘公交，歸時乃步行。夜深人靜，馬路上車輛稀少，路燈照在空曠的路面，我們興奮得橫衝直撞，走走跑跑，開心至極。回到店裏，伯雄哥用汽水泡餅乾給我吃。第二天，大家都不睡懶覺。我在樓上庫房做功課、看書，傍晚乘車返回學校。

1928年，伯已在上海的中央銀行任文書科副主任。一次從滬來杭參加董事會，伯雄哥請伯到店裏便飯，在店堂後那個簡陋的小屋裏。伯雄哥燒了六個菜，都是些家常菜，分量比較多，碗碗都盛得滿滿的。伯有所不悅，開口說，我一個人能吃多少菜？這麼個吃法，之江藥房總有一天要讓你們吃空的！我在旁聽了如坐針氈。伯雄哥並不急，也不做解釋，只是笑眯眯地看著伯。這時迎春姐在邊上說：「伯伯來杭多次，我們從未請伯伯吃過飯，今天也沒做什麼好菜，也不是拿店裏的錢。」我也急忙輕聲對伯說：「今天的菜是多了一些，但平時他們都很節省的。每次我來，也只添一個菜，比如榨菜毛豆炒肉絲，算是給我改善生活，並不見什麼三碗四碟的。」聽我這麼說，伯的神情才緩和下來，不再說什麼。

伯雄哥有一女兒，取名明芳。大眼睛、高鼻子、薄嘴唇，是一個白嫩皮膚、聰明伶俐的小姑娘。明芳四五歲時，整天跟著父親，寸步不離。有一天，伯雄哥外出辦事，明芳獨自上樓，進藥庫取藥，下樓時竟發病致死，前後不過很短的時間。迎春姐一人

在店裏，呼天搶地，無人聽見。幼小的生命，瞬時魂飛天外。伯雄哥回到家，察看牙齦、嘴唇、指甲，均呈紫黑色，猜測是誤服了硝酸銀中毒。伯雄哥夫婦頓足捶胸，明芳是他們的獨生女，頃刻間，意外橫死，慘呼蒼天！

父親與母親婚後便分居兩地，情感難以交流。父親趁每次休假回鄉，就教母親認字識數。娘燒飯時在灶下練習，學會寫信、記帳、看小說的文化。婚後第四年，大姐在店口出生。伯在杭州典下一座樓房，即頭髮巷一號，接祖母和母親及大姐到杭州安了家。娘一直説，伯治家謹嚴，生活有計劃，量入為出，甚至規定全家每日菜金只能十六枚銅元（一百銅元一塊錢）。每晚都要記帳，有一個銅元報不出，伯總是要娘再想想，直到想出為止。日子過得一板一眼，不逾規矩，背後有其個人經歷的影響，娘亦多有體諒。

伯早年身體不好，每次從外回來，總感到筋疲力盡。娘是一位賢內助，不但家務事不用他操勞，還盡可能服侍他；伯衣著十分樸素，合乎他的身分。夏天公署裏穿的夏布長衫屬伯最挺、最白。父親沒有什麼嗜好，不沾煙酒，茶也不喝。只是山裏人心直口快的習慣一直未改，對公署有些事，不以為然的便不參與，卻要説出為什麼不參與的道理，有時不免得罪人受點氣。伯在外受了氣回來並不發洩，只講給娘聽。娘一邊為他搥背按摩，一邊幫他分析勸慰、出主意。等伯消了氣，恢復一點力氣，才吃晚飯。

記不清哪年，浙江一帶連年水災。諸暨同鄉會館組織了水災救濟委員會，有錢出錢，有力出力，父親屬後者。他在公署每週三天下班後要值班到晚上八時才回家，另有三天不值班，下班後

就趕到救災委員會去，幫助募捐救濟災民，遣送災民返回原籍。凡是投到會館來的災民，大都無衣無食，既要安排他們的日常生活，有時還要替他們治病。為了集資，請些名角來義演，如梅蘭芳等人。伯下班後先回家吃飯，再去義演現場幫忙。

當時每年春末夏初都鬧水災。幾年下來，父親結識了兩位仁義同鄉，一位是錢伯堅先生，另一位是斯介吾先生。兩人都比伯年長，他們對父親的宅心仁厚、為人正派十分賞識和器重，三人結為金蘭。

1927年，斯介吾先生中年病故。錢伯堅先生與伯商議其後事，四個孩子需要安排扶養，除留下應所繼承的款項之外，每人每月尚有十五元的生活費。其舅家仁至義盡，卻只願照顧兩個大的，兩個小的不願扶養，亦無人可託。伯事先未做商議，便把他們帶回鄉間交給母親。那時伯已在上海工作。三妹、大姐先後病故，我在杭州讀書，娘一人帶著兩弟在家。娘已有四十六七歲，常感到頭暈、心悸，有點心力交瘁。伯在外面講道義、講情義，以為添一個人多一雙筷子，又豈知娘一人操持家的不易。

父親的姐姐，鄉里人稱阿蘇姑娘，比父親大六歲，從小幫父親梳辮子，姐弟感情很深。後來嫁到金家站，我一直不知道是在哪裏。姑父姓金，在漢口鐵路上做事。他們生有一女一子，姐姐榴琴，弟弟傳培，姑母帶他們住在鄉下。姑父在漢口另娶一房，每逢過年才回家一次。姑母對此並不抱怨什麼，説：「橫豎一年還回來一次。」不久，姑父把兒子傳培帶到漢口上學。有一年，發大水，學校停課，傳培哥和他小媽住在一起，得了肺結核。從漢口發來一份電報，説傳培哥病危。伯知道後立即讓他來杭州治療。傳培哥終日痛哭流涕，説自己將不久於人世。果然醫治無效而亡。姑母傷心至極，姑父也就不再回來。從此，姑母與表姐二

人的生活費用全由伯一人承擔，直至表姐榴琴結婚，才不再寄錢
給她們。

　　父親對兒女從不大聲訓斥或打罵，更未讓我們下跪過。只有
一次例外，大姐五六歲，可能在外聽人說的，跟著喊外婆是「孤
老頭」。這是鄉間對孤寡老人的一種冷語。娘聽了很傷心，伯因
此打了大姐。除此之外，伯對我們姐弟，一直和顏悅色。答應星
期天外出遊玩，因故不能成行，也是好言解釋。大姐從小能幹，
打毛線、做十字繡，伯總在娘跟前讚語，卻從不當面表揚大姐。
當年家中境況不好，伯本想培養大姐一人，以期將來提攜兩個弟
弟。結果，大姐不幸早亡，才送我去上了中學。

1931年秋初，父親（右）帶我和仲弟（左）
攝於杭州。那一年，我十五歲，仲弟六歲。

抗戰前，父親突然從上海買回一架風琴，長途託運回鄉，讓我和弟弟在假期中學習。這時才知道伯小時候曾有過一段摸不上風琴的痛苦記憶。抗戰後，伯自內地出差沿海，途經上海，看到大弟穿著一套西服。臨別前夜，突然對我們說：自己小時候做的一件背心，一直穿到二十歲結婚才換下。言外之意，是在告誡我們：萬事要飲水思源，君子不忘其舊，更不可忘其所以……父親說這話時，內心是有苦衷的。少年時代的世態炎涼，給了他太深刻的記憶。父親一生謹小慎微，始終都未能走出當年痛苦記憶的陰影。多少次，想對他說些勸慰之語，可話到嘴邊又打住。因為父親是一個忠厚老實的人，平時少有幽默。記得小時候要他講故事，他無心講，就半真半假地搪塞我們，說什麼「張飛張飛，手裏一面團箕」，讓人忍俊不禁，同時又感到他的乏味。或許是遺腹子的緣故，父親的童年沒有溫馨故事，所以也就不會講故事。

父親中等個子，一米七二左右，戴著一幅黑框眼鏡，面龐瘦削。

## 三、杭州頭髮巷一號

1914年，伯在杭州省長公署任職的第三年，想接老母與妻女來杭州同住，彼此有個照應，亦可省去每年返鄉探親的開支。託同事幫忙，在省長公署附近的頭髮巷典了一座房子，租期為十年，一次性付清，以後不必另付。據說此宅鬧過狐仙，因而多年無人承租。父親是外地人，顧不了這麼多，就典了下來。後來才知道，這座中式花園的住宅，並非有什麼狐仙作怪，實因房主兒媳自殺身亡，挫了人氣，才租不出去的。這座宅子幽深古樸，雕樑畫棟，長廊連接前廳後軒，中間是假山花木，除遊廊（長廊）遭

風吹雨打油漆剝落外，前廳後軒家具一應齊全，實在是一所不錯的宅子。

整個房子坐北朝南，前廳後軒各三間樓房。前廳高大，後軒稍矮，中間一片長方花園。花園西邊是一條與花園等長的遊廊，約有四五尺寬。大廳三間一統，不隔牆，設以雕花牆屏。一扇長長的三角形木質透雕自屋頂簷斜插下來，直到兩邊坐椅上方，看上去就像娘大床的帳門左右分開。透雕上鑲有發亮的貝殼，平添大廳古色古香的光彩。東邊一間，是逢年過節拜神祭祖的地方。一張長畫桌，中央並排三座瓷三星，一對瓷帽筒和一隻彩釉大花瓶，內插彩色雉雞毛和一個雞毛撢帚。牆上掛有中堂和對聯，莊嚴肅穆。畫桌前並排兩張八仙桌。中間一間，當中一張大圓桌，兩旁分列幾對太師椅和茶几，是父親會客和每天回來休息片刻的地方。

這些陳設和成套的紅木家具皆房東本來所有，只有一張黃漆藤靠背和藤坐墊的木搖椅，是伯的同事合送的。西邊一間，南邊是外出大門，北邊通向遊廊到後軒，所以此間半成通道；不過靠西牆仍設一排畫桌，桌上盤膝端坐九座青石羅漢，高大如人，栩栩如生。畫桌南端放一隻木方站箱，進門可放雨具，北端一臺三腳鼎立的衣架，可掛衣帽。後軒三間，陳設只是日用家具。東間祖母白天休息兼家人起居，中間吃飯，西間南接遊廊、北出天井，旁邊是廚房。

後軒樓上東間是祖母的臥室，中間女客房，西間男客房，連接長長的過道樓直通前廳樓上。前廳樓東間是娘帶小孩住，中間伯住，西間空著，朝南一排窗子，陽光明媚，還香氣撲鼻，因窗外假山上四季花卉不斷。尤其是娘房裏，窗門一開，木香花的清香隨風沁入。木香花或黃或白，杭州人常把木香花栽在牆根邊，

藤枝釘在牆上，春夏間一扇扇花牆幽香四溢，茂盛的花枝迎風展揚，煞是好看。假山上桃紅柳綠，有一種大大的繡球花和紫裏透紅的抓癢花，樹幹無皮，光滑如上清漆，小孩在樹幹上抓抓，上面的花枝就會隨之搖動，這種樹在我離開杭州後就沒再見過。

父親在杭州浙江省長公署月薪十六元大洋。如不精打細算，不用說還不了債，一家四五口亦將無米下炊。父母相商除柴米油鹽之外，每日菜錢只能十六枚銅元，開支之餘，購買電燈公司的股票，每股一元，多餘多買，少餘少買，無餘不買。柴米油鹽及每日買菜由衙門工友邱公公幫忙（他是紹興人，係伯所薦在衙門當差），其餘家務全由娘自理。

娘來杭州後，許多事力不勝任，也只好硬著頭皮去做。杭州人習慣用天落水煮水泡茶，其餘用井水。公用井在大門外面，所以每天不得不到井埠頭淘米、洗菜、浣衣、滌褲，並提水回家供一天之用。井邊到廚房少說有五百步之遙。頭髮巷都是深宅大院，女主人多數在家打麻將，從不到井邊娘姨（杭州對女傭的稱呼）聚集的地方來沾濕鞋襪。因此娘一到井邊，就有人七嘴八舌：「這不是一號新來的少奶奶嗎？」

那時，杭州燒的是五十斤一捆的木柴。這種木柴，要加工劈細才便於燃燒。每到更深夜靜，老小安歇，娘才到廚房外的小天井劈柴，由於力氣小，只能一次劈一天用的。邱公公見娘腳小手也纖細，大發善心，提出每天由他送菜時把一天的用水提回，每禮拜下午也由他來劈好七天之用柴，這樣娘就不必自己去井邊，也不用每晚再劈柴了。對於邱公公的援手，娘自是不敢相忘，定時以酬謝。

　　母親本名謝惠香，外婆叫她阿香，外公的哥哥叫她香毛毛。只因伯喜歡吃芹菜，後來就代娘改名為「芹芬」。往後伯從外頭寫來家書，總是以「芹姐青鑒……」謂之，倒也可見夫妻之間的綿綿情意。娘自幼伶俐，心靈手巧，雖未進過蒙館，也未上過學堂，完全靠婚後伯教她認字識數（一天認五十個生字）。

　　進陳家後，娘見伯瘦長身材，體質單薄，凡有好吃、好用的，首先是給祖母，其次就是伯，再次才是兒女，輪到自己就沒有什麼了。當時生活拮据，伯的收入或外婆的接濟都很有限，只有娘的儉持和辛勞才使這個家安然度日。伯白天在外受累也難免受氣，回家後想得到最好的休息。娘想出一個土辦法傳遞信號：在伯的床後北窗上繫一根繩子，拋過花園、穿過後軒在廚房門上繫一個響鈴。只要伯一醒，拉一拉繩子，娘馬上就端一盆熱水往樓上送。

　　樓梯靠東牆，樓梯口對著花園，必須繞後軒一圈上樓，然後經過長長的樓廊來到伯的床前。為了不使水溫冷卻，娘的步履非加到最快不可，一雙小腳，日復一日，年復一年，娘和伯都習以為常了；待伯起床漱洗完畢，娘就替他鋪床疊被，伯自己去祖母床前問候；若來得及，娘就順便把我也穿起；若來不及，就把臉盆放在籃子裏，一手提籃、一手提壺地趕下樓去侍候伯出門，然後再上樓幫祖母起床梳頭，包括晚上洗腳（這是娘做新娘時伯就囑咐的）。待收拾好早餐，正好這時邱公公送的菜也到了，娘就要開始忙中飯，候邱公公晌午來給伯送去；下午則是打掃前廳、後軒、樓上、樓下，接著再做晚飯。伯下班很少準時，不是衙門值班，就去外單位參加公益活動，比如到水災救濟委員會。

　　凡是新鮮好菜，一菜三吃是娘的習慣。菜心燒湯，葉子單炒，外層的邊葉則醃了自己吃。娘雖在桌上同吃，卻從不沾伯和

祖母吃的，偶爾伯將吃剩的湯菜推向娘面前，娘每每有所不悅。娘自幼雖然貧寒，但獨女的尊嚴猶在，不分享好菜是她出於自願，卻不願吃殘羹剩菜，後來伯也知道了。飯後事完，記畢當天帳，再幫著祖母洗腳，送上樓休息……這就是娘在頭髮巷一號十年如一天的縮影，終年「得得如馬走」而無停歇，只有傍晚在前廳等候伯回家的那個空檔，才摟著我們講些故事。

說起故事，娘一生都講不完，什麼老虎外婆、老鷹拖小雞、黃鼠狼拜年、徐文長上客、買蛋、洗澡等等，以及自己小小年紀如何幫母親做粗活、如何學針線刺繡，從不貪玩。只有過年村裏在祠堂演社戲，才夜夜結伴去看，一本不缺。所以娘肚子裏有不少戲文。娘不止一次說過，惜自己不通文理，否則會把外婆一生的坎坷寫成一本書，可見娘對母親的感情。


為了節省開支，伯的衣服、鞋子都是娘自己做的。當時流行一種五彩的稻草頭繩，帶有絲光，顏色非常鮮豔，商店裏織成童帽出售。娘說只要有樣子，自己就可以織。伯真的上街買了一頂，娘就比照著用鉤針一口氣編了五頂，和商店裏賣的一模一樣。而五頂帽子所用頭繩的錢只能買回一頂帽子，節省了許多。

伯長年在外工作，不免有應酬，常被同事邀請赴宴。每次回來總是發愁，人情大如債，哪有更多的錢以回請。娘就對伯說：「你每次上席，稍加留心，記著那菜用的是什麼原料和配料，是什麼口味，一次記一二個菜，然後交我來做，就不必到外面去吃了。」伯果然照著做，每次吃過什麼就給娘記下來，同時逐步添置餐具，配成整套，魚有魚盤，鴨有鴨盤，湯有湯盆。

到了過年，伯就在家請客。娘開菜單，邱公公採購，臨時再請一位工友，燒鍋端菜。通常是先上四碟冷盤，再上四個熱炒，

中間是一道點心，是娘做的八寶飯或細米白果橘子羹，比「聚豐園」的還好看、好吃；再是四道大菜和湯，是雞鴨魚肉和蓴菜清湯。飯前又是兩碟小菜，席散人人讚不絕口，說伯請的是「聚豐園」的大師傅呢。娘的能幹和賢慧就這樣傳遍衙門上下。娘憑著「天下無難事」的心態生活，對我們影響很大。

　　家鄉店口鎮位於諸暨東北部頂端，鄰近蕭山紹興，到杭州比縣城近。小火輪沿埠停靠，八小時可到，而夜航船人工划行，傍晚五點出發，次日早晨八九時亦可到，所費更低。自伯舉家遷杭，住入頭髮巷一號後，常有家鄉人來，更有一些為難之事。伯本房堂兄應龍，為人強悍，人稱應龍大王，伯母子從小受他欺侮。當年祖父為了就診方便，離開祖宅多年。祖父去世後，祖母想搬回老宅居住，以期有人照應，應龍大王不允；後來伯結婚時再次提出，仍不同意。就這樣，老宅鑲有五色玻璃的堂屋始終被他家佔著。

　　誰知有一天，這位應龍大王在鄉間與人打架，頭被刀劈，星夜由兩個侄子護送來杭，不要說沒帶醫藥費，連回去的盤纏也沒有。天未亮，他們敲開頭髮巷一號的大門，一屁股歪在椅子上，頭腫大如笆鬥，流血不止。伯見狀，不言二語，急忙送去醫院，娘則在家燒好茶飯請邱公公為他們送去，一住就是七天。邱公公在醫院對他們說：「先生在衙門只是一個小職員，薪水少，平時生活非常節省，這次為你們用錢是向衙門借的，夠他幾個月償還的了……」大概是良心發現，之後再也沒見他們來過。

　　在頭髮巷一號住的最長的是大房子紹先生的女兒，名叫陳慶，比父親小兩輩，她叫祖母是太婆，伯是叔公，娘是叔婆，娘

則讓我叫她阿慶姐。子紹先生是南社成員，是柳亞子先生的朋友。阿慶姐平時閑靜少言，梳著一條長辮子，會做詩填詞。原在杭州上學，因病來頭髮巷一號暫住。說好只供食宿，看病、煎藥由自己處理。娘說阿慶身輕如燕，大廳上兩張八仙桌並排擺著，她一躍身，能跳過兩張桌去。後來得病，就沒跳過。

娘終日忙家務，晚上伯回家，阿慶姐就和伯說說話，甚至邱公公來取午餐時，有時也會請他帶一張什麼條子給伯。她說伯是一個凡夫俗子，連《紅樓夢》都不看。娘很歡喜她在我們家，因為伯回家時有伴兒說話。有一次，她說娘穿的八幅裙已過時了，現在杭州流行的是一種筒裙。伯就請她代買一條，並告訴娘這款新式裙子只一塊錢。阿慶姐對娘說只要八角錢，你不要捨不得穿，事後娘感到她言語實誠，引為知己。阿慶姐每天都外出看病或買東西，總要帶些零食回來。娘囑咐我不能吃她的東西，說她胃口不好，需要零食補充，連她的房門口也不讓去站。有一次枇杷上市，她買回順手給了我幾個，在娘同意之下我才吃了，後來她就喜歡叫我「枇杷亞先」。

不久阿慶姐休學回鄉，嫁給一個姓童的財主家少爺。阿慶姐離開後，家中頗是冷清，娘說少了一個帶有詩情畫意的人。幾年之後，阿慶姐夫妻倆帶著子女在杭州湖濱附近，租了一座小洋房作公寓。那時我正在杭州念中學，伯自上海因公來杭，阿慶姐把自己作的詩，要我帶給伯看，並請為童先生找個工作。當夜伯看完詩集，給她寫了一封回信，大意是：在外面當公務員，要受人指使，此恐非童先生所能承受，不如伴你在家，免得「忽見陌上楊柳色，悔叫夫婿覓封侯」……

其實，家鄉的人來來往往，娘並無怨言。只是她不願接外婆來杭州住，寧可讓小孩去陪，也從未向父親提起過。大概是娘知

道外婆在家即便是苦，但獨立自主慣了，或不願給自己平添麻煩，所以是不會離家出來的。

我們小時候沒有空調。每逢炎夏伏暑，伯就會買兩擔西瓜，放在大廳西間的畫桌底下，再買一斤臺灣生產的洋菜，是一種半軟半硬、潔白透明、比掛麵長一半的植物，用紅絲紮成小把捆在一起，很是好看。娘每次用一小把在開水裏煮，溶化後倒入容器，再放在大木盒裏不斷用冷水降溫，使其凝固。吃時切成小方塊，加適量的酸醋、白糖，是很好的冷飲。我們一天吃西瓜，一天吃洋菜，降溫消暑。每逢禮拜，邱公公來，娘就讓他撿一個大西瓜，用籃子沉到井底，吃時更涼爽。

夏天的下午實在悶熱，娘做不動事，就上樓休息。一條大大的席子鋪在中間的樓板上，放兩個枕頭靠著南窗，一小杯外婆做的楊梅酒和一小碟筍豉豆，另有幾條鹹香糕。娘側著身子躺在席上看《天雨花》、《鏡花緣》之類的閒書。不時喝一口酒，吃點豆子，也讓我嘗一嘗。我之所以歡喜夏天，不僅有西瓜和洋菜吃，而且是看到娘也有了自己難得的閒適，這樣的夏天，再熱心裏也是涼爽的。

從祖母的話中，知道娘懷孕了。這一年我四歲。祖母很高興，認為一二不過三，有過兩個女孩後，這次定會轉胎，伯也希望能有一個男孩。可這次娘還是讓眾人的希望落空，又生下一女。祖母悵悵然，亦不加克制，對伯說：「阿香不會生男孩，得趕快討個小的，傳宗接代。」而三妹也被送到鄉下給人當養女。

一年後娘又懷孕。這次，祖母不再高興，她對娘的肚子不抱一點希望。娘也很沮喪，甚至渴望胎兒能夠早日流掉，平時裏做

不動的事也強行去做，可終不見效，肚子還是一天天地大起來。臨產時更是困難，伯也急得團團轉，醫生讓耐心等待，一次次點香，還説：「產婦營養不良，這時急也無用……」幸而第十枝香還未點完時，娘終於闖過鬼門關，生下一男孩。祖母笑逐顏開，讓伯買催奶的食品，請人服侍娘坐月子。在那時，生男生女區別很大，在這個家也不例外。

伯是一個樂於助人的人。只是對自己的女人，有時不免有所疏虞。有一天，伯請兩位同事來吃飯，娘忙不過，讓來杭找工作住在家中的睿善哥把祖母扶下樓。不知怎麼搞的，祖母從樓上跌下，一頭撞在門石臼上，頓時頭破血流，昏迷不醒。伯急忙把她送到醫院搶救，總算保住了性命，頭頂卻留下三寸長深深的一條槽，從此神志不清，終日要娘陪守著，稍一走開，就會大叫「阿香、阿香……」。就在娘分身乏術、忙不過來時，伯突然從水災救濟委員會帶回一個十二歲的「癩頭女」，這在大弟出生那年。這時，徐州難民遣散將畢，只有一人不走，帶著一個外甥女，要將她賣到窯子裏去，據説可得五十塊錢。結果未能成交，不死心，還想等下一個買主。諸暨同鄉會館裏的人都教育他不能這樣缺德，他不予理睬。這件事伯在家也提起過。

這個「癩頭女」叫金花，伯説是錢、斯兩位先生湊的錢才救下了這個孤女。並勸説把她帶回家，「不但可以救了這個女孩，養幾年也能給少夫人做個幫手。不然少夫人一個人，上有老下有小，也太辛苦了」。話雖如此，娘聽了，卻不禁淚落腮邊。説伯耳朵根太軟，沒有主見，我們是怎樣的人家？別人不知底細，自己應該有數，哪有條件來買丫頭、雇丫頭？家中哪有寬裕的食物

漿養她？每天燒一點菜給祖母吃過，兒女們都不夠了，泡點菜滷，也就糊了過去。家裏人如此節衣縮食，每天吃的是什麼，娘從不向丈夫說起。再說進了陳家門，婆母四十七歲，比自己孤苦的母親還小四歲。按規矩每天早上要給婆婆梳頭，晚上洗腳，在娘家時母親都未曾讓做過。生養三囡一子，即使做月子也只歇過幾天，從沒有二話。現在還要領一個小姑娘回來。不說年齡小，還滿頭生的癩瘡，哪有精力去調理她？但說歸說，人已到了家，娘還是把金花留了下來。

娘自來陳家後，善待婆母，侍候夫婿，愛惜子女，始終如一，無怨無悔，可娘在晚年回憶往事時，有不少悲涼之感。她說起有一次在假山背後頂風冒雨挖泥排水，娘自己只顧拚命疏導，以致手腳麻木多日，伯見了竟不知所措。雖說那時娘的腳已「放了」，可所謂「放」，只是不再裹腳布，除大腳趾外，其餘四個依次壓在腳底下面，腳背向下折彎，腳後跟靠近小腳趾，這樣畸形傷殘的雙腳，放開後依然痛苦不堪，可見娘這一生步履維艱。娘曾說過：「人心都是肉做的，而你父親有時待我則很少肉心。」其實，伯一生為人忠厚，待人熱心、樂於助人，做過不少善舉，後來在銀行裏也做到了經理一職。只是傳統的封建思想早已浸透在骨子裏，娘若想從他那裏獲得一視同仁，至少在那個年代，已不僅僅是娘一個人的夢想，而是一代人的傷逝了。

杭州頭髮巷一號整整十年，是伯娘共同生活最長的一段歲月，也是我童年記憶的開始。我和三妹、大弟都出生在那裏。後來看到史書中記載頭髮巷的來歷：「頭髮巷，以賣假髮出名，有地名假髻兜者相近」，原來竟是這樣。

1924年，頭髮巷一號十年租期屆滿，全家搬到佑聖觀巷二十六號。兩年之後，伯應師友之邀赴湖興工作，乃辭去杭州省長公署的職務，安排娘偕子女回老家店口居住，至此，父母天各一方。

# 敘二：傷逝之痛

## 一、家園被毀

離開杭州頭髮巷一號，搬進佑聖觀巷二十六號。

門前有一株高大的柿子樹，也是獨門獨院，前後天井，有前廳後軒、左右廂房，廚房在正屋右邊，並排三間。右邊前間娘帶大弟睡，後間伯帶我睡，大姐住校。前有廂房天井，後有小院，正屋右邊另有三間平房，鋪有地板，但房間較小，祖母、金花與三妹各住一間，廚房靠著這三間平房，祖母喚娘或娘前去照應都比較方便。這裏的房子雖然夠用，但不能與頭髮巷一號相比。

我出生在頭髮巷一號，有很長時間，對這裏一直感到十分陌生。佑聖觀巷也是出名人的地方。民國著名的地貌學家葉良輔先生就出生在這裏。聽說早年葉良輔在上海南洋中學求學時，深受其師丁文江的賞識。這是另話。

搬到佑聖觀巷二十六號，祖母的腦子已不太清楚，但人胖，胃口還好。未料，溽暑來臨，一天晚上吃了西瓜，又吃綠豆湯，

忽然就感到不行了，甚至來不及請醫生，人就過去了。父親是個孝子，壽衣、壽材都是事先準備好的。

到天亮成殮，我還在睡夢中就被拖到廳上，跪在棺材後邊。一抬頭，正好看到祖母渾身上下穿著桂黃色的綢壽袍，嚇得頓時放聲大哭。從那以後，我怕死，怕棺材，怕看到桂黃色的綢布。夜來獨自上床，總睡不著，推來推去，排不開死的影子。棺材裏多黑呀！怎麼辦？好久好久，用雙手壓住眼睛，再盯住一處看，似乎才看到了一點點閃光，才慢慢入睡。

有一次，和大姐走在一條沒去過的小街上，兩邊都開著店鋪，忽然間，也不知道為什麼，身體倏地像彈子一樣，就彈到對面去了。大姐感到奇怪，走過了這段路，我才告訴她：「碰到棺材店了。」大姐回家告訴了娘，娘說：「以後你盡可能幫她留心，不要讓她這樣擔驚受怕，會帶成病的。」


祖母突然歸天，伯的心情多有變化。店口老家來信，說祖母墓廓已做好，可以落土為安了。就在這個時候，伯突然接到摯友斯介吾先生的來信，邀赴浙江湖興所駐第二十六軍，任金櫃科副科長。其實，這份工作也未能做多久，伯後又去湖興縣政府第一科工作。我一直不明白伯當時為何看重這份工作，毅然決然辭去杭州省長公署的工作，且唯恐耽誤履新，來不及奉安回鄉。這樣奉安之事就落在了母親一人身上。

我與大姐還在上學，學期結束尚有數月。伯不願延誤自己的工作，也不願荒廢我們姐妹倆的學業。與娘商議後，決定把我們寄居在鄰居家中，每月支付伙食費，再送上一定的物質補助。如此一來，杭州家庭就地分散。一家人兵分三路。伯去湖興，娘

帶金花和兩個弟弟奉靈柩回老家，我與大姐住進鄰近的一戶江西人家中。

父親離開杭州，讓母親返鄉，等於是把杭州的家遷回到老家。雖然安葬祖母是習俗中的一件大事，但從此往後，父親與母親離多聚少的日子開始了。母親當時的心情難以言表，本來一個好端端、完整的家，就因為父親的離開，各在天一方。好在這時當年收養的金花已成為娘的幫手（她比大姐大四歲），家中事情已少不了她。

伯為娘包了一隻夜航船，靈柩為先，然後安頓家用物品以及四人安歇的位置。夜航船由人撐竿搖櫓，頭一天下午五時起航，第二天上午到達店口茶亭，離家大約還有三里之遙。伯託鄉親去接，並囑咐幫忙安葬祖母，同時安頓家庭。伯不能親自同行操辦，但事先分頭聯繫，託人幫助，也算想得頗為周到。祖母的墳，建在觀山上祖墳裏，在祖父墳旁。是當時觀山上規模最大的一座新墳，許多鄉里人上山去看，言嘆一個遺腹子對寡母的拳拳孝心。

佑聖觀巷二十六號獨門獨戶，與鄰居素無來往，我們寄居的這家，或許同樣如此。伯只是告訴我們，他們是江西人，吃辣，至於是做什麼營生、家中有什麼情況，一點也不清楚。我們只是知道，伯已將每月所需的伙食費預付到學期結束。娘臨行前送來一隻火腿、一百隻鹹鴨蛋，認為基本上夠讓我們有些補充了。

我與大姐住在這戶人家數月之久，始終沒讓我們融入他們的生活。我印象特別深的是端午節那天，大姐與我是兩人單獨過的。中午，這家人只給了我們一人一個鹹鴨蛋、幾個大蒜頭。平日裏，大蒜頭在我家只用來燒黃魚，是不會當菜吃的。在我們家

鄉，端午節每家門楣上要掛艾草、菖蒲，房中牆角要灑石灰水、薰草藥，滅蟲除污。在小孩子的眉心要用雄黃酒寫「王」字，胸前掛上手編的樟腦香袋，吃粽子，還有大蒜頭燒的黃魚，大人們要喝雄黃酒。這些也許他們自家在進行，但我們卻看不見，也聞不到。姐妹倆面對孤零零的鹹鴨蛋和大蒜頭，倍感冷冷清清，留下一個寂寞客居的深刻記憶。

學期結束，岱雲伯來接我們，把我們送上浦陽江碼頭，乘小火輪回家。娘派人在離家十里的金浦橋接船。回到家，我和大姐把江西人家對我們的態度一一傾訴，娘聽了之後感慨良多，說真是想不到，居然他們是這樣對待受人之託的。這年大姐小學畢業，考取杭州行素女子中學。新學期開始，成為行素女子中學初中一年級的住校生。我因患上了瘧疾，仍留在家中。這個家，依然分為三處。


店口小鎮只有一條街，為南北向。南端被稱作上街頭，北端被稱作下街頭。上街頭有兩家大店鋪，同昌南貨店和泰豐布店。下街頭只有一家大店，即同仁堂中藥店，其餘是肉店，賣些生熟豬肉。

我們家原住在偏僻的觀巷裏。祖父為了附近各鄉病人求醫方便，在上街頭的一個四合院，買了一座兩樓兩底的老屋，作診所之用。觀巷裏的老屋被堂兄佔用之後，這個診所從此成了我們的老屋。這座房子，雖然也是臺門院宅，但已老舊，周圍鄰居以務農為主。樓下廚房和小堂前的門朝東、背朝西，小堂前後的牆沒有窗戶，廚房朝西的灶臺上有一個不大的木柵窗子，沒有玻璃。如果朝東的門不開，就沒有任何光線，小堂前便是黑乎乎的一片，不能讀書，娘也不能做針線。但門一打開，有了光亮，也放

進了成堆的蒼蠅和成團的蚊子。白天蒼蠅驅之不走，天黑蚊子撲面，不小心張開口，蚊子就會飛進嘴裏。

我發瘧疾十分嚴重，隔天發一次，鄉里人稱作「四日兩頭」。每次都是午飯後開始發冷，全身發抖，抖到樓板都好像在顫顫作響。娘給我蓋上兩條被子，抖不過來，娘只好把身子撲在被上緊緊壓住我。兩三小時發冷過後，又全身滾燙，開始嘔吐，一直到胃裏的黃水吐完為止，頭痛欲裂。娘邊燒晚飯，邊照看兩個弟弟，再抽時間給我頭部按摩。熱度要到第二天方能退去。從杭州買回的金雞納霜丸吃個不停，鄉間單方也不起任何作用。之後，我的身體一直不好，給母親添了不少擔憂。

想不到麻煩接踵而來。不久，仲弟又突發高燒。因其年幼，經受不起高燒，昏迷抽搐不止。娘喊來在杭州旦初外公診所學過三年中醫的雲良哥，請他開下藥方。兩三天後，高燒不但未退，反而不會說話，也不會哭，眼淚、鼻涕都沒有一點。雲良哥束手無策。鄉鄰七嘴八舌，請來一個巫婆，人稱小阮嫂。她來之後，先在胸口用針扎，後用艾火熏，同時在胸部選定四個穴位，用薄生薑片墊底，放上較小的一圈艾粒，用火點著，慢慢熏炙，直至燒完為止。小阮嫂還讓娘把仲弟放到小堂前的地上，說是接接地氣，等到天亮前頭遍雞叫，若開口便無事，否則就沒救了。娘只好把仲弟放在小堂前地上一個竹編的米篩裏，獨自守候。頭遍雞啼，忽聽仲弟開口叫娘。娘樂極淚下，把他抱在懷裏餵米湯，「心肝寶貝」叫個不停，總算撿回了一條性命。

老屋事多，不禁感到害怕。寫信告訴了伯。這時伯仍在湖興，已離開國民革命軍第二十六軍，在縣長趙次勝（字中之）先生手下任第一科科長。過年伯回家，與娘商量，想把電燈公司股票賣掉，請人造幾間房子，以改善居住條件。電燈公司股票，每股

一元。自伯謀生領取月薪以來，每月至少買一股，從未間斷過。現在為了改善家人的生活，伯萌生賣掉這個股票的念頭，娘同意了。

伯娘請來鄉鄰馬良哥、啟才伯商量，他們答應幫助。議定伯回杭州，先將股票賣掉，根據所得資金多少，由他們打聽地基的價格，再請工匠估算可以造幾間房子。不日，伯從杭州來信，稱電燈公司股票漲價，已賣得四千元，先後調到同昌、泰豐兩店鋪的帳戶上，由他們去杭州購買建房所需的材料。關於地基，娘本想造幾間就買幾間的，賣主卻堅持要整塊地出售。這樣從南邊到後畈，東抵雲池塘那邊，北靠馬生伯家的曬場，西邊緊靠自家老屋，整個面積不小，約有一千四百餘平米，好在是多年廢棄的地，價格並不算太高。

新屋建在老屋的東側，由父親自行設計繪製出平面草圖，請金華義烏的木工與瓦工建造。新屋由前庭、正屋及後軒組成。正屋為樓房，樓上、樓下各三間，樓下三間之間各有過道，即為兩弄，後軒是三間平房，廚房、伙食房便在那裏。前廳只做好了地基，伯娘説待有條件時再起房子。

正屋開間很大，階沿很寬，樓上有陽臺。樓下東邊一間是伯的寫字間兼會客室，鄉里稱帳房。中間一間稱大堂前，也就是堂屋，平時門都關著，只到過年祭天地、祭祖時才啟用。西邊一間是客房，外地親戚來時可以留宿。大姐後來得病時，為了便於照應也曾住在這裏。夏天堂屋與客房間的過道比較涼快，我們就用小桌子在過道裏吃午飯。

正屋樓上是臥室，東間是娘帶兩個弟弟住，過年父親回來也住在這裏。中間這間一隔為二，前半間放些東西，後半間是我的臥室，大姐從杭州學校回來，就我們倆住。西間的客房特別大，

可搭兩張大床。從1927年起，父親已故摯友斯先生的一兒一女，在我們家一住就是七八年。姐弟倆住在西間，同睡一張大床，金花睡另一張大床，晚上照顧他們。

前廳與正屋之間有一大塊天井，中間用水泥做地，紋上小方格，平整開闊。左右兩邊的兩個花壇，各種金銀桂花一株，旁邊種有鳳仙和雞冠花，四周以長年不落色的鬚帶草鑲邊。正屋與花壇之間還有兩塊小花圃，種了美人蕉、蝴蝶花、石竹等，也是用鬚帶草鑲邊。伯最喜歡蘭花和菊花，前者冬天養在寫字間裏，後者種在前廳地基上，每年秋天都能開出碗大的各色花朵，以供觀賞。

1931年，敏弟（右二）、仲弟（左一）與斯家采蘊、蔚漢姐弟攝於杭州。

緊挨新屋東面是我家的花果園和曬場，新屋東牆與花果園、曬場之間有一條長長的通道，上搭葡萄棚，種上葡萄，幾年後滿架綠葉成蔭，串串葡萄，碧玉翡翠，下種青菜、蘿蔔、南瓜等蔬菜。花果園實在沒有怎樣整理與佈置，僅將伯買回的一些花果樹苗，如櫻桃、蘋果、梨樹、枇杷、葡萄，玉蘭、繡球、木槿等栽下，園的三邊種下一圈大葉冬青作為籬笆，冬青裏邊間種芙蓉、大理菊、一丈紅，輪流開花。以當時鄉間的條件，說是花園亦不為過。曬場東北角築有一豬舍，娘每年養一頭豬。廚房門外，靠西北角有一竹籬雞舍，娘每年養十幾隻雞，還養過火雞。

　　後軒三間，東邊一間是廚房，有一座兩鑊兩湯罐的大灶、一隻大水缸、一張大桌子，還有放餐具和菜的櫃子，平時家人便在此吃飯。廚房有三個門，東牆門很大，走出去便是曬場，倒垃圾、餵雞養豬、拔菜種菜都很方便。中間是小堂前，一般家中來客吃飯，或祭祀祖宗時都在此。西邊一間是伙食房，內放一酒缸，娘每年都會請人來做一缸酒，還在這裏醃魚、醃肉，醃好的鹹魚、鹹肉各種需要儲藏的東西也都放在這裏，所以說，這間其實也兼作儲藏室。

　　正屋與後軒之間還有一小天井，鋪的是鵝卵石，左右兩邊各放水缸兩隻，用來接「天落水」，即雨水。東邊兩缸，靠廚房近，作燒飯、燒開水之用；西邊兩缸，離廚房遠，作保平安之用，萬一家中發生火燭，可以救急。新屋西牆與老屋東牆之間，築一廁所，還是坐坑，外邊來人可以在此方便，自家每天清晨在此倒便桶，後邊即是竹園，可以出糞。

　　新屋有九間房，比老屋多五間，不但開間大，而且光線好，老屋自不能同日而語。不但我們的生活環境大大改善，就是整個店口，也當作一件新鮮事情來講，「上街頭馬法先生家起了洋

房」，「造了一座有涼臺的新屋，四季花果不斷」。一時間，前來參觀的人不斷。所謂洋房，只是窗戶較大，都裝上了玻璃，對外的窗戶還裝有鐵欄杆。前面正屋，堂前四組落地的雙開門，左右側屋各一組，六組門並排，下面是木板，略砌稜角，上面用木格子，一扇門裝四塊玻璃，塗上橙黃油漆，光亮奪目，與老式建築木門板窗的昏沉黯淡形成鮮明的對比。

樓上涼臺臨天井有一排木欄杆作為扶手，欄杆塗上天藍色油漆，別有一種清涼之感。東西兩端做有凹凸綠色玻璃的六角窗各一扇，東邊的朝陽與西邊的落日都不能直接射向涼臺，確實是當時鄉里所從未見過的格局。在冬天，可以讓我們曬太陽，在夏天，可以乘涼。白天近看流雲，遠望筆架山崗的翠綠；夜晚晴空望月數星；雨天濛濛時，可看黃葉落地，可聽微風細雨。這是伯精心設計，與東陽金豪師傅精心打造的聯袂之作。家中像樣的家具，如父親的寫字臺，書房裏和大堂前放的太師椅，八仙桌畫几，後來的風琴、沙發，以及前庭的桂花樹，果園的櫻桃、梨樹、美人蕉、石竹、鬚帶草等，一什一物，一草一木，都是伯從杭州買回的，如同朝鳥做窩，非一日之功。

1927年新房造起，不但全家人和幫忙的人稱心滿意，經濟上也未超支。造屋過程中不論備料或取料，皆處處精打細算，不圖規模，只講究實際。比如庭柱、大樑桁條、椽子之材料，緊扣安全係數，差強人意就可以了；樓上除內涼臺有天花板外，臥室的椽子上只是襯竹篾片而未採用較貴的砧礴；後面一排平房都是青瓦蓋（椽子直接上瓦），為了省磚，也不完全是磚木結構，夾牆則以竹編外粉石灰以代替，大堂前和後面三間都是石灰地坪，只有正屋左右兩間用了地板；宅園內外圍牆不少，除後畈一帶較為荒

1935年，我為仲弟（左）、敏弟（右）攝於店口新屋果園籬笆前。

蕪，為安全計，才砌了較高的磚牆，其餘如內圍牆、曬場、花果園等都是用的土方（泥做的），且較矮；本來前後屋簷下接雨水的角漏，初想用白鐵皮來做，後因太貴而放棄了。

房子初步落成，伯突然在湖興得了盲腸炎，娘急忙帶著仲弟趕去照應。鄉里人來看房子，得知後感嘆：「房子尚未油漆，人已病倒，不知還有沒有錢完工？」伯病癒歸來，房子也終於完工，用盡了所有的精力和財力。

新屋住了有十年之久。其間儘管遭遇大姐病逝，悲慟之餘，新屋給全家人帶來的安適、喜悅，其中的每一個細節，在我眼中始終都是明亮的，深埋心中難以淡忘。萬萬沒有想到，1937年，「七七事變」爆發，一場耗時八年的抗戰由此拉開序幕。這年12月底，日軍攻陷餘杭，進犯杭州，迫筧橋；次日，杭州被攻佔。諸暨城內一片人心惶惶，

紛紛攜家帶口逃往他鄉。伯是那種小富即安、對時局不甚關心的人，但在此亂局之中，亦不得不從武漢急信要我們立即棄家前往上海，並說不可留戀新屋。離開店口之後，國民黨軍隊將新屋作為自己的司令部。1939年，日軍一到，首當其衝把國軍司令部付之一炬。就這樣，父母一生的心血，毀於一旦，化為灰燼！國破山河碎，家園亦被毀，此時此景，銘記於心，終生難忘！

## 二、「孤老頭」

六歲時，該上小學了。伯送我去報名面試。老師問「二十一條」是什麼意思？在家裏從來沒有聽到過，茫然開不了口。老師說：「這孩子個子這麼小，尚未開智，明年再來吧。」就這樣，娘把我送到了蕭山謝家去陪外婆。

外婆家姓謝，村名就叫謝家。在浙東浦陽江上游，在離臨浦鎮十五華里的田畈之中，隸屬臨浦鎮。浦陽江是錢塘江的支流，在杭州錢塘江邊坐上開往浦陽江的小火輪，早上八時開船，午後一時到臨浦，步行或坐轎十五里再到謝家，交通不算方便。

外婆家在一個古老的村莊，人煙稀少、生活單調，宛如一棵古樹昂然而在，寧靜又孤傲。黎明前的黑夜，分外漆黑，如豆的油燈，幽幽晃晃照著帳外昏暗的房間，更顯朦朧和寂靜；不知何時突然一聲雞鳴打頭，接著是遠遠近近、此起彼伏的一串串啼鳴。這時我總是貼近瘦骨嶙峋的外婆睡，聽雞叫，等天亮。漸漸地，木板透進幾縷亮亮的光束，外婆坐起身子，棉襖的下擺掃過我的臉面，感到又硬又冷。外婆下床後，開始早飯前的勞作。我獨自躺在被窩裏，仍是聲聲雞鳴陪伴著我。以後不論走到那裏，

只要黎明雞叫，就會想起童年時在外婆家的情景，既遙遠、又清晰……

謝家村不大，只有百把戶人家，沒有一所學校，只有一個私塾；沒有一家商店，哪怕小小的攤販也沒有，平時婦女用的針頭線腦，除了偶爾穿村走戶的貨郎擔之外，就要到鎮子上去買。村中一條主要通道用青石板鋪成，倒是十分光滑平整。村中僅有的公共設施是一座祠堂包括前面的一座戲臺，並以祠堂命名的一座小山、一個池塘。

祠堂是村裏最大的建築，大屋頂，虎豹馬頭，山牆上端繪有彩色的圖案，如獅子舞彩球、哪吒鬧海等，大戶人家的山牆上也是這樣，稍微簡單一些而已。村子雖小，但家家都住磚瓦樓房，最困難的人家也有一二間平房，不像我們店口老家，大都是泥牆草頂的房子。祠堂前面有一片開闊地帶，近面那座戲臺，雕樑畫棟，很高，為的是站著或坐著的人都能夠看得到。上戲臺的樓梯，在我看來十分陡峭，所以一直沒敢上去過。那個祠堂也沒有進去過。有一次祠堂門半開，我怯生生地好不容易跨過又高又寬的石門檻，望望裏面既深且暗，一股寒氣逼人，急忙退了出來，從此再沒去過。

祠堂後面左邊是祠堂山，謂之山，其實是一座四五丈高的土丘而已。由於祠堂地基高，從外面走來是根本看不到的。外婆家的屋基有九級臺階，站在樓上的窗前可以望到山頂，所以土丘也稱「饅頭山」。山上石多土少，沒有一株喬木，一年到頭只長一些茅草和些許小灌木，如杜鵑、冬青之類。到了秋冬，草木枯黃，人們就把它割倒，在山上曬幾天，然後拿回家作為柴火。平時大人很少上山，都是我們這些小孩子在山上曬太陽，採閒花野

草，捉放螞蚱、蜻蜓。祠堂後右方有一個池塘，大約幾畝地的水面，除西邊一頭接著田畈，形成淺灘和泥畦，人們種些茭白、芋艿之類，南、北、東三面的塘岸都砌有石方，建成塘埠頭供鄉人使用。

每個塘埠頭一般可容納四五個人洗滌。水滿之時，露出二三石階；水淺落時，可見五六十來級；池塘自然生長魚蝦、螺螄等。塘水清潔，村裏人都自覺保持良好的衛生習慣，任何污濁之水都是倒在自家的菜園地裏，而從不願破壞池塘的水質。當時村裏還未用上肥皂，洗衣、洗被先用皂夾水浸泡或用草木灰，將其污水倒淨之後，才拿到塘埠頭去漂洗。經過一夜的沉澱，清晨的塘水，格外清澈。人們先是來挑水，供一天飲用。接著洗菜、淘米。到了下午，才會洗衣、洗被。村裏的男人大部分在臨浦鎮上經商，開店或做伙計，只有少數留在村裏種田；婦女忙於做家務，沒有什麼閒人在村裏走動遊蕩，真是一個平靜的村莊。

當時在我們家鄉，家中沒有子嗣後代的，不論性別，統稱「孤老頭」，女兒出嫁成為外姓人的不算在內。「孤老頭」充滿貶義，即不為人同情，也不受人尊敬。所以，母親只要一想到自己老娘的處境，總是愁雲滿面，心裏不是滋味。

外婆姓陳，本是店口鎮陳氏姑娘，不知叫什麼名字。雖不識字，卻心靈手巧，擅長描龍繡鳳。初作新婦時，被人稱為「秀才娘子」。外公是一個秀才，品學兼優，十二年選拔一次的拔貢，本可等待殿試，惜乎後來在蘇州教書時客死他鄉。那時外婆正懷著我的母親，外公的長兄前往蘇州料理後事，回來一雙空手，只說人死了已埋在當地，其餘情況一概不知，更不用說什麼遺物了，比如外公隨身帶去的考籃、書籍、文房四寶、腰帶佩玉扇

墜、外婆親手繡的汗巾、錢袋、衣被等等，都不知蹤影。當時婦女多老實且順從，任由命運的捉弄，對外婆來說，就是晴天霹靂，卻偏偏沒有把她和胎兒打死。不久，生下一個遺腹女，大外公給取名「惠香」，就是我的母親。

外婆為撫養子女，只好代人家做刺繡，「秀才娘子」慢慢變成了「繡花娘子」。外婆做的繡花、細紗，花式多，什麼荷花蓮藕、千層牡丹、喜鵲臘梅、燕子雙飛、鴛鴦戲水、彩蝶紛飛，以及各式各樣的鞋頭花、荷包花，應有盡有。因為絨線分得細，做在緞子或亮紗上，手感平整，摸不出一點痕跡，所以外婆的活兒總是做不完。為盡可能保持手指光滑，以免沾帶絨線，母親五六歲時就替外婆在灶下折柴塞草，做盡粗活，同時也跟著學做針線。

母親的親哥哥十五歲由大外公做主送到臨浦一家米店當學徒，積勞成疾，得了肺病，二十歲娶妻生下一女，不久即慘淡病故。娘是女孩，女子無才便是德，即使大外公口頭上很喜歡「香毛毛」，卻不肯讓她讀書識字，只能一邊學針線，一邊隔壁聽講。兩個堂兄成天「子曰子曰」的，卻什麼書也背不出來。有一次，大伯又提《詩經》上的「關關雎鳩」，兩兄弟重複幾遍都接不上，娘忍不住脫口而出，「在河之洲」、「窈窕淑女，君子好逑」，大外公不僅驚訝，也大為震怒，從此讓次子下地種田，只留長子一人繼續苦讀。

大外公一生科舉，屢試不中，總想培養一個兒子以了心願，惜乎仍是白費心機。有一次，大堂兄要到鎮上去，娘請他捎帶兩尺「八結辮帶」，他想用筆記下，提起筆來念念有詞，就是落不下一個字來。這位大堂兄仍以書生自居，天天讀書，什麼事也不做，外婆不免想起自己的兒子，既能讀書，記性又好。他曾講過一個故事給外婆聽：蘇東坡的臉比較長，其妹前額比較突出，兄

妹彼此取笑，哥哥送兩句詩給妹妹：「輕移蓮步下樓臺，額角已到畫堂前」，妹妹不甘示弱，當場回敬了兩句：「去年一滴相思淚，至今未曾到腮邊」。外婆最傷心這個兒子早年喪父竟落得個外出作徒，心裏更加黯然。

　　幾年後，大外公病故，分了家。外婆分得七畝祖田，正常年成租米夠一年的口糧，針線活的收入作為零用，尚能積蓄一點。外婆有心置備娘將來的嫁妝，比如替大戶做一對枕套，有不想付錢的只給六粒珍珠。日積月累，外婆給娘積攢了好幾朵頭戴的珠花，儘管後來珠花不通行了，娘還是說這珠子粒粒都是外婆的心血。

　　外婆高高瘦瘦的個子，穿著寬寬大大的衣服，都是陪嫁時帶來的。那時女子到了夫家就不再做衣服。上衣不但領圈大，襟口鑲著花邊或不同色彩的布條，袖子、肩下部也鑲著一圈，褲子從上到下都很寬大，褲腳邊同樣也鑲了花邊，看起來像裙子一樣。上衣長過膝蓋，露出褲腳不到一尺，下面是一雙三寸金蓮，尖瘦的小腳支撐著寬大衣服內的伶仃身軀，這就是外婆給我的最深印象。

　　丈夫死後，兒子也死了，媳婦改嫁他人。這時，我母親二十四歲，外婆同意了娘家陳姓的一門親事，對方也是一個遺腹子。外婆一直認為遺腹子深知世態炎涼，懂得同甘共苦，守寡的婆母也一定不會不疼愛自己的兒媳。就這樣，為女兒至少籌備了十年的婚事，總算水到渠成。從此，外婆日出是一人，掌燈也是一人，形單影隻，遂成母親日夜放心不下的「孤老頭」。

　　外婆將女兒嫁回娘家，思鄉之情不言而喻。

諸暨店口村陳家，距謝家二十五華里。娘於婚後第四年生下大姐。父親失學後，在杭州做事已有三年，不久舉家遷到杭州。不過，不論相距遠近，反正娘都難以回家省親。按照父親的規定，娘早上要給婆母梳頭，晚上要代她洗腳，侍奉比自己母親小四歲的婆母。嘴上雖然言笑，內心卻又總在惦念著自己的老母。尤其是風雨天氣，誰幫她到柴房背取柴草，誰幫她去塘埠頭淘米洗菜，又有誰幫她到菜園洗涮馬桶……這些都成了母親的心思。

　　如前所述，杭州的家是一幢舊式花園洋房，樓上、樓下前廳三間，後軒也是樓上、樓下三間，共有六間可作臥室，鄉里常有人來暫住，外婆不是也可以到女兒家來合住嗎？但娘卻說，外婆是不會來的，再苦也在自己的家，絕不依賴女婿……為緩解外婆這種「舉目無親」的寂寥日子，大姐曾去陪伴過外婆。大姐到了上學的年齡，就由我去代替。

　　記得那天是夢熊娘舅來接我的，坐小火輪到臨浦上岸，他挑來兩隻籮筐，把東西合放一筐，另一隻讓我坐，挑著擔子走十五里田畈小路就一直到了謝家。剛一進村，就有人問這是誰家的小人？答：「旗杆臺門慶福姆姆的外孫女。」路旁人議論：「真可憐，這樣的小人來了有什麼用？」我想，娘也不是不知道，一個只有六歲的孩子能幫些什麼忙？所以臨行前特別叮囑：早晚幫外婆上下樓拿拿小東西就行。若是做不動，哪怕叫叫外婆也是好的。外婆如果有病就去通知夢熊娘舅，千萬不要耽誤。

　　外婆家是一座五開間的四合院。跨進一條寬寬的石門檻，對著大門有一道照牆，上半牆是雕空花的，從裏面可以看到從外面進來的人。天井很大，東廂房兩間樓上、樓下歸外婆住，她在靠大門的一邊開了一扇小門。從大門進來的左首，是廚房兼吃飯

間，這裏也是外婆以前刺繡做活的房間；並排一間是已故大外公教子讀書的地方，現在叫小堂前，樓上有兩間臥室。我看了一圈，感到非常意外，想像中外婆的家一定要比我家好，家中會有菜肴零食，如火腿、醃肉、臘口條、鹹蛋、鮮蛋、酒浸棗子、酒泡柿乾，甚至還有紹興香糕、筍乾豆、酒浸楊梅和小孩愛吃的種種點心……可是沒有想到，外婆不僅房子少，且家徒四壁，房子裏沒有櫃子，也沒有更多的箱子。最使我奇怪的是窗前的一張兩抽斗桌，裏面沒有一本書，連一點針頭線腦、布頭布腦都沒有。不似娘的房裏有許多抽斗，有的放書，有的放零碎雜物，沒有一隻抽斗會是空著的。外婆的床鋪已經很舊了，帳子是藍夏布的，被裏子是藍色的粗布，床前有張床頭櫃和一隻馬桶箱，另外是一個竹編的大米屯，上面放些平時隨意要用的東西。

那時外婆已六十多歲，顏面蒼黃乾瘦，滿是皺紋，成為她一生坎坷的年輪。外婆只比祖母大四歲，看上去卻要比祖母見老得多。外婆年輕時繡花做活用傷了眼睛。待娘出嫁後，她的任務似乎已經完成了。而且確實已看不見，不能再做什麼針線活了。我清楚記得，當時外婆只能糊一種冥錢（銀錠），供人祭祀或掃墓之用。外婆規定自己一天只做一作（即一千隻）。早飯前開好一千隻底料，上下午糊一千隻錠面，夜間再糊一千隻底料。黃紙襯裏，錫箔在外，晾乾至次日清晨，日復一日，晝夜循環，從不間斷。外婆的手指磨出厚厚一層老皮，我摸上去，糙糙的，直疼到心裏。

外婆的生活雖然清苦，卻也十分單純。在今天看來，就是有規律，周而復始，大概在這個平靜的、與世無爭的小村莊裏，歷來就是如此。外婆上午在菜園裏拔一些蔬菜，提上朱紅漆的小水桶和淘米籮，慢步走到塘埠頭去淘米洗菜，我跟著同去，幫著拿些小東西。當淘米籮浸在池塘水中，泛起一陣陣糯白色的漣漪，

覓食的小魚小蝦歡天喜地游向米籮。外婆往往把小魚兒放回池裏，蝦子則放進水桶，帶回來給我吃。外婆用的是大灶，大鍋旁邊有兩隻湯罐。鍋裏燒飯蒸菜，湯罐則燒水，一火兩用。外婆一天只燒一頓飯。飯上放一個竹架子，可以蒸東西。不論蔬菜或葷菜都喜歡用鹽醃一把。每頓兩樣菜，有點小葷就讓我一人吃了。逢初一、十五，外婆會託人到鎮上去買些豆腐，再給我買上四隻肉包子，算是改善生活。其實，這種包子我並不喜歡吃，裏面放了許多蔥，我嫌味道兒太嗆！外婆總是買，自己頂多吃一隻或半隻，其餘逼著我吃，所以印象深刻。中午這頓正餐，吃過以後，裝出一部分，盛在有蓋的竹籃子裏，留作次日的早餐；留下來的鍋巴，晚上燒作泡飯吃。

雖然母親讓我來幫幫外婆，實際上，我在那裏做不了什麼事。最多是早上把雞放出去，晚上再把它們叫回來。有了蛋，小心翼翼地撿到櫃子裏去收好；或跟著外婆關關門、開開門。外婆疼我，讓一個比我大一點的「美仙娘娘」帶著玩。我不知道為什麼叫她「美仙娘娘」？人小對美可能不會有太多的感覺。「美仙娘娘」常帶我到祠堂後面的山上曬太陽，採一種茅草芯子，並叫我吃。

有一次，她採了一種帶絨毛的種籽，神態認真地對我說，用棉花包好放在火柴盒裏保暖，過幾天就能變出小雞來。我信以為真，白天揣在懷裏，生怕凍著，晚上就放在枕頭邊，蓋上我的絨線帽。誰知八天十天過去也不見變出小雞來，就拿去給外婆看，她難得露出笑齒，說我是「呆婆娘」。

第二天，外婆專門選了十個雞蛋，放在鋪有稻草的籮筐裏，讓一隻懶步雞（想孵小雞的母雞）坐在上面，每過三五天晚上就在

油燈前照照，再放入水盆裏試試。照起來透亮的，在水盆裏也會動彈，就繼續放在籬筐裏，不亮也不動的是「步退蛋」，就是不會發育成雛雞的。這種蛋外婆就自己吃，說小人吃了會變笨。半個月後，八隻小雞在一天之內先後破殼而出，黃絨絨的真是可愛。一出來，嘰嘰咕咕自己會找東西吃。我每天多了一件事，就是餵小雞。

外婆做銀錠時我也會幫著做，只是做不好。我就在一旁講些從娘那裏聽來的故事給她聽。比如徐文長的故事，但十分奇怪外婆為什麼也知道這些故事。她說當年外公講過，這些故事是人們的傳說，不一定都是真事。把徐文長這個人說得刻薄、討人便宜就不對。徐文長很有學問，能文能畫，只因為生性耿直，得罪了權勢，才屢試不中。落拓江湖時，坐過牢監，但老百姓知道他是好人，無怪青藤書屋至今尚在。

二娘舅把唯一的獨子過繼給外婆作孫子，可二娘舅夫婦從來不照顧外婆，卻還在外婆的小堂前廊下養起了蜜蜂。這樣一來，小堂前的門從此不能打開。由於堂內缺乏光線，整天黑黢黢的。外婆如果能從小堂前的這個門出去，過二舅家的邊門，正好對著門外的塘埠頭，不必再從大臺門繞道，這樣近許多，雨天也可少淋雨，但他們就是不讓走，說外婆剋夫剋子，過他家門楣都會落三尺。

有一天，外婆身體不適先上樓睡了。我讓「美仙娘娘」相幫，把小堂前的門門抬下來，打開沉重的兩扇堂前門。堂內頓時光亮滿眼，兩人不勝喜悅。想不到蜜蜂怕吵，成群結隊進屋飛舞，叮咬我們不放，躲避不及，痛得我們放聲大哭！二娘舅從屋裏衝出來，橫眉豎眼，喝著說：「哪個要你們開這扇門的？你要

開，蜜蜂就咬你，看你下遭還開不開了？」可憐我們小人不知回答，白白受他的辱罵。外婆聞聲從樓上下來用甜醬塗在痛處，我看見外婆流淚了，就用手去抹淚水，外婆不讓，輕聲對我說：「我不是老早告訴過你，你不信⋯⋯」

小外公一生未育，他是謝家的私塾先生。每逢初一、十五，學生總要送他點東西，至少是燒好的四隻糖水雞蛋。他家門口的桌子上總有滿滿一瓷缸的糖水雞蛋。外婆從不讓我到小外公家裏玩，更不讓我靠近門口那張擺糖水雞蛋的大桌子。

外婆只讓我到村西頭「熬太婆」家中去走走，並讓我拿點可以咬得動的食物帶給她吃。「熬太婆」當時九十多歲了，老得又瘦又小，縮成一團，不能行走，一天一天地在熬盡自己的最後時光。

我第一次見到「熬太婆」時還有點害怕。但她是一位慈祥善良的老人。我從她那裏知道了許多外婆不告訴我的情況，比如我的外公名叫慶福，是一個聰明能幹的人，可惜死得太早！從此，我對「熬太婆」有了一種親近感，每天都要去看她一次。去時在路邊採些小花小草，哪怕幾片綠的嫩葉，表示小人對她的喜歡。每次去「熬太婆」那裏，時間都不敢太久，因為心裏一直在記著娘的關照，不一會兒又跑回外婆身邊。

我很喜歡外婆。她心眼好，體諒人，從不與人爭吵，遇事寬宏大度。有一次晌午時刻，一個外村人被捉住，說是偷人家的雞。這時男人們正在午休，趕出去把他反手捆起來用扁擔打。外婆小腳蹣跚地走到菜園邊，一看雞是她的，立即勸眾人不要再打，說他還是個孩子，下次不再偷就是了。眾人不聽，說要打斷他的腿，外婆急了，大聲相求，說：「打斷了他的腿，不是叫他以後更難生活了嗎？」外婆問那人，小小年紀何以要偷雞摸狗？

那人撲通跪在了外婆面前，開始哭訴。說病後做不動農活，後娘又不給飯吃，不得已才動了這個歹念……外婆於心不忍，轉身盛來一碗飯給他吃，又給了兩升米，並告訴他：即便再困難也不能偷東西，這是一種惡習。那人是哭著走的……

謝家村人都姓謝，只有夢熊娘舅姓茹，娘叫他夢熊哥，我們就叫他娘舅。可村子裏的人都叫他「夢熊瞎子」。其實，夢熊娘舅並不瞎，只是成天細瞇著一雙眼睛，幾乎讓人看不到他的眼珠子，「夢熊瞎子」這個綽號因此而來。夢熊娘舅四十出頭，鼻樑中間、兩眼周圍繞滿了皺紋，整個臉龐也是佈滿了紋路。他自己說過，即便日頭當空，正午時刻，他看得也如同濛濛天亮，白茫茫一片。我那時不懂事，他又很喜歡我，出門時總是讓我騎在他的頸上，我有時會叫他「濛濛天亮」。

他家孩子多，外婆的田由他代種。旺常年成對半分，歉收年成四六分，外婆得四成，他得六成。外婆說她只有一個人，「餓不死」。外婆家的粗活，都是夢熊娘舅來幫做。一年燒的柴草，統統由他包辦。三天來給外婆挑一缸水，或到菜園翻土上肥，只要滿半天或一天，外婆就會另給工錢，零碎的就不算了。不論晴天或雨天，夢熊娘舅的腳上總穿著一雙草鞋，走起路來叭嘰叭嘰的。他話不多，總低頭做事。在田裏捉到泥鰍、黃鱔或腳上長毛的小蟹，就帶來給我。外婆用鹽抓一抓，再放上一些甜醬，蒸給我吃，味道十分鮮美。

夢熊娘舅好像從來不知疲倦，很少見他在外婆家沾一沾板凳，每次都是做完了事就走。除非外婆事先為他蒸好糖豆飯（蠶豆泡後去殼蒸好、放糖），才會坐下來，吃上一兩碗。外婆做的活兒都是由他負責接送。每旬一次，接來的是一捆捆錫箔和黃紙，送

回的是一串串銀錠。夢熊娘舅用長竹竿挑著走，迎風一吹，閃閃爍爍，招搖過市，難以避人耳目。他對外婆説：「不怕難看，只要做得動，賺的是白天和黑夜的辛苦錢，心裏踏實著呢！你若不做，哪來的零用錢？更談不上有一天去杭州看你的女兒了！」

外婆聽了淚花直閃。我雖然小，感到他對外婆真好。他常會對我説：「你外婆命苦，待人卻十分厚道。她知道我家兒女多，就處處照顧我，從不讓我吃虧。那年荒年，你外婆只要兩籮稻，其餘都給了我，我家平均每人三籮稻還不夠吃⋯⋯」

夢熊娘舅的手像柴排一樣硬，娘曾勸他不要太苦自己，他苦笑無語。那年清明，夢熊娘舅帶我去上外公家的墳。一路上告訴我説，這種草叫做「田雞草」（即金錢草），跌打損傷，可用來外敷，也可內服。這種橢圓形葉子的草叫做「車前草」，夏天裏可治瘡疒。還有一種比牽牛花葉子小點的藤，白天各自生長，夜裏無端絞在一起，人稱「夜交藤」。「夜交藤」的根，到了冬天長成一塊一塊的，像蘿蔔一樣可以煮了吃，這就是「何首烏」⋯⋯學會不少鄉間本草知識，也不知對不對，卻記得很牢。

不知怎麼搞的，有一次，外婆十天的活兒做了十四天才完工。交貨時，她對夢熊娘舅説，以後不要再去拿了，「我好像做不動了」。這一天，外婆特別高興，説明天是重陽節，九月初九，她想做重陽糕，我可以帶上糕到山上去玩一天。

説完，就開始忙碌起來。外婆先把紅棗洗淨，去掉棗核，切成碎片，又把米粉和蕎麥粉分別加上紅糖調成糊狀，在蒸籠裏放上一塊濕的白粗布放到鍋上蒸。等水開後，把蕎麥糊倒入籠中，中間放一層紅棗片，再倒上米粉糊，用大火蒸。等到鍋邊蒸汽直上，灶下便不用再加柴草。停一會，拿下蒸籠，打開，讓蒸糕見

風自然冷卻。外婆在刀口抹上香油，將蒸糕切成菱形塊狀。趁著餘溫，趕緊讓我先嘗一塊，又讓我送一點去給「熬太婆」，她自己也吃了一塊。這糕很好看，一層深黃一層淡黃，中間夾一層紅棗，只是不太甜。我從不知道外婆還會做這樣好的糕。

但第二天，我從山上玩了大半天才回來，發現灶臺是冷的。趕緊上樓，只見外婆已睡在了床上，蓋著兩床厚厚的被子。我叫了她好幾聲才應，問我餓不餓？餓了自己到櫃裏去拿糕吃。我想外婆可能是病了，從未見她這樣疲憊不堪。心裏一急，什麼都不想吃了。我下樓把雞叫回來，關好門，上樓睡在外婆裏床。

第二天醒來，見外婆已起床下樓，心想她的病可能已經好了。但她不上菜園、不提小桶，只是拿了米籮到塘埠頭淘了米，回來後蒸上一碗乾菜、一碗紅棗。飯熟之後，做成兩個不小的飯團，留下鍋巴燒成泡飯，裝給我吃，自己則泡了一壺茶，又上樓去睡了。

我看外婆一天是不打算起來了，上樓又蓋上厚被子。我也不想出去。到了中午拿了飯團上樓問外婆吃不吃，咬一口送到她的嘴邊，她說不吃，只想喝一口茶。這樣幾天，外婆一天只給我做一次飯團，就昏昏欲睡。幸虧夢熊娘舅來了，我急忙告訴他，要他到杭州把我的娘接來。但外婆不許，再三叮囑不能去叫。沒有辦法，我就上床睡在外婆的身邊，好像靠在火爐邊上，身子熱得灼人，有時又感到她冷得全身顫抖，但她總是一聲不吭，也不能起來給我做飯團，只是讓我到夢熊娘舅家去吃。我不敢出門，整天在家陪著外婆。外婆竟說：「你怎麼像懶步雞一樣離不開窩？」我當時聽了真想哭。

有一天，夢熊娘舅來告我，他要到歡潭請名醫濟朝先生來給外婆看病，說第二天用轎子去接，午前就能到，由夢熊舅母準備中飯。這一天，我就坐在窗前的桌子上不時張望等待，可是從上午等到下午也不見人影，真是望眼欲穿！只要聽到外婆有一點動靜，我就跳下桌子問外婆要什麼，她說什麼也不要，我又爬上桌子……忽然，祠堂角閃出夢熊娘舅的影子，急匆匆正抬著轎子向旗杆臺門走來，我跳下桌子告訴外婆，並立即下樓去開門。當我打開門，看到一位慈眉善眼的老先生已坐在小外公家門口。夢熊娘舅叫我通知舅母把飯送到小外公家，自己陪醫生上了樓。當我回來時，聽到醫生對小外公說：外婆背上生了一個「瘩背」，「由於長年鬱悶氣血淤積所致」。瘡口已經潰爛，有碗口那麼大，性命攸關，應該把女兒趕緊接來。

夢熊娘舅送走醫生，連夜去臨浦買藥。外婆吃了，並不見好。不叫喊，也不要什麼。夢熊娘舅又專門去接過兩次醫生。十多天過去，不見娘來，我就天天坐在桌子上既等醫生又等娘。有一天，小外公對我說：「你娘明天到，要人去臨浦接。我馬上去通知夢熊娘舅。」

第二天下午，娘終於帶了大姐、弟弟來了。娘走到外婆床前，叫她，問哪裏不舒服？外婆不做聲，眼角掛下一串串眼淚，娘頓時泣不成聲。外婆低聲安慰：「勿要緊，會好的。」娘帶來許多紗布和棉花，醫生替外婆換藥，紗布上不見濃血，瘡口雖大卻平坦發乾。醫生說這不是好現象，毒氣已經攻心。

娘帶來餅乾、藕粉之類的食品，左勸右勸，外婆頂多只嘗一兩口，就不再吃了。自娘到後，外婆顯得十分平靜，只聽娘講杭州家中和自己的一些情況。當外婆聽到娘又懷孕時，臉上露出一

絲喜悅的顏色……醫生最後一次來，說老人像一隻蠟燭，燈盡油乾快要熄滅，囑咐準備後事。

隔天下午，外婆忽然開口說話，要娘替她抹抹身子、換換衣服。娘一面流淚，一面做事，上上下下、裏裏外外替外婆洗換乾淨。等一切妥當時，外婆才輕聲問娘：「落紅了沒有？」娘答：「沒有。」不一會兒，外婆就閉上了眼睛，六十四歲，結束了自己飽經風霜、歷經艱難、孤苦伶仃、默默忍受的一生。

外婆死後，消息傳開，二娘舅一家都來了。

他們要娘拿出錢來，由他們來辦喪事。我們跟著娘到大堂前為外婆守靈。平日小堂前緊閉的那個門卻被打開了，一個大櫃木箱也被打開。二娘舅一家把裏面的錫器、銅器、瓷器，甚至碗筷器皿都往自己家搬。走到樓上，想不到外婆屋裏還有一間過街樓，裏面的兩籠箱櫃也都被打開了，用紅綠線捆成的衣服，以及白藍布匹，這些都是外婆一生從未動用過的嫁妝。二舅母一趟趟往樓下她家搬。我想他們那麼不喜歡外婆，現在卻迫不及待地來拿外婆的東西，就跑去靈堂告訴娘。娘無動於衷，只說：「隨他們便吧。」

喪事五天辦完，伯也趕到了，一起送外婆上山。完事次日，伯娘帶著我們一家離開了謝家村。這時，娘才哭了。她把二娘舅搬剩下的東西都給了夢熊娘舅，自己什麼也沒有帶，只帶走了外婆的秉性和她的為人，外婆的智慧和勤勞，外婆的善良、忍讓和堅強。夢熊娘舅用他粗糙的手抹著眼淚，送我們上了船。娘特意關照他給兒子讀點書，將來到杭州可幫他找個好工作。

滔滔江水，波濤起伏，小火輪破浪前行，浦陽江兩岸風光和人間煙火都留在了後面，外婆永久定格在我童年的記憶之中，並伴隨著我無所成的一生。

## 三、阿復與大姐

父母生有我們姐弟五人。

三妹阿復出生後，祖母重男輕女，大為不悅，常嘮叨道：「有三必有四，這個媳婦不會再生孫男了。」祖母二十七歲守寡，受族人欺辱，大竹園被騙，以致眼睛哭瞎。母親生三妹坐月子那陣，有天中午父親有客來吃飯。母親未及上樓，讓鄉下來暫住的睿善哥扶祖母下樓。不知什麼搞的，睿善哥把祖母扶到樓梯口，就放了手。祖母一腳踩空，從樓上跌到樓下，腦門撞在了石臼上。娘聽到沉重的撞擊聲，連忙趕到，只見祖母血流如注，昏迷不醒。伯聞聲從前廳趕來，幸虧他在家，立即送進當地一家教會醫院治療。命門上留下一條三四寸長下陷的疤痕，神志從此不清。

不久，三妹被送到鄉下做養女。五年後，鄉間遭荒，父母才將其領還自養。1925年仲弟出生，三妹八歲，已能抱仲弟，也敢獨自在祖母靈堂守靈，同時還一邊織著帶子。未料，這年秋天罹患天花，不幸殤夭。


阿復怎會給鄉下人家做了養女，是後來聽娘說的。在我出生第三年，娘又懷孕。祖母開始很高興，認為這次一定是男孩。因已生過兩女，第三胎會改。誰知又生下一女。父親並未有所不快，他終究知道這是不由自主的。

父親為三妹取名「復先」，意即在迪、亞之後，復有一女。祖母則大失所望，要父親快去討個小老婆，好傳宗接代……伯未聽從。但娘心裏一直難過，即使婆母不吵不鬧，也能體會老人的

心情。娘產前、產後缺乏營養，三天之後就起來料理家務，奶水竟一滴不下。白天弄點米湯將就，到了夜晚，乾乳頭塞在毛娃嘴裏，卻堵不住她的哭鬧。祖母更氣，又說：「白天黑夜吵個不停，弄得一家人不安，不如送育嬰堂去……」

鄉下來了人，談到這幾年收成不錯，且鄉里通行領養媳婦，問伯是否可以考慮，並由他來物色一家可靠的人家？伯想了想，認為做童養媳不行，寄養不失為一個辦法。既然沒有條件請奶媽，這樣拖下去，對三代人都不好。伯去問娘，娘本來就心裏不安，只好同意。不久來了一對夫妻，娘理了一包衣被，說好以後衣裳由自己送去，鞋子請他們辛苦。我們稱他們毛爹、毛娘，但不知姓什麼，住在哪個鄉？娘只說他們為人忠厚，也許伯會知道。阿復就這樣在襁褓中離開了家，到鄉下去了。

娘說是因為沒有給阿復餵奶，第二年又懷孕了。這時祖母又吵開：「有三必有四，生這麼多賠錢貨做什麼？」娘起了心不想要這個胎兒。娘個子小體力不足，且小腳，平日裏整床的被子洗不動，也曬不動，通常把四幅拆成單幅，等洗好曬乾再縫起來。因不想要這個胎兒了，被子就整床地洗，籃子和物件掛在高處，也是伸長身子去取；拿換季衣服時，大大的箱子攔在肚子上端上端下，可偏偏沒有流產。1921年四月初一，母親艱難地生下一個男孩。祖母喜出望外，說阿香這回生了兒子，趕快請個人來幫坐月子，要弄湯水給她下奶……

自家中得子，平添歡欣，一切風調雨順。大弟做了滿月，又做了週歲。娘心裏卻苦不堪言。從做月子開始，前後對比，不時想起仍寄養在外的阿復。這時伯總勸她，說要為這個男孩想想，

心裏難過會影響奶水，對他成長不利。娘無語，只有將眼淚往肚子裏嚥。

不知何年何月，浙江一帶遭遇特大水災，所有湖田水秧全部被淹，顆粒無收，第二年鄉下發生了糧荒。伯娘知道後，想讓阿復回來。託人送了錢之後，沒幾日，毛爹、毛娘果然帶著阿復乘夜船趕來。船到碼頭天還未亮，到家正是吃早飯的時辰。娘趕緊新燒米飯，讓他們飽餐。伯又到衙門請回一工友陪他們到旗下湖濱各地玩玩，吃過早晚飯，才送他們上了船。

這時阿復已五歲，陌生得怯怯。第一天由金花領著她，在前廳、後軒、大門外、弄堂口各處看看，夜裏由娘帶著睡在她的腳後頭。半夜醒來，阿復不見毛娘就大哭。娘好言相慰，讓她不要吵醒了弟弟。她全然不加理會，在床上又蹬又踢，一直吵到天亮。清晨時，娘給她穿上新衣裳、新鞋，戴上銀項圈。她下了樓，又因找不到毛娘，把新衣、新鞋、銀項圈全脫下，扔在地上，一邊哭一邊踩。娘趕緊哄著說：「這是外婆給你的，大姐、二姐都還沒有呢！」她不知外婆是誰，說不要她的東西。娘毫無辦法，不理她，只好掛下淚水忙做別的事。

阿復就是這麼的倔強，一心吵著要毛娘。伯勸娘不要傷心，說她總是小孩，有了山裏人的脾氣，還蠻有骨氣的，情願回去吃「米糊」，也不願在此吃米飯。於是，伯允她，只要鄉下有人來，就讓她回去……之後，阿復晚上就跟著金花睡，白天也是和她在一起，很少到娘跟前去。由於祖母一口氣不改地要「讓她回去」，她反覺得祖母人好，經常到她的房裏去催問何時回去？被他人領養過的女兒，對親生父母的感情一直熱不起來，娘心裏不是滋味。當外婆請人送東西來，家中有了不花錢的雞蛋，我和大

姐放學回來，娘給我們每人一個，我看阿復沒有，就分半隻給她。娘對我說：「你再給她，我就不再給你了。」因為阿復不喜歡外婆，可見娘對她生了氣。

搬到佑聖觀巷二十六號後，阿復仍跟金花一房，在祖母房旁。阿復漸漸開始適應城裏的生活，不再吵著要回鄉下去，平時也能帶著大弟玩耍。只要我放學回來，就跟我在一起玩。所謂玩，無非是在後軒的門檻兒上坐著，「排排坐、吃家家」，或到天井角落裏，看一簇簇像絲絨一樣的青苔，在角落裏為他們講自編的小故事。

外婆棄世後，次年閏四月初三，仲弟出生。娘經過難產，身體虛乏，伯請了一位保姆相幫，同時照顧祖母。不久，祖母也突然離世，家中再次得子的喜悅並沒有維持多久。祖母的靈柩暫厝在後軒，到處掛滿了輓聯奠幛，素燭白幃，氣氛肅穆悲傷。

伯一月後上班，娘帶看仲弟還有家務，靈堂無人看守。我和大姐上學，即使不上學，某些場景也讓我戰戰兢兢，不敢獨自待在靈堂裏。阿復小我四歲，開口說自己不怕，守靈的事就落在她的身上。當然娘有空也去，並教阿復織帶子，說織好了可以給小弟弟用。紅黃綠白四色紗線為經，白紗為緯，娘織好的一段很是好看。織機時一頭繫在供桌腳上，遠近左右隨便，人坐在小椅子上，另一頭繫在自己的腰上。開始阿復一天只能織二三寸，慢慢織到五六寸，時間坐長了，娘就叫她停下來。有事人手不夠，她也能坐在小椅子上抱一下小弟弟，成了家裏的小幫手。

那天，大門外的柿樹和梧桐樹落葉紛紛，梧桐籽滿地，我們放學回來後不見金花與阿復來撿，到靈堂裏去也看不到她。這時

田舅來了，再三囑咐我們千萬不要到廚房那邊去，又給我們種牛痘，連吃奶的仲弟也種了。我們不知所以然。又一天上午，田舅把大姐和我從學校裏突然叫回，説旦初外公要接娘和我們去做客。旦初外公是娘的遠房叔叔，在杭州是名醫。

吃了早中飯，田舅的包車夫到了，又雇了一輛黃包車。娘帶著大弟、抱上仲弟坐在包車，金花和大姐帶我坐在雇來的車上。到哪裏去？旦初外公家並未去，西湖？湖濱公園？一點印象都沒有。只記得家裏這陣特別灰暗，屋簷壓在頭上一樣。上了黃包車是記得的，其他就只有灰濛濛的感覺，無任何印象。回到家還是不知阿復到哪裏去了，金花也茫然。

很久以後，伯才告訴我們，説阿復得了天花，此病極易傳染，才沒讓我們去看她。因為無法醫治，人已不在了。這時我才知道，就在我們外出的那個下午，伯獨自一人把她送到義葬山去了。義葬山在哪裏？看著伯一臉哀傷的神情，我不敢問，心想大概是在清波門外吧。娘在一旁落淚，自言自語道：「在杭州十四年了，阿復死的那天才去的西湖，抖抖心裏身外的晦氣……想不到，阿復這麼命短，但願這一去能投個男胎……」記憶中的阿復，圓圓的臉，五官端正，皮色白淨，比供桌高出半個頭。娘説阿復從鄉下回來時，哭鬧之下，小臉就像一顆紅山楂。

阿復在家不過三年多的時間。在其有限的生命裏，由倔強轉為溫順，由吵鬧漸趨平靜，這種轉變或許是她短暫生命中的不幸。阿復當時堅決要回鄉下去的，可見依戀養母，有了自己的情感和愛憎。到了八歲，也有了自己的內心世界。可惜這本薄薄的小書，尚未打開，就永遠地合上了，無法讓人再行捉摸。

父母內心有一種説不出的苦澀。當年寄養，究竟是錯還是對，沒有人能給出一個確切的答案。大人們本來不多的歡樂，被

阿復的突然消失，弄得蕩然無存。其失落與憂傷，也斷掉了我們這些孩子歡笑和快樂的泉源。若干年後，我在杭女中上學時，有一次遠足，繞山行進，驀然發現路旁立有一塊矮小的界石，上刻「義葬山」三個字，我想起阿復，當時多麼想找到她啊！

阿復的死使這個家變得陰沉沉的。

然禍不單行。1931年農曆6月16日，一個月明如洗的夜晚，年僅十八歲的大姐竟亦病故。兩女先後而去，父母極度悲痛，哀傷的氣氛籠罩著整個家庭，長達數年之久。直至1937年日軍在杭州灣北岸的金山衛登陸，隨即入侵浙江，我們姐弟三人，不得不奉母離開家鄉，顛沛流離，其傷逝之痛才有所沖淡。不過，對我來說，大姐的早逝，更甚於阿復之死，始終壓在我柔弱的心頭，時隱時現，像一陣陣飄渺不散的雲煙。

大姐名迪先，字敬仁。生於民國二年（1913）農曆12月27日。

病故時大姐是杭州行素女子中學高一學生。她品學兼優，不論小學、中學（當時學制初中四年，高中兩年，她正上高一第二學期）都是老師的得意門生，也是班長。「五四」以後，女子上學已是很平常的事。行素女中校風以古樸嚴格而著稱，比如除週末以外，住宿生不准外出或回家，外地學生若要到當地親戚家過週末，須由家長申請，經學校批准。星期日晚自修，由舍監點名，無故缺席，就要受到處分。到了冬天，在街上若看到穿玫瑰紅旗袍包衫的學生，就知是弘道女中的；若看到穿白點灰雪花呢包衫的，一定是行素女中的學生。當年許多家長除信教洋派的，都願把女兒送到管教嚴格的行素上學，如同我父親那樣。

行素女中校長費先生是一位婚後獨居的教育家。校舍就是她的宅第，一所四合院，前面大廳，用作禮堂兼飯廳。高高的圍牆上爬滿了金銀花。二門後面是一座樓房，左右八間廂房，正面七間，樓上、樓下一共三十間，天井鋪的是大塊平整的青石板，石板縫嚴密，很難長出一枝半棵野草閒花。天井四角放置四隻大缸，南邊左右兩隻是荷花缸，北邊兩隻是裝天落水的，給校長泡茶用。費先生穿著半高跟皮鞋在鬧樓上走一圈，樓上、樓下頓時鴉雀無聲。

　　她有一個未婚的中年乾女兒，余先生，是附小的主任、中學的舍監。若有什麼事，總是依在左邊廂房樓上門口的欄杆上，叫人或喊話。聽到叫「陳迪先上來」，開始我有點擔心，怕大姐受訓。幾次以後，才知道是有什麼事囑咐大姐。有一次，大姐去了回來，一個個教室去打招呼：「費先生今晚有宴會，夜自修大家要保持秩序……」但費先生和余先生一走，忽然歡聲四起；夜自修開始，有的教室仍靜不下來，一些同學把校服脫下，穿上各色旗袍和半高跟鞋子，臉上搽上脂粉；甚至還有人燒爐子燙頭髮、燒東西吃。我聽大姐連聲嘆息：「還説行素校風好，讀書又不是為了費先生，她一出門，連自修都不想上了！」那天晚上，只有大姐的班上保持平時一樣的安靜。

　　大姐在校也不是沒有受過責備。那時我在附小。小學沒有住宿設施，為照顧我們外地學生，學校把樓梯裏的半間房讓給我和大姐睡。每天早上我在天井荷花缸邊等余先生，跟她去上學，下午跟她回來。余先生瘦小個子，架一副光度不深的近視眼鏡，臉上從未露過一個笑容，我總是小心翼翼地跟她來去。有時大姐看到余先生回來，趕忙接過她腋下夾著的厚厚一疊作業本，幫她送

上樓。余先生偶爾會說一兩句話「你妹妹不錯，功課好」、「你妹妹像你，懂事」之類的話。到了星期六下午，阿田娘舅家總派包車（田舅出診坐的人力車，車夫長期請在家裏）來接我們過週末，次日下午再送我們返校。每次，旦初外婆（娘的堂嬸）或田舅母總讓車夫買一些點心給我們帶回。

有一次買的是一包長生果（帶殼花生），夜自修後回房，大姐讓我吃幾顆，發出格格的聲音。這時聽到上樓的皮鞋聲，隨即費先生呵斥：「陳迪先，你房裏有老鼠嗎？你妹妹牙不好，睡之前還讓她吃東西？」還有一次，父親因事從上海來杭州順便看望我們，帶給我們一些早上吃的小菜，什麼雲南大頭菜、醃胡蘿蔔，是我們從未吃過的，還有兩個水果罐頭。那天放學回來，照例在大姐教室後面的空位上做功課。一位同學拿了一個吃得差不多的罐頭，裏面插了一雙筷子，對我說：「你爸爸來過了，這是他送給我們大家吃的，這點留給你。」我放在一邊，準備做完功課後慢慢品嘗。不料余先生從教室門旁走過，被她看到：「陳迪先，怎麼搞的？把吃的東西拿到教室來了，還不拿出去！」大姐一聲不響，馬上把罐頭送到廚房。除此之外，大姐沒受過任何批評。

大姐聰明能幹，性情豁達，小學以前一直在謝家外婆處做伴。六歲時，外婆就教她用十字線繡枕套，七歲回杭州上小學。十歲時，家裏給她買了一磅大紅毛線，她放學回家，做完功課，就對著鬧鐘打圍巾。邊打邊看時間，娘開玩笑說她是與鬧鐘比賽在打毛線。那時通行長長的一條，披在身上，全是她自己打成的。還替父親打過一條圍巾。往後再大一點，只要娘坐下來，她總和娘在一起做鞋子，縫衣服、打毛線，我卻從來沒有做過什麼，只知自己玩。娘說大姐額角高、天庭飽滿，挺鼻樑、薄嘴

唇，臉皮白淨。有一次我生病在家，到新屋走廊的裁縫桌前待著，聽兩位師傅議論：「姐妹兩個，誰好看？」「姐姐是一朵玫瑰花，妹妹是一顆醬鏽釘子頭，又黃又小……」我的脾氣確實不如大姐好。

一次，伯帶大姐和我外出吃喜酒。行前關照：「四方桌面向門口的是上座，你們要懂得謙讓。」入席時，主人要我們坐在右首第一桌朝門的座位上，我們閃到背門一邊，主人不允，讓我們坐在右首一邊。尚未上菜，主人從客房那邊陪伯過來看，見我們坐在邊上，開口說：「你們兩個小人，坐在首席位上，太不懂禮貌了，要知道桌子的拼縫如果與堂屋垂直，右邊就是首位，你們小人不該坐的。」我們連忙起身，站在了一邊。但此時誰肯與我們調換位子呢？主人還是要我們坐在原來的座位上。等到一道道酒菜上來，我心中不悅，只裝裝樣子，空舉杯筷，大姐幾次催我：「吃呀！說過就知道了，下次就不會再坐錯了……」回到家，大姐把這事講給娘聽。娘沒說什麼，我則不然，滿腹不悅獨自上樓去了。小時候，娘叫我「陰世鬼」，意思是聽了一句什麼埋怨的話，老半天的不高興。

據說我小時候十分古怪，怕棉花，怕鵝毛扇上的絨毛，怕大廳帽筒中插著的雞毛撢帚，甚至不願讓人抱我到畫几上端坐的九座羅漢旁，它們雙目圓睜，齜牙咧嘴，面目猙獰，使我望而生畏。餵飯的時候，常常心不在焉，除非隔壁鄰居的保姆抱來他家比我大的男孩，你一口，我一口，才能餵得又快又高興。那男孩話多，比如說，他們家裏有許多許多五色水兒，一篷一篷的。娘就問：「既然是水，就應該用杯子呀、碗呀、或盆子來裝，怎會

是一蓬一蓬的呢？你下次來時帶來讓我們看看吧！」男孩就不作聲了。

等我會走時，站在大廳去後軒的過道上，面向東邊，抬頭就看到花園假山背後照牆上有一排圓孔，我覺得像一張張臉，圓孔就是左右兩隻眼睛，太陽穿過屋脊瓦縫射進來的光，從圓孔裏射出，就像一道道逼人的目光。樓梯過道是用木板封起來的，我同樣怕看板縫裏射進來的光線，覺得那麼逼人，總感到這個過道這麼長，這麼走不到頭！

剛從杭州回到店口時，住在老屋裏。春節到時，父親回家過年。夜裏與娘合計家事，以為小人都睡著了，但我卻醒著。聽到父親對娘説，照目前的經濟能力，無力送女孩子上學。但一定要送阿大（指大姐）上學，學一個專業，將來好幫著培養兩個弟弟。至於阿二（指我），讀完小學，找一個殷實的人家嫁出去算了。我聽了不敢作聲，內心覺得父親平時裏常説我重義懂事，口口聲聲喜歡我，原來不過是説説而已。嫁人是什麼意思，當時對我來説並不明白，但認為是父母不要我的一個信號，比當年把三妹送人收養更甚。

自此以後，只要娘説我一言半語，就會傷心，在角落裏暗自擦淚。次數多了，娘就説我：「什麼事情？一句話都説不得，動不動就哭，怎麼養成這種陰世鬼的脾氣？」娘越説越使我傷心，又從未説出心中的害怕與擔憂，直至有一家財主真的託人來提親，我才對娘説出，不願意嫁人，要和大姐一樣讀書。大姐病故後，我才頂了大姐的位置，得以外出上中學。父親雖未對我明確交代上學的任務，如將來可以協助兩個弟弟，但在我的頭腦裏卻一直是很明確的。即使後來家中經濟狀況逐漸好轉，這種潛意識

也始終未消。多年以後，直至大弟成家，我才和小弟在「雙十節」同一天結婚。

上學之前，伯把自己從小沒有父親、借債讀書的往事講給我們聽，使我們從小知道要認真讀書，不可與別人比吃穿。那時，下雨天我們沒有雨鞋，穿著娘用桐油油過的舊布鞋，一路到了學校，再換上帶去的乾鞋；下學返家再穿上仍是濕透透的桐油鞋。上學要經過萬安橋，百多級石階，我躲在大姐的傘下，低頭跟著她。每踏上一級石階，就能看到雨水從我們的鞋幫裏往外湧。大姐知道我走不動，每到萬安橋上，就讓我靠在石欄杆上歇一會兒，看看橋下的景色。

運河上有水上人家來來往往的貨船，有從蘇北運來的滿船紅蘿蔔。這種蘿蔔質嫩水多，沒有辣味，橘子形狀，皮薄而不脆，從頭剝到尾，一線到頭不斷。賣者把五六個蘿蔔的尾巴打成結，一串串沿街叫賣。運河兩岸，由於河道淤塞，河灘上成群的大小孩子，披著破衣爛衫，或者麻袋片，背著籮筐或破口袋，把拾到的垃圾往裏面扔。有一次大雪之後，運河兩岸白雪皚皚，我作了四句歪詩，大意是：但願白雪是棉花，但願白雪是米粉，大小袋筐儘管裝，回家有被又有糧。老師知道後，把它貼在教室的牆上。大姐心裏很歡喜，一路上說了不少鼓勵的話。到家又對娘說：「不要看她人小，心思好……」

1927年，伯在湖興縣政府任第一科科長時患盲腸炎，住院開刀，娘帶了兩歲的仲弟去湖興醫院護理。家中正在蓋新屋，尚未收工，不僅要供伙食，還有其他瑣碎。娘讓大姐從杭州學校趕回

照應。敏弟正在讀小學。娘離家五十多天，家中的一切全靠大姐一人，那時她才十四歲。鄉鄰都稱讚大姐能幹。

老家新屋造好，大姐經常抱著仲弟，穿過長長的葡萄棚，到大門口和後畈門整齊的蛋石地上散步。大姐讓我把學過的歌唱給她聽，從《可憐的秋香》、《月明之夜》、《葡萄仙子》到《畢業歌》等。一年寒假，真君廟來了紹興大班，掛頭牌的叫吳昌盛。我和大姐去看。次日早上，我在廚房裏唱了兩句。吃過早飯，大姐把我叫到前庭，說我剛才唱得很像昨夜吳昌盛的腔調，叫我再試試；我試了一遍又一遍，從兩句唱到七八句，當然是胡亂唱的。大姐叫我再去看、再去學，當時家裏有一本戲考，我找到《趙匡胤千里送京娘》這個唱段，就很容易學了。由於大姐的鼓勵，我一人時養成了瞎唱的習慣。伯回鄉，來許多客人，每次聽到我在哼唱，便趕來阻止，說：「女孩子家不時不節，嘴裏長腔短調的像個什麼樣子？以後不許再唱了……」直至大姐死後，伯帶我和仲弟到趙太先生家，他們在書房裏探討大姐何以退了燒而又突然死亡的究竟。我懷念起大姐，不禁在天井裏唱起：「雲兒飄飄，星兒搖搖……」那次伯真的很生氣，說：「大姐才死不久，你還有心思唱？」從此，我改掉了這個習慣。

1931年端午節，我跟大姐到旦初外婆家過節，還帶了綠豆糕回校給外地的同學吃。大姐突然發高燒，三天不退。余先生請校醫開了阿司匹林，也不見效。余先生讓回親戚家。大姐病了，由田舅開中藥。我星期六回去，兩次都不見好轉。我心神不寧地在大姐身旁做完功課，大姐叫我出去玩，獨自昏睡。第三個週末回去，大姐對我說，她要回家去了。原來是田舅給伯寫的信，日子

就定在第二天。我當時聽了很奇怪，鄉里人有病，總是千方百計往城裏求醫，我們在城裏，怎麼反而到鄉下去？

大姐說我不懂事，病了這麼久，怎能老麻煩旦初外婆和田舅家呢？她再三叮嚀我要好好讀書，和她在時一樣，放了暑假就回家。我蹲在她的床前，姐妹倆哭了很久。接著，大姐說讓旦初外婆家看到不好，讓我擦了淚出去玩。次日一大早伯雄哥就來了，一頂轎子停在大廳裏，大姐淚流滿面地向外婆、田舅家道謝，回頭再叮嚀我，我是看她掛著兩行眼淚跨進轎子裏去的！

事後才知道，那天伯雄哥因為店（藥房）裏走不開，只把大姐送到了船上。從杭州到店口，唯一的一條小火輪，早上九點開，下午四點到金浦橋。這個碼頭離店口十里之遙，娘派轎子在那裏接她。經過一天的折騰，到了家，大姐對娘只說了一句：「有許多話，像納鞋底一樣想對娘說……」以後就落入高燒昏迷中，什麼人也不認識了。大姐米不沾唇，大便不通，與我前一年得的病一樣——傷寒症。當時我發燒四十九天，是鄉里中醫雲良先生看好的。伯娘以為我能好，大姐也就能好。娘衣不解帶，日夜守護，一個多月才退燒，大便也下了。娘和醫生都高興得不得了，以為是得救了。

那天（陰曆6月16日）早上，大姐慘白的臉上露著些許笑容，要娘給她梳梳頭，說：「不然人家會叫我蓬頭鬼了。」娘打了雞蛋清，加了少許糖，餵她吃，我在一旁用扇子為她趕蒼蠅蚊子。正值農忙，家中割稻，挑回來的稻子正曬在廚房門外的場地上。下午，娘覺得大姐既已退燒，便抽身到曬場去照應。

大約下午四點多鐘，大姐說要娘來，我讓大弟去叫過兩次，娘忙得走不開，還怪我們沒耐心陪大姐。太陽下山，娘回來後見大姐神色不對，也不說話，一下子不知所措，隨即做了些迷信動

作，大姐忽然兩眼上翻，一口氣堵住，呼吸急促……等大弟請來鄉醫雲良哥，已只見出氣，不見進氣。驚慌之下，雲良哥自己也折了腰，結果還是束手無策。夜間十時許，大姐完全停止了呼吸，胸口至天亮仍有餘溫。娘痛不欲生，昏死過去幾次……

大姐去世後，沒有正式入土落葬，在觀山上祖父墓側浮厝，即用磚砌一個小廓，準備將來同父母合葬一墓。伯從上海請假趕回，撞進弄堂門，直奔堂前，一邊嗚咽，一邊喊著大姐的名字，痛心疾首，已是人去床空！

伯心有不甘，帶著大姐的病歷和處方直奔杭州一位名醫那裏徵詢死因，結果是傷寒轉肺炎，以致身亡。伯當夜流著淚為大姐寫了一篇《迪兒小傳》，後附大姐用毛筆書寫的幾篇得獎作文和大字，訂成一本，題名為《迪兒遺墨》，首頁是大姐生前唯一的一張照片。

娘後來為之配了鏡框，掛在客房的牆上，下放一張桌子，家中凡有好吃的東西，不論生熟，都要盛些放到桌子上，同時口中念叨「阿大來吃」、「小囡來吃」，讓人聽了無不傷心和落淚……

1937年全家人倉促離鄉，逃往上海，大姐的遺物未能隨身攜帶，1939年與新屋一併被日軍的大火燒毀！在流亡途中，除了衣箱裏的兩塊白底花麻紗布外，那是大姐病前為敏弟和仲弟購買的，再也別無他物可觸摸到大姐的心思了……本應是姐弟五人，卻留下相依為命的姐弟三人。這種難以言表的傷逝之痛，深埋在我一生的記憶之中。

抗戰勝利，仲弟大學畢業，購一部精裝《魯迅全集》，以兩兄弟夫婦的名義送我為結婚之禮。時我與伯娘在南昌，伯請人打了一隻書箱，請擅長書法的同事何平叔（後為知名篆刻家）工書

「魯迅全集」四字，鑴刻在箱門上。姐弟三人又合計，復請何平叔再刻一方「復迪宮」之印，鑴在箱門左下方。「復迪宮」之命名，是為了紀念大姐迪先和三妹復先的不幸早逝。姐弟三人甚至相約，今後不論誰有了自己的藏書，皆鈐上「復迪宮」之印，《魯迅全集》就作為「復迪宮」的第一套藏書。

這不過是一個美好的願望。江山易幟，新政甫定，不久，敏弟從南京市委統戰部調往北京中科院哲學所工作，仲弟成了新一代造船業方面的專家，也定居北京，並被派駐國外多年。我當年則從香港九龍、上海到了南京，後來一直在市政府工作。至此，姐弟三人天南地北，各自為政，聚少散多，「復迪宮」的本意終究未能實現。

## 四、小狗「來福」

家中造了新房，樓房平房，前庭後院，東有果園，西有竹園，範圍較大。

有一年，上海的朋友送給父親一條哈巴狗。大耳下垂，後頸的脊毛，同樣也分垂在左右眼角邊，與鄉間的土狗完全不同。腿短，身矮，行走非常之快。過年時，父親帶牠坐轎來到家中。伯對娘說：「此狗乃朋友所送，不能疏於餵養，每天最好能餵點牛肉。」娘笑著說：「店口沒有牛肉，你又不是不知道。」當然家中不乏一些葷菜之類。

娘為牠取名「來福」。

父親假滿返滬，「來福」跟著轎子一直送行到金浦橋江邊。牠望著父親上船，昂頭向天叫了幾聲。之後隨轎子回來，轎夫看牠腿短，停下來，讓牠也進了轎子，就蹲在轎內。

「來福」喜歡跟著娘，寸步不離。娘坐在廚房門口做生活（縫針線），摸摸牠的頭部和頸背，對牠說：「年過完了，家中的飯菜不會那麼好了，你跟著我們，只能這樣，有菜沒菜都要吃飽，不然會瘦的。」牠望著娘，雖不會說話，尾巴直搖。之後娘天天給牠的飯菜都吃乾淨，從不剩下，娘就此認為牠能聽懂自己的話，所以很歡喜，說牠通人性。

平日白天我們上學，「來福」就趴在娘身邊相陪。有時娘發現自己的眼鏡或頂針不在針線籃裏，就示意「來福」代她去拿。牠會先到廚房桌上看看，然後上樓，真的能把眼鏡或頂針含到娘的手裏。當時大姐已不在，娘想起不禁傷心落淚，「來福」就把兩隻前腳放在娘的腿上，仰望著娘，或跑到廚房把娘的毛巾銜來給她揩眼淚。

娘平時自己很少吃葷菜，做生活時炒點蠶豆吃吃，也給「來福」吃。開始「來福」不會吃，娘就嚼碎了之後放入牠的嘴裏。後來自己會吃了，知道香，好吃，於是娘吃也帶著牠吃。娘十分歡喜「來福」能聽懂自己的話，有些話也會對著「來福」說。到了晚上，我們上樓睡覺，娘給牠一個坐墊，牠就在床前的坐墊上睡。樓下有狗叫，牠在樓上從不應答，偶爾跑下樓去，聽聽動靜，有時也叫幾聲，又回到樓上。

我在店口紫北小學上學，「來福」跟我去過一次就記住了。以後中午就會跑來學校接我回家。日子久了，送送接接，同學們看到我就會說：「你家『來福』來了。」

一天上午還沒下課，我在課堂裏聽人說上街頭新屋起火了，急忙跑出教室往家裏奔。半路上就碰到大弟來找我。回到家，只見後畈火光沖天，火老鴉直往家中飄落。這時已來了很多幫忙救火的鄰居，拚命往樓上、樓下潑水，弄得滿地透濕。幸好是後畈

草屋起火,很快被熄滅了。「來福」照常去學校迎我,見我不在,就把我未及拿回的陽傘含了回來。看到「來福」這麼聰明,我愈發喜歡牠了。

又過年,娘告訴「來福」明天去接父親。第二天,牠主動跟著轎子出去。伯回來告訴娘說,抱著牠時,牠把兩隻腳親暱地搭在伯的胸前,頭靠在伯的肩上,像歡迎久別的親人一樣。娘把牠平時的表現也告訴了伯。伯聽了之後,說:「想不到我們像多了一個孩子似的。有人家的孩子還未必能像『來福』這樣聽話呢!」

「來福」腿短,卻跑得很快。逢清明冬至,一年兩次上墳,牠都會跟著我們去。第一次,認不得路,走一段,又跑回頭,看看挑祭品的阿浩叔走到哪裏了。我和弟弟都走得慢,牠一路走一路撒尿,為的是能留下歸時辨識道路的氣味。有過這一次,「來福」也知道了家中的墳塋都在觀山上。之後再去掃墓時,牠表現得特別積極,熟門熟路,前後跑來跑去,並且察顏觀色,看大家的情緒,不時發出陣陣嗚嗚的低鳴。以後我去杭州讀書,到江邊坐小火輪有十里路之遙。走的那天,也是轎子送我。「來福」早早就蹲在轎子裏等我。我剛把牠抱到腿上,就直往懷裏撲。我用手在牠的頭部、頸部和背上反覆摩挲,這些都是牠平時搆不到的,或許可以使牠舒服些。牠一動也不動地像個孩子,讓你不停地為牠摩挲。到了江邊,轎子停下,我上船,牠望著我叫個不停。我有點動情,對牠說:「不要叫了,回去好好陪娘,半年之後就回來……」直到船開走,牠還待在江邊依依不捨。如此通人性,真是難得!

有一年回家,發現怎麼「來福」的眼睛裏常有眼淚?於是問娘,娘說大概是老了。牠來時已不知有多大,到我家也這麼多

年，所謂「老淚縱橫」，想不到竟也會發生在一條狗的身上。不過，別的好像都一樣，食量也沒有減少。寒假時，我乘船抵達金浦橋，來接我的轎子已在江邊等候，卻不見「來福」的影子。有點奇怪，就問阿浩叔，才告訴我，說已經死了。當場忍不住一陣傷心，落下淚來。

回家見到娘，好像也憔悴多了，不像以前有說有笑。不想問但又不能不問，「來福」是怎麼死的？娘說，冬至那天，牠跟著兩個弟弟和阿浩叔又去上墳，去時還好好的，回來路上就不行了。不知是在路上吃了還是嗅到什麼毒物，途中倒下，奄奄一息，是大弟把牠抱回來的。到了家，也不叫，光是流淚。想讓牠把毒物吐出來，卻又吐不出。娘只好給牠周身按摩，想緩解牠的痛楚。這時「來福」哀哀地望著娘，氣息很急，腹部起起伏伏的，最終一陣抽搐，軟了下去，沒了呼吸，眼睛也閉上。當時已是夜裏，鄉里有種說法，讓狗接接地氣就不會死掉。娘於是把牠放在果園的泥地上，希望第二天能起死回生。天剛濛濛亮，娘即起身下樓去看，「來福」已全身冷透，毫無生還的跡象。當天，娘親手把牠深埋在果園裏，這裏成了牠最後的家園。

大姐和三妹死後，想不到，家中又失去一個通曉人性、充滿靈性，像孩子一樣可愛的小生靈！說起來，「來福」不過是一條狗，可我們何嘗把牠當成一條狗來對待，牠就是家中親密的成員之一。之後，又養過一條狗，不是本地狗，也不是洋狗，是變種。「來福」是公狗，或許是牠與本地狗繁衍的後代？我們仍叫牠「來福」，只是沒了當年「來福」那份通曉人性的靈性，不過守守門戶而已！

# 敘三：中學前後

## 一、紫北小學

杭州的小學不收住校生。我一直隨大姐住行素女子中學的宿舍，兩人同睡一張大床。大姐殤後，無處可住，回到店口鄉下。下學期開始，我進入紫北小學（今諸暨店口鎮第一小學）讀五年級。

紫北小學創建於清光緒三十年（1904），前身是諸暨名噪一時的「明誠學堂」，由「南社」社員陳子韶、陳子弁兄弟等捐田產、延教席而首創。店口位居紹興、蕭山、諸暨三縣交界之地，附近凡有志少年，紛紛負笈明誠學堂，求讀養性益智以圖成材。民國十八年（1929），明誠乃以鄉命名，改稱為紫北小學。

班上十七個男生，只有我一個女生。我要是到得早，就坐教室的前面。男生則遠遠坐在後面，與我保持一定距離。要是到得比他們遲，見他們坐在前面，怯怯地不敢靠近。班主任姓楊，名少逸，都叫他小楊先生。校長也姓楊，就叫大楊先生。一天，小楊先生對全班同學說：「現在是什麼時代？你們用這種態度對待一位新來的女同學，問問自己究竟為什麼？說得過去嗎？現在

我給你們排班，按個子高矮排隊，定坐位，排好後不能擅自改動。」

我個子小，被排在了第二，與一位同樣較矮的名叫茂康的男生坐在第一張課桌。兩人一直相安無事。後來他借給我看王統照的《黃昏》一書，這是我看到的第一部新小說。

我由此認定小楊先生是一位好老師。他的課講得也不錯。自那以後，同學們非但對我不歧視，還很友好。只是他們有個習慣，喜歡開玩笑，給同學起綽號。我常穿自由布做的衣服，那是用幾種顏色的細棉紗織在一起，遠看有花紋的一種棉布，時謂「自由布」。他們就叫我「自由布衫」。班長陳德林同學父名寶奎，就叫他「大阿寶」；茂康同學頭大，被叫成了「大頭」；另一位思撲同學，綽號「老鼠」，何故？我一直不知。有時早上到校，黑板上畫著一隻元寶是指德林，畫一隻老鼠是影射思撲。對我，則是畫一棵大樹，周圍畫個圓圈，因為我父名樹周。我把這種玩笑當成一種遊戲，知道並無惡意。回到家，還講給娘聽。娘也感到好笑，說這些孩子真會尋樂。

第二年六年級，來了一位新老師，據說是從國民黨教養院出來的，姓孟，名舍我。教養院在當時實際上是反省的地方。孟老師應當是一個左翼青年。孟的個子不高，人長得不錯，五官端正，教書有激情，但不如小楊先生那樣對學生關切。班上茂康、思撲二人的功課比較拔尖，常到他宿舍去。我與班長德林的成績並不比他們差，卻從不去他的宿舍。

有一次，他在我瘦削的肩頭突然捏了一把，有點莫名其妙，從此對他敬而遠之。這位孟老師對同學講的一些話，不像是老師該說的。比如他對一位同學說，男人上身與女人沒有什麼區別，只有下身才有所不同……當時小學並沒有生理衛生課，不知為何

要對一個孩子說這些？後來被傳出，讓人覺得這位老師少了點師道尊嚴。

思撰從他那裏拿來兩本書，借給我看。一本是上海亞東圖書館出版的高語罕的《白話書信》，另一本是蔣光慈的遺著。前一種完全是另一種格調，給父親寫信，謂之仁兄大人，內容先是批判「男尊女卑」、「三從四德」、「女子無才便是德」等；後面的內容是提倡「男女平等」、「科學民主」、「自由平等」、「自強不息」的新潮觀念，還有許多內容是讚揚俄國十月革命的。這本書是高語罕在蕪湖商業夜校上課時的講義。後來才知道高氏是共產黨陳獨秀的同道，與蔣光慈也是革命的朋友。難怪會這樣。至於蔣光慈的遺著，內容早已忘了。只是記得國民黨在審訊他時，一聽說他是湖南人氏，便說只憑這一點就可知道你是共產黨了。所以後來，我一聽到誰是湖南人，就以為是共產黨。後來，我想把書給同座茂康看，他卻說「不看」，乃把書還給了思撰。

1932年小學畢業。小楊先生也要走了。我去為他送行，他對我說：「好好讀書，認真做人。」態度特別誠懇，如同自己的尊長。我感到他身上有一種別人所不具備的品質，與孟老師不同，不由得猜想他一定是位隱身的特殊人物。小楊先生不肯把地址給我。從此一別，再無音訊！

連我在內，班上有八人赴杭州投考。班長德林成績很好，但不去，據說家中不同意（聽說1949年後曾任紫北小學校長）。對於我是否繼續讀書，父親的原則是，如能考上省立或市立中學就繼續讀，考不上則回家，絕不上私立學校。到杭州第二天一早，先去省立第一中考場。考試為期一天。筆試考完即面試。下午五點考完結束，岱雲伯來接我，第二天還要考市立中學。

岱雲伯姓傅，是伯的同鄉好友，時任杭州市警察局長。他家是一排平房，讓我暫住的一間房間，牆角橫七豎八地放著一堆書，據說是收來的禁書，讓我不要看。他隨身帶一根手杖，內藏一支利劍。對我言談態度尚屬溫和。他家有很大的一個院落，種滿一種開小紅喇叭花的「蔦蘿」，電燈裝在蔦蘿叢中。天熱在院子裏吃飯、乘涼說話，很有一番情趣，也沒有蚊子。次日他租了一隻船，因市立中學在裏西湖。乘船比乘車舒服，還可以休息。岱雲伯送我到了考場，自己回船休息。中午接我船上用餐。下午考完返回時，岱雲伯說自己過了一天神仙似的生活，觀看湖光山色，遠山近水。

回到家，娘告訴我，送我們八個考生去杭州考試的人回來說：阿義（我行二，家鄉人念「二」音即「義」）一定考不取！原來他看到參加考試的女生個子都比我高，也比我茁壯，由此斷定考我不上。開學之前，我收到兩份通知書，省立第一中學和市立第一中學同時錄取。相比之下，市立第一中學不但路遠，而且男女同校。父親決定讓我上省立第一中學，當住校生。思撲、茂康、茂才等人也考取了省立一中。他們在一部（男生部），我在二部（女生部），校址不在一起。


進入中學，開始一切順利。兩個月之後，有同學反映，說我每天下午面頰泛紅，口中有異味。經校醫檢查，說我得了肺病二期。檢查報告由校方寄給了家長。父親來信叫我勿急，並說要送我去西湖療養院住院治療。不日，父親從滬來杭州。偏偏此時姑母的獨子傳培哥，在漢口也染上肺病，奄奄一息，已被接來杭州。因財力不濟，父親只把傳培哥送進了西湖療養院。至於我，他與民生藥廠的堂兄商量之後，認為可以回鄉下店口去治療。獨

處一室，飲食單開，不與兩弟在一起，便不會傳染。我聽了很高興，回家可以看到母親了。父親走後，我把學校退還的七十五元，留下三十元，準備回家交給娘。其餘的到書店買了屠格涅夫、巴金等人的著作，還為兩弟買了夏衣布料。

我告訴母親說，父親請醫生為我診病，拍了X光胸透，肺部並無大礙，只是心臟有些擴大，已開了許多瓶羅氏大補藥回來。我一人住在西邊的樓上，漱洗、飲食都在樓上房內。每天待兩弟上學，才下樓一次，到前庭左右兩園看看走走，然後回樓看書。這一段日子確實無憂無慮，也暫時把肩上的擔子放在了一邊。父母對大姐的希望我是知道的。現在大姐不在了，他們雖然沒明說，但我知道自己應該把擔子挑起來。經過一年精心調理，同時鄉下空氣新鮮，身體逐漸康復。杭州醫生為我開了復學證明，1933年下學期，我重返學校。

## 二、子海與彬良哥

子海與彬良哥，從北京經杭州回鄉下過暑假，為省去在杭州的住宿費用，星夜搭本村人的夜航船回店口。我在杭州上中學，與他們一同返回。

彬良哥與子海是叔侄關係。我與彬良哥是同輩。彬良哥在北京大學讀化學系，子海小他兩三歲，在燕京大學讀的也是化學系。夜航船下午五點起航，沿著錢塘江的支流浦陽江緩緩而行。叔侄倆躺在船上，相互交流這一學期的考試成績，不是一百分，就是九十五分以上。我躺在他們的一側，一邊聽船底潺潺江水的流淌，一邊聽他們高談闊論，心中暗自羨慕，讀書就要像他們一樣……

店口有千戶人家，一條四五米寬的小街，有十幾家店鋪，其中最大的一家就是同昌南貨店。同昌已故老掌櫃有六個兒子，子海是長子馬良的大孩子，彬良哥是老掌櫃的四子。我家與同昌是同族，關係不錯，父親每月匯來的家用均由同昌收轉，家中若有什麼事，也是由子海的父親馬良哥前來幫忙。

　　店口只有一所小學，即紫北小學。由於暑期比較長，彬良哥與子海串聯幾位在外上學的同村人，把我也帶上，開辦本村暑假補習班，參加者可以是在校學生，也可以是失學在家的孩子。不收任何費用，純屬鄉情與義務。時間只限上午，每次四小時，下午和星期天不上課。分班、排課、內容等由彬良哥負責。開始時，我只是幫助刻鋼板、印講義，後來也參與上課，教低年級的語文和數學。這樣的暑假，在鄉間過得有聲有色，對我來說，教學相長，很有意義。

　　我家新屋建在老屋旁，與子海家靠得近。下午無事時，子海喜歡來我家玩。子海雖是大學生，但什麼事情都由他的母親說了算，可見孝順。子海夏天穿的是中裝短衫褲，幾天才換一次。常常發現他的褲子前面很髒，一問才知道，原來是後面穿髒了，他就把前面換到了後面，以為這樣就乾淨了。大家都笑他。

　　杭女中的同班同學蔣麗芬是下街頭大房阿金的女兒。她不參與補習班的事，下午也經常來我家玩，主要是與子海聊天，兩人談得很開心。我與她只是同學關係，兩家也沒有什麼來往，所以交談不多。蔣麗芬的父親蔣伯誠是國民黨軍政要員，與蔣介石、顧祝同等人是莫逆之交，1928年代理浙江省政府主席。

　　暑期結束，要開學了，中學比大學早幾天。去杭州的那天清晨，同昌的長工滿生哥送我去金浦橋上船。在路上，他對我說，

今天本來是子海與阿金家的女兒訂婚的日子，酒席都準備好了，一早忽來通知，訂婚取消，大家都感到莫名其妙。又說，同昌還從未遇到過這樣倒楣的事情呢……我才知道子海有這麼一段挫折。之後，子海從未對我說起過，我也沒問。若干年後，蔣麗芬嫁給本鎮留美博士陳望隆，是中央銀行副總裁陳行先生夫人做的媒。

彬良哥清華畢業，考取庚款留學。赴英國之前，回家做準備，加強口語訓練。不過，也學會了抽煙、喝酒，這些我們都是知道的。彬良哥時已成家，妻子玲香姐，沒有多少文化，他們有一個兩三歲的女兒。而子海，在大二時，即1938年，日軍侵略華北，各大學紛紛內遷，燕京大學校長司徒雷登決定該校留在淪陷區，子海不願在淪陷區求讀，乃轉學西南聯大，一切從頭學起，師從諸暨同鄉、著名化學教育家邱宗岳先生。畢業後，留作邱先生的助教；1946年，子海離開昆明赴美國留學，是公費抑或自費，不得而知。

子海在美國路易斯安那州大學主修有機化學，副修數學，獲博士學位，畢業後在哥羅拉多大學研究院任研究員。彬良哥在國外學的是什麼專業，我不太清楚，好像是紡織印染，也是博士學位。1950年前後，叔侄倆相繼回國，彬良哥在杭州的紡織局工作，子海在天津的南開大學化學系任教，後為系主任。當時同昌已分家，子海一回國，就把所分得的家產全部捐給了國家，自己分文未留。

1959年，南開大學創辦元素有機化學研究所，子海兼任所長。他從事有機磷合成研究，直接應用到生產第一線，合成出農業需要的「敵百蟲」，並設小型車間生產。這一年，毛澤東親臨

南開視察，子海陪同參觀了「敵百蟲」車間。毛很高興，對他說：「科研要與生產結合，教學要面向生產。」在全國高校創辦化工廠南開為首創者，子海功莫大焉。

1964年，子海出差南京，與南京大學化學系搞教改，住在五臺山賓館。有一日，來公教一村市政府宿舍看我。二十多年未見，除鼻樑上多了一副眼鏡之外，還是當年笑呵呵、毫無脾氣的樣子，沒有絲毫教授或系主任的架子。他告訴我說，早與鄰村王家埠母親遠房親戚家的一個姑娘結了婚，家庭十分美滿。

言及家鄉親人的情況時，不禁看他神色黯然，掠過一陣悲涼。他的二叔，就是雲良哥，是當年店口唯一的中醫，為人厚道，醫德很好，頗得口碑。那年我患傷寒症，發燒四十九天，就是雲良哥治好的。1950年土改，雲良哥死在了縣上的牢裏。又有一說，是被共產黨槍決的。他的四叔，即彬良哥，業餘時間為私人設計紡織產品，收取報酬，這在國外是天經地義的事，三反、五反時，卻屢遭批判，受盡折磨，當年的倜儻俊傑，從此鋒芒盡失，意志消沉。

1968年冬天，文革中，從北京同鄉那裏傳來子海自殺的消息，我不敢相信，暗自流淚。據說前一天，叫他參加批鬥會，說是「反動學術權威」，又誣他「特務」，「裏通外國」，平日裏朝夕與共的一些同事，在批鬥會上一反常態，爭先恐後，出言刻薄，攻擊不遺餘力。子海痛苦至極，一言不發。第二天，通知他再去批鬥會，發現已在廁所裏上吊自盡！未見任何留言，可見哀莫大於心死！子海，學名陳天池。

諸暨店口同族中，子海與彬良哥，是我少女時代最敬慕的兩個人。他們的不幸結局，讓我始料未及，常常想起他們。

## 三、杭女中老師

浙江省立一中二部，這時已獨立出去，改為浙江省立杭州女子中學。

初中而高中，最後一年尚未讀完，日本人來了。學校初移桐廬，繼遷淳安。不久，與七所省立學校在麗水碧湖聯合組成浙江省立臨時聯合中學。我隨部分老師和同學疏散回諸暨老家。從此，與杭女中戰火中告別。

杭女中的老師，在我眼中，絕大多數是精英。其言傳與身教，造就不少後起之秀。他們既有學問，更具人品。不僅教知識，還教做人。不幸抗戰烽火四起，各奔天涯，音訊隔絕，徒喚奈何！茫茫世事，一晃八十多年矣。當年的毛頭姑娘亦已耄耋老人。師恩難忘，魂牽夢繞，記下一鱗半爪，遙寄天涯海角。

曾先生，曾季肅，江蘇常熟人。民國二十年，畢業於金陵女大中文系。其父曾之撰清光緒元年舉人，其長兄即近代名人曾樸，《孽海花》、《魯男子》之作者。金陵女大不收已婚學生。曾先生報考時三十歲，已有兩子。遂上書校長吳貽芳，被破格錄取。曾先生在杭女中講授語文並擔任教導主任。講課時聲情並茂。講〈石豪吏〉、〈賣炭翁〉催人淚下；講〈琵琶行〉、〈長恨歌〉悱惻纏綿。講〈楓橋夜泊〉：「月落烏啼霜滿天，江楓漁火對愁眠。姑蘇城外寒山寺，夜半鐘聲到客船」，說作者張繼，屢試不中，回鄉在姑蘇城外楓橋夜泊時賦得此詩，古來狀元多多少少，唯有張繼留後名……曾先生邊講邊詠，抑揚頓挫，非常優美動聽。我至今還能學詠她的調子。

我的日記由兩個半圈加為三個半圈（代表打分），作文圈點更多，由三個圈增加為三個半圈或四個圈。曾先生對我說過：「你要是好好學習會成為丁玲一樣的作家。」高中一年級時，省教育廳把本來的月考改為期考，七門功課原在一月內考完，現在則要三天內考完。我為此寫了一篇作文〈期考之後〉，以切身體會認為期考對於求知無益，且有損健康。曾先生看完後在週會上（每週一全校學生大會）說，我班有一個學生寫了一篇作文，建議把期考仍改回月考。還說，準備把這篇作文送往省教育廳申述，當場贏得學生的掌聲。事實上，三天考完七門功課，絕大多數同學開夜車（前後半夜輪流不睡），搶記硬背，考過即忘，不能達到效果。我身體本不能開夜車，卻也不能不搶記硬背了。

高二分文理班時，我不假思索，報了理科班。出乎曾先生之意料，在辦公室說：「她該上文科。」代數老師則說：「她不上理科，誰上理科？」我之所以未報文科，自然是想當然。因為家中經濟條件有限，即使當上作家，作品賣不出去，家人養不起我。我當時更願意將來做一名教師，學理科比較有把握。同學們紛紛與家裏商量文理之分，我也給父親寫了一封信。不料他連來三信，表示反對。並列舉實例「某某礦業學院畢業找他介紹進銀行工作」，「某某鐵道學院畢業又怎樣怎樣」……我無奈改上文科。這學期的品行評語是「再求果敢」。我不懂其意，反正知道不是好評。


顧先生，顧味真，金陵女大外文系畢業。教我們高中英文，時間較短。她第一次進教室時，隨身帶有一塊硬板，上寫「Be honest」，對我們說，為人必須誠實。體現在讀書時最好的表現就是考試不作弊。有了這樣一個開端，同學們對她肅然起敬。

顧先生戴一副金絲眼鏡，頭髮自然捲曲，後梳一髻。衣著入時，頗為洋氣，但又平易近人。顧先生講課不緊不慢，還教我們學會了威勃氏拼音。與曾先生一樣，她監考時坐在後面的空位上改作業，從不走來走去，同學中亦無人作弊。顧先生與曾先生同住一個宿舍，常見她帶著曾先生的子女外出購物。至於她是何方人士，已婚抑或未婚，我們都不知道。中日全面戰爭後，日軍集結八十多艘艦艇，三個師團兵力，在杭州灣金山衛一帶登陸。杭州遭敵機轟炸，學校遷離杭州。我離開桐廬俞趙村後，再也沒有顧先生的消息。

　　唐先生，唐世蘭，省立第一中學校長唐世芳的胞妹，四川大學數學系畢業。擔任杭女中訓育主任兼數學老師，教我們高一幾何。唐先生教幾何速度較慢，我則早已做完該課的所有習題。自從知道杭高（杭州省立高級中學）用的課本是溫德華氏，就借了一本，有時間就做，解不出的，就去唐先生辦公室求助。她讓我坐在她後面，讓我自己也再想想。等解出來了，給她看，若是對了才回教室。那時我對幾何很有興趣，不知天高地厚，聽說世界有三大幾何難題尚未解出，竟躍躍欲試，希望知道是什麼題目。

　　「西安事變」之後，學校發給同學人手一冊蔣委員長的《西安蒙難記》，讓大家寫讀後感。我收齊之後送到了訓育處。稍後，唐先生把我叫去，把我寫的那份擲還，用四川話對我說：「你想想看，這個你能交給我，我能交到教育廳去嗎？」其實，我也沒寫什麼，只是認為「西安事變」固有隱情，但究竟真相如何，單憑一方之言做出結論，或許永遠解不開其中之謎。我認為自己並沒有寫得不對，一時又轉不過彎，只好看其他同學怎麼寫，又重新寫了一份。

時務主任宋先生（父親託他照顧我）出面替我緩頰，説小孩子不知深淺，不可太認真了！並説黨部現在抓得很緊，讓學生寫讀後感，無非是要查一查他們的思想狀態。經過這件事，我很少再去唐先生的辦公室。

春天到了，從宿舍到校園的那條小路，有賣桑葉和春蠶的。若不是為等父親的信，我中午一般不回宿舍，是害怕看到這些東西。有調皮的同學知道了，在我的抽屜板上畫了幾條蠶。我打開抽屜拿東西，嚇得驚跳起來！

唐老師知道後，説：「以後不許這樣嚇她，她在這方面有心理障礙。」那天夜裏，我做夢，哭了。唐先生特意來問有什麼傷心事？我説剛才夢見床上都是那些桑葉和蠶蟲。唐先生再三囑咐不許嚇唬我。反正住在鳳起橋下，我是不願意過春天的。

一次發瘧疾，去唐先生辦公室借體溫表。回到宿舍，打開體溫表小盒子一看，發現是碎的，便讓同學拿著六角錢，再去借一支（學校有規定，弄壞公物要賠償的）。同學回來把錢還給我，説唐先生不收，因為不知是誰弄壞的，不能讓我來賠，可見對我還是信任的。

陳先生，陳積，浙江平湖人，日本奈良女子高等師範化學系畢業。初二化學老師。陳先生很年輕，當時還沒有結婚。齊耳際的短髮，略帶黃色，不用髮夾，用一個淡玳瑁的梳子，將頭髮左右分開，再用梳子插在頭髮多的右邊。頭髮鬆了，就用梳子梳一下，動作很快，不影響講課。陳先生講課生動形象，喜歡與日常生活相聯繫，同學們易懂易記。比如講鈉鉀元素，她説細鹽含的是鈉元素，粗鹽含的是鉀。講到克的分量時，我問十克有多少？她抓一簇粉筆灰放在手上，「大概就這麼多」。

陳先生對我們講留學日本時的艱苦。她不習慣日本的飲食，只好吃自帶的鹹魚與鹹蘿蔔條。帶菜的盒子，像我們平常放注射器那樣一個窄窄的鋁盒子，裏面放兩條細小的鹹魚和一些鹹蘿蔔，就是中午的菜了。晚上回宿舍，若說加菜，只是在湯裏打一個雞蛋，宿舍裏十幾個人一起分享。陳先生在日本得過肺結核，可見是營養不夠。

陳先生與唐先生同住一室。唐先生身體不好，每天早上五點，她就陪著唐先生到招慶寺一帶跑步。我們起床時，正好看到她們回來。她平時飯後喜歡與高二的一位同學在操場上散步，我們自修課前也去那裏散步，經常遇上她們。當時陳先生有一個男友，在上海，星期天來看她。兩人在健身房裏打乒乓球。有一天忽然聽說，陳先生要結婚了，卻不是上海那個年輕人，而是安徽教育廳的一個廳長，與胡適是老鄉，績溪人。等我趕去為她送行，人已走。陪她去上海的那個高二同學回來說，陳先生在上海國際飯店的房間裏昏倒了，但不是身體的原因。後來，我奉母離開店口避難上海，得知陳先生在租界教書，就去找她。我大學畢業時，還是陳先生為我抄的畢業論文。

蔣先生，蔣君章，崇明人，中央大學史地系畢業。我們的地理老師。蔣先生深度近視，穿一身長袍或長衫。同學們給他起一綽號「醬瓜兒」，我非杭州本土人，不解其意，正如我不懂杭州人看不起外鄉人或欺侮外鄉人而叫他們「飽黃瓜兒」一樣。蔣先生是一位不太受同學歡迎的老師。何之故？並非沒有學問，也不是書教得不好。相反地，他學識淵博，寫作勤奮。教學之餘，撰寫出版《帝國主義侵略世界史》一書。又用十五天時間，寫出十五萬字的《中外地理大綱》，在當時頗有影響。同學們不喜歡

他的原因有兩個：一是他抽煙太多，一身煙味，前排的同學難以忍受；二是上課提問，有的同學吱吱唔唔答不出來，人還站著，他就會說「請坐」，其口吻使同學感到很難堪，認為是有心讓人下不了臺。蔣先生上課，從不照本宣科，講的都是書本上沒有的，如當地物產、礦藏、交通、貿易等經濟狀況，提問往往也是這些。若不認真聽講就答不出來。我是很怕他最後叫到我，因為我能答出來，不用他說「請坐」，但會遭到一些同學的嫉妒。

一次，蔣先生講東北三省愛國人士組織請願團回內地請委員長抗日，以解救東北三省的同胞。這些人看到了國旗，激動得痛哭失聲。講到這裏，他摘下眼鏡，擦拭鏡片，自己也是淚流滿面。我當時以為他也是東北流亡的學生。1937年底，杭女中輾轉遷至桐廬，蔣先生還在學校教書。

第二年春天，蔣先生進入政界，隨陳佈雷在委員長侍從室第二處服務。據聞蔣先生深得佈雷先生的信任，重要文告由陳氏親自撰寫，其餘大都交由蔣先生代擬。那年在重慶，有一天，我與鳳君（後成為我的丈夫）在某餐廳與他不期而遇，他非常高興，把我們的單車放在他汽車後面，帶我們去他的住處。大大的一間房，書櫃林立，作為隔間屏障，他在靠左邊的一間工作。讓我感到意外的是，透過書櫃看到右邊一間的沙發上，正坐著我的高中同學嚴某某。蔣先生不做說明，我也沒有問，那位同學也未起身過來打招呼。知道蔣先生是離過婚的人。嚴某某後來嫁的是一位地質學家。之後，蔣先生還請我與鳳君看過一部電影，蕭邦的《一曲難忘》，印象深刻。抗戰結束後，我從南京調南昌工作，鳳君送我上火車就是向蔣先生借的汽車。

聞陳布雷自殺身亡，後事交由蔣先生具體負責料理。這是我女婿後來告訴我的，他與陶希聖之三公子恒生先生是忘年交。恒

生先生來家見過我。他曾經撰文披露其父在陳布雷自殺當天之日記，其中說：「三十七年十一月十三日上午十時半，陳修平兄正在寓談時局，蔣君章電話，請立即往湖南路。……見遺書致余等三人者，皆哭。遺君章書命注意發表消息，勿為反動派所利用，乃商發一新聞，謂係心臟衰弱及失眠症，心臟突發致死……」從中可知蔣君章先生確為陳布雷的心腹。大陸易幟時，蔣先生隻身移居臺灣。行前曾給我一信，問去不去臺灣？路費包括今後的生活費均可由他來承擔。當時我已成家，乃婉言謝絕。

抗戰時期，蔣先生寫過〈我的母親〉一文，一字一淚，感人至深。蔣先生一生著作甚豐，出版百冊之多，在臺灣被評為十大作家之一。這是後話了。

## 四、寫信的壽乃芳

這件往事，塵封半個多世紀，當時只有子海一人知道，而現在此人早已作古。

杭女中校舍在西大街銅元路，宿舍在鳳起河橋下。一天三餐都是在校本部食堂，同學都是早出晚歸。中午飯後，也可以回宿舍休息。插信的口袋掛在門口，來信在那裏可以取到。

杭州春天好下雨，鳳起河橋下的這條羊腸小徑，更是泥濘不堪。我之所以這些天中午回來，是因為父親在上海已多日無信。那天回宿舍，收到一封字跡生疏的來信。拆開看，抬頭是我的名字，下面具名壽乃芳。

此君何許人也，雖未見過，但也不是未聽說過。一是聽我表叔的新婚妻子陳國英說過，她的〈婚後日記〉在杭州刊物《小說月刊》上發表，是由壽乃芳推薦的；二是老家店口，唯一的南貨

店店主馬良哥的內兄壽錫九在縣教育局工作（壽乃芳是子海母親的內姪），兼任我們紫北小學學監，他的兒子在杭州省立一中上學，就是壽乃芳。

　　來信寫道，他是通過我的同班同學得知我家以及我的一些情況的：「你們新屋門外通道上長長的葡萄架上一定萌發了許多新芽，我們的友誼也應該從此開始……」同時開了許多書名，介紹我看。作家均非我所看過的蘇俄人，多為法國如雨果等所著，甚至一本是美國作家馬克・吐溫所著。我都沒看過。還說在人生的道路上，他將帶著我走向偉大。信是用毛筆書寫的，既流利又老練，文字有一定的深度，絕非一般中學生可與倫比，但感覺未免過於自高自大。而且我一直認為，一個人的成長與成就，靠的是本人的努力與奮鬥，我從來沒想過要成為一個偉大人物。我只想像陶行知先生所說，靠自己的腦子與雙手，自立立人，自助助人，成為一個普通的教育工作者。

　　我決定不寫回信，因為不想交這個朋友。這倒不是由於父親的訓戒，「求學期間勿交異性朋友」，而是在志趣上有所差異。可是想不到他還是來信，談他自己的志向與愛好，以及對我的友誼和愛慕，甚至提及看過我小學畢業會考時的作文，說我是一個有理想的人。每次來信，文筆生動，情緒飽滿，總會使我連看幾遍，但並未動心，仍然未寫回信。直至第五封信，流露出些傷感的情緒，說從初懂人事以來，從未受到過任何人對他這樣長時間的冷落，這種冷漠的態度，使他受到了打擊。

　　我這才感到有點不安，拿了這一束信，去找住在西湖邊上的阿慶姐姐。在我小的時候，她在頭髮巷一號住過幾個月，停學養病。她看完信後，對我說可以給他寫個回信，就說現在功課忙，

要通信等暑假時再説。我理會這只是一個託辭。回校後照此意給他去了一信，自此就不再來信了。

暑假回鄉，我把這五封信收入一個大的信封，放在樓上客房的天花板上，我不想讓家裏人看到，但也不想丟棄。人有時就是這樣的奇怪。有天晚上正在乘涼，有人給我送來一張字條，想不到是他寫來的。條內寫道：「你有孜孜不倦的學業精神，我有翻雲覆雨的志趣。你説暑假通信，現已不及，因為我要走了……」不知為什麼，我看完後有點不高興。認為他處事頗為率性，不尊重人，連個信封都不加。先時自己連來五信，亦不顧別人願不願意，現在要遠走他鄉，就這樣隨便送個條子，豈不讓人以為是我想與他通信？我感到自尊心受到了傷害。

娘問條子上寫的什麼事？我説是同昌子海家送來的，沒什麼事，娘也就不問了。我心中忖度，他説自己要走了，會去哪呢？是上海，還是更遠的延安？

大姐死後，我回鄉住過一陣。看到鄉間婦女的實際生活和精神狀態，不論貧富貴賤，皆讓人感到有所不堪，我想長大後自己絕不為人之婦，必須自立謀生。但鄉里人早婚，總有人上門説親，我要娘別理他們。娘也知道，聽聽而已。不過，我也曾想過，真要找對象，論學識就要像同昌的彬良哥與子海，他們一個在清華，一個在燕京，都是高材生，而且出國深造；論思想則要像壽乃芳，因為無論如何，他的五封來信，已讓我認定他是一個有志之人。

1937年逃難將要離家前，我去客房天花板上取信，卻怎麼也找不到。心想娘與金花是不會拿的，兩弟好像也不會。我不敢提，也不敢問，這束信也就從此失落，而且無由可索！因為家中別無他人。

1949年以後，去延安的人先後回來。不見有壽乃芳其人，我還猜想是不是何其芳？直至文革時子海自縊身亡，從其妹春燕處得知，他們的表兄壽乃芳後來改名為吳江。從那以後，署名吳江的文章或著作都會留心看一下。他寫的《十年的路——和胡耀邦相處的日子》，還有那本《政治滄桑六十年——冷石齋憶舊》，其中談到對許多問題要「重新認識」。身居高位，能有這樣的反思，已不簡單。當年認為其人狂妄，其實是他對自己的人生早具信心。

　　我曾經寫過一篇〈子海之死〉，因其詳情不悉，而內容不足，敏弟為此想去找吳江瞭解一些情況，我叮囑他：「見面時切勿提我是你的姐姐。」不過，後來敏弟並未去找他。

# 敘四：避難上海

## 一、住進法租界

1937年七七事變，日軍炮火蔓延，杭州時遭日機轟炸。

高中二年級下學期不久，校方為學生安全計，舉校遷往富春江上游的桐廬俞趙村。新學校在一座尚未油漆的空房子裏。這是一棟二層樓房，樓下已經隔間，就給我們當教室用，樓上尚未隔出，就用這個大統間作為我們的寢室。同學們都打地鋪，每人枕前放一隻箱子，放置平常替換的衣服和一些日常用品，亦屬方便，老師則散居民間。

俞趙村倒是一個山清水秀、民風古樸的地方。村頭有一株茂盛如蓋的百年老樟，但此時誰也沒有那份欣賞秀麗風景的雅興。學期未過大半，解析幾何尚未教完，高等物理正待開課，戰火已逼近，校方又決定疏散。浦陽江即將面臨封鎖，因此沿江一帶的學生，如我們諸暨籍的同學，由物理老師壽望鬥（也是諸暨人）先生率領先期離開，各人發一份去他校借讀的證明。我們十餘人就此告別同學與老師們，儘管戀戀不捨，但不想走也由不得你了！

回到店口老家，同班同學蔡文希的母親帶著她的兩個妹妹和一個弟弟，已住進了我們家。蔡文希的父親是中央銀行副總裁陳行先生內弟，陳行是店口本族人，比父親年長一歲，也是遺腹子，與父親是小學同學。其時父親已離開湖興進入中央銀行工作，受惠於陳行先生，這份同窗之誼，此時就顯得十分自然。蔡家自杭州回鄉避難，由於家中屋小人多住不下，我家屋多人少，便向娘提出借住。娘一口就答應了，立即騰出一部分房屋安頓他們，不僅把仲弟放置標本的小書房給他們作了廚房，還為他們備好了日常生活用具。

　　店口只有小學，回家後，沒有學上，致使學業處於荒廢之中。寒假至，兩個弟弟自上海歸來。過了年，蔡家也要搬走了，據說遠去昆明。就在這時，父親自武漢來信，要母親帶我們去上海避難、讀書，並說不可留戀家園。新屋乃伯娘一手操持建成，到目前亦僅十年。前廳、後軒，樓上、樓下，左右場院，花木果樹，所有的一切，娘從內心確實難以拋捨。但為了子女前途以及全家的性命，娘是沒奈何，無他言。當時考慮最好能找人來住，可兼顧照應新屋。

　　此前，原在杭州南星橋經營「之江藥房」的堂兄伯雄哥夫婦，這時已從杭州搬回店口，大家都覺得由他們來住最為合適。家中帶不走的衣箱、書籍，或體積大且笨重的物件如風琴、沙發之類，統統集中到前廳樓上後間堆放，房門用大櫥擋住，外人根本看不到，亦可減少他們夫婦平日清理的負擔，確是兩便之計，娘就同意了。

　　有家不能安居，覆巢之下，豈有完卵。我對於這場戰爭的理解，是從一個家園的不復存在開始加以認知的。事實上，亦構成那個時代不可或缺的細節之一。日軍的殘忍和無情，讓我們意想

不到。後來的一把大火，不僅燒掉了父母一生的心血，也燒掉了他們最後的人性！二戰結束前夕，日本廣島等地被美國人的原子彈夷為平地，我並沒有幸災樂禍；相反地，對這個民族在一夜之間也失去自己的家園深感悲嘆。將心比心，家園被毀的滋味，他們總算也嘗到了，可為什麼要發動這場戰爭呢？這種血的代價和教訓，縱然哭上千回，亦自枉然或於事無補。

　　從店口出發，先走陸路去紹興。紹興東湖，有船，水陸兼程到寧波，乘海船前往上海。此番離鄉背井，與流亡並無二致。因其交通癱瘓，走走停停，幾個月後方抵達上海。好在凡有央行分行所在，父親均託友人照顧，幫助買車船票、安頓食宿等，不僅不要謝過，還說父親為人仁厚，平日對他們多有關照，可見人與人之間是互惠的。

　　之前，父親摯友斯介吾先生的兩個孩子，就是采蘊、蔚漢姐弟，已被他們舅家接走。當年舅家嫌其小，不願接手，後長到十二三歲，又得知寄居我家，其存款分文未動，除每月十五元補貼外，尚有一筆積存，又樂於扶養了。斯先生家乃望族，其族人創辦的象山民塾，亦即後來的斯民小學，乃諸暨人自辦近代學校之濫觴。斯先生曾在斯民小學任教職。雖已故去多年，父親未忘舊誼。這次去上海，仍去信囑其長子來店口與我們同往求學，盡到對老友的義務。

　　到了上海，伯讓我們住在遠房親戚蔡培基家中。蔡家兄弟七人一個妹妹，培基兄排行老二，也在中央銀行工作。老五培楚在上海家庭工業社工作。培基兄家住在法租界拉都路永安別業十號，一樓一底，後門一個廚房，前廳一個天井，他自家住在樓

上。培基兄亦去了武漢，原來樓下的廳堂已租給他人，只好先把二樓亭子間讓給我們住，等樓下房客退租，再租給我們。亭子間頂多八個平米，放一張大床、一張寫字臺、一把椅子。因水泥地不宜打地鋪，我們母子四人就橫擠在一張大床上。

娘到了上海，完全是另一種生活，與店口家鄉，抑或杭州，都有所不同。店口燒大灶，用的是柴草，杭州是小灶，用的是劈柴，上海用的是煤爐，燒的是一顆顆的煤球，做午飯要用紙木炭引火，好不容易才能把煤火點著；不用時，要封上爐子，不致熄滅，以免天天重新生爐子。娘自己上街買菜，她是放大的小腳，走路困難，但為了給子女做飯，從早到晚，終日操勞，連碗都不讓我們洗。我時屆高三，面臨畢業考試，還要準備考大學，忙於功課，家務事暫時不問。兩個弟弟分工，大弟幫忙洗衣，仲弟幫著拖地、收拾房間，多少為娘分擔一些家務。最初，父親還能從武漢匯款來。上海淪陷後，郵路不通，無法再匯款來。培楚哥從家庭工業社拿點牙粉袋來給娘糊，以維持生計。

我借讀市立懷久女中。敏弟在教會麥倫中學上高中。仲弟在住家附近的上海私立中國中學插班。半個學期之後，又重新考回「八一三」之前就讀過的江蘇省立上海中學。我到懷久女中時，高三課程已經上完，進入復習階段。我杭女中的同學沈佩琳（後為電力專家，享受國務院專家津貼）開學時即已來到。中午餐後，沈佩琳在黑板上演示大代數，洋洋灑灑寫下滿滿一黑板，我看下來，有的能懂，有的已不知其然，不免心急如焚。

我的體質本來就不好，此時壓力這麼大，終日頭痛做伴。娘見我日漸消瘦，飲食無味，請來旦初外公之子田舅為我診治。田舅卻認為我已讀到高中，不要再上大學了。其理由是：當年他的妹妹小和，也是身體不好。自己父親是杭州名醫，認為這個女兒

活不到三十歲。初中畢業就讓她在家休養，平日裏只打打麻將。後來結婚，生兒育女，也挺好的。田舅說我的身體比小和更不如，所以還是不上學為好。他的這個想法不要說我本人不會同意，娘也不會答應的。今日停學，又何必當初？

娘同意繼續讀書，但勸我今年若來不及就待明年再考。我想起了「望隆先生」。他是上海交通大學機械系大二學生，諸暨同鄉。因為一次到欽生嫂（其夫是中央銀行副總裁陳行先生之任）家打聽父親的消息。聽到屋內有講課的聲音，欽生嫂這才告訴我說，他們的兒子阿恒要考學校，正在請望隆給他補課。望隆家境不太好，做點家教可補貼補貼。當我出來之後，一路上尋思，請人補課不失為好辦法，有疑難之處，請人指點，或可事半功倍？

我徵求娘的意見，娘同意問問看。於是我往交大發去一封求援信。很快收到回信，說是「沒有時間」，婉言謝絕了。我自愧饑不擇食，過於冒失。阿恒是什麼人？他是中央銀行副總裁的嫡親，我怎能向阿恒「東施效顰」？正在悔恨之中，忽聽有人敲後門。我爬上寫字臺向窗外張望，好像是望隆。下樓去開門，正是他站在門口。他問：「信收到了？發出後想想不妥，對不起！」我說沒有關係。他說：「進屋談談好嗎？」我只得侷促地引他上了亭子間。他又說：「你要補幾何和物理，看看如何安排？我每星期可來一次。」

遲疑中我拿出書，對他說不必勉強。「既然來了，不說別的。解析幾何你仍自己做，做不出來的等我來；物理一共十六章，前八章講力，後八章講電，你每週看兩章，不懂的地方做出標記，我來時一起討論。」說話間，他計算了一下，要兩個月才能學完。又說以後每週來兩次，要我每週自學四章，題目就不要

做了，一個月完成，問我行不行？我答：「試試看。」當天他把幾道幾何難題簡單明瞭地解答了，約好每週一、四下午四時來，便離去。

不到一個小時之內，事情一反一正起了這麼大的變化，我幾乎弄不清楚是否在做夢。娘買菜回來，我講給娘聽，娘說：「真難為他了」，叫我快去看書。我來不及多想什麼，做完幾何，又開始溫習物理。這天娘說我晚飯都吃得有味多了。

一個月的時間在緊張中度過。娘一雙小腳，起早落夜，不但為我們做好飯菜，還要注意我們的營養與健康。家中洗衣、拖地、買米、買菜由兩弟相幫，我幾乎只做功課，不理家務。按家族排輩，望隆應稱娘為太婆。自他來為我補課，一家人都稱他「先生」。他每次都準時到來，從未改變。每次先講解幾何難題，然後是物理，有問必答，三言兩語即可講解明白。即使當天沒有疑難之處，也會把當天課內重點扼要講述，卻從未見他到課本上找過答案或公式，真像一本活課本。

有一次，我說看不懂，他問：「怎麼看不懂？」又說：「你不懂，其實不僅在此，前面有些地方你以為懂了，其實理解錯了，到這裏才會發生故障。讀理科不比文科——五柳先生可以不求甚解，名士作風，理科可不行。隨時要想到學以致用，學原理不懂，將來怎能實用？」

這樣的話，說過不止一次。還有，「你說不懂，你看了幾遍？只看一兩遍就說不懂。當然你現在時間有限，看四五遍、七八遍，我有時要看到十遍才弄清楚……」我當時感到十分難堪。後來聽同村的大學生說，望隆每門功課考試都在九十分以上或一百分。

　　望隆每次來一個半小時左右。來去匆匆，給我輔導結束再去輔導阿恒。我每次都送他到大鐵門外。我的補課計劃結束，不久即趕上學校畢業考試。我們三個杭女中的借讀生，都順利通過考試，拿到了高中畢業證書。

## 二、大同大學商學院

　　接下來是升學問題。

　　我杭女中的同學沈佩琳邀我一起去內地上西南聯大。西南聯大由清華、南開等校組成，校址設在昆明。流亡學生只要到了該地，即可免試入學。沈佩琳是孤兒，因年紀尚小，其父留給她的遺產交由伯父代為保管，按時給她學習生活費用。她想去，伯父也支持。而我呢？清華大學雖是我一向神往的學府，但當時國勢危急，時局動盪，以我的保守，怎能離開母弟獨走他鄉？

　　我原來一直想考名校，如交大管理系，但有多少把握，心裏則沒有數。

　　娘勸我找望隆先生問問。可我兩次出門，走到俄羅斯詩人普希金鑄像前又轉回家來。因為能否考上交大管理系還是應該問自己，問別人有何用？況且也不知此時他考試結束沒有，不便唐突前往。

　　一天上午，望隆突然來了。在廚房裏先見到了娘。大概娘已把我的情況與他說了。他進來顯得輕鬆，面露笑容，不像補課時那麼嚴肅。他認為我讀理工科理解能力尚可，但高三沒有讀好，即使考上了，身體也難以適應。管理系功課雖輕鬆一些，但考生的比例不會低於理工科。強中自有強中手，把握性好像也不大。我覺得這話說到點子上了。

接著，他說報告一個好消息，想聽聽我們的意見。

原來，上海大同大學校長胡敦復先生與望隆有一定交往。胡先生既主持大同大學校務，同時兼任交大理學院數學系主任。大同大學是民國以來第一所私人創辦的大學，由原清華教授胡敦復與「立達學社」同仁於民初在上海創辦，原名大同學院，胡敦復先生首任校長。民國十一年，即1922年，經北洋政府核准改為大同大學，時有「北南開，南大同」之美譽。現在的教師基本上都出自交大，學費比一般私立大學要低。我如果願意去，由他推薦可以免試。

娘對事物的好惡、取捨，不論需不需要當場表態，她的反應都極快，她是一個有主見的人。望隆說完，娘幾乎是不假思索，望著我，對他說：「有個學校能讓她上，尤其這是你們學校老師辦的，可以放心許多。從現在起，她要好好調理身體，開學後才能去上課。」當時我心裏雖然也是這樣想，又難以抑制內心的羞愧。望隆也不鼓勵我去考交大，可見確實存在差距，所以只能求其次了。我在一旁無語。

「亞先不高興，不願意？」「沒有什麼，有個學校升學已很不容易了，多謝你的幫助。」娘快人快語，在感激他的關照。

上大學，學什麼？我的方向早在高中分文理科時就已經定下了。在那個年代，像我們這樣的家庭，子女能夠讀書並不是根據本人喜愛，也不是量才施教。目的是學得一技之長，取得一紙文憑，便於謀職謀生。在我的心目中，女子謀生比男子更重要，更多一層意義，不能謀生，遑論自立？高中改讀文科以後，拋卻了原本想讀化學或數學的念頭，但讀師範學校的想法還是存在的。我以為一個女性在學校教書是比較合適的。我中學時的化學老

師、外文老師、國文老師均為女性。她們有學問，書教得好，我也想像她們一樣。

但此時，對我來說，哪有什麼選擇的餘地？唯一能進的就是大同大學商學院了。記得父親曾經說過希望我能讀會計系，可能是為了將來謀生的路子可以寬一些。於是我決定上大同大學商學院會計系。因為是免試，一家人為我操心的氣氛由此得到了舒緩。不過，還是心有不甘。要說高二由理科改文科是由於受到父親的勸阻，那麼這次選擇大同大學商學院，完全是因為自己不具備讀理科的能力，至少在娘和望隆那裏，答案是明確的。當初的嚮往在現實中變成了失望，更化作無聲的泡影潛入內心深處。這，我想娘也許是知道的。

1938年夏天，我進入大同大學商學院。應當說，這還是一所不錯的大學。

大同大學校址最初在肇周路的南陽里。八一三事件，校舍遭至兵燹，遷入公共租界，在律師公會大廈繼續上課。次年即在英租界新聞路小沙陀路購地五畝多，建四層樓校舍，同時增設附中一院和二院（初中部和高中部）。

由於戰時條件有限，學生上課沒有本班固定的教室，今天與明天的不同，甚至上下午也會換教室。所以上完課，家近的同學可以回家，遠的則各自想辦法。當時我住法租界內，只好就近到靜安寺公墓找一個地方休息，或準備功課。同學們只有在上課時才見面，課後星散，沒有機會建立友情。與我常在一起的一個同學叫劉正德，家住徐家匯，比我更遠。我去靜安寺公墓，她也同去，相互有個伴。

大同大學的功課，每學期七個課目，如經濟學、經濟史、政治學、邏輯學等，用的都是英文課本。只有大一時，語文這一門上的是古文韓愈。老師上課只講重點，也是用英語講。我聽課時隨即把重點做上標記，課後溫習，往往手不離字典，所有像我這樣從內地來的學生，都感到功課的壓力不小，一天都不能放鬆。劉正德從小在上海長大，小學三年級就讀英文，她比我輕鬆許多。

大一暑假，我去看望家住善中路的杭女中化學老師陳積先生。

之前，曾在電車上意外碰到杭女中的高中數學老師陸先生，同為淪落人，師生相見格外興奮。他告訴我，語文老師曾先生、英文老師顧先生在上海；我初中時的化學老師陳積先生，也在法租界工部局中學教書。這次特地去看望她。多年不見，陳先生見到我特別高興，叫我當天不要走，住在她家，要把別後的一切告訴我。但講話歸講話，吃過晚飯，無論如何我是要回家的，因為娘會等我。

陳先生有一子一女，雇了一個二十歲不到的姑娘，名叫杏春，為她做飯、帶孩子，自己外出教書。住房是她姐姐代找的，一前一後，隔窗可相望對喚。她有三個弟弟，兩個已經成家，都在洋行工作。三弟與母親住在姐姐家，有一個外甥叫耐官。兩個弟弟也住在附近，所以生活並不孤單。丈夫胡家健先生是浙江大學教授，時已內遷貴州遵義，她未同去。陳先生的房子是一個前樓，靠窗一張大寫字臺，房子對角放兩張單人床。房後有一個曬臺，房間走向曬臺的過道作為廚房。二樓亭子間由杏春帶兩個孩子住。男孩杏寶六歲，女兒咪寶五歲，都叫我陳阿姐。出門時，我突然問她為什麼不跟胡先生內遷，她說：「以後慢慢與你講，對你們年輕人有好處。」

第二天，我正在家用縫紉機為大弟做衣服。縫紉機是大弟向他的外語老師借來的，答應只用一個星期。陳先生忽然來了，開口就叫娘伯母。娘看她沒有一點架子，很是歡喜，留吃中飯，她也就不走了。她告訴娘，自己是浙江平湖人，那裏產西瓜。她父親十分開明，重視培養女孩子，認為應當有自立自尊的能力，所以她與姐姐都是師範畢業。陳先生畢業於日本奈良女子高等師範。而三個弟弟，父親只讓他們讀到初中，便打發到洋行錢莊去學徒，任其各自發展。其時陳先生的父親已不在世。母親知書達理，常寫草書自娛，陳先生也寫得一手好字。

## 三、張元濟家及其後

上海淪陷，郵路不通，在武漢的父親不能匯款來。我想在這個暑期外出找家教，能為母親分擔一點家用。

我來到陳先生家，想問能否幫找個家教？陳先生的姐姐也是老師，我稱大陳先生。正值天氣炎熱，大陳先生身體不太好，想休息一段時間，說把她做的那份家教由我去做，只是不知對方意見如何？大陳先生決定，立即帶我去。我與大陳先生來到霞飛路（今淮海中路）上方花園二十四號，大陳先生告訴我，這是商務印書館董事長張菊生（元濟）先生的家。當時我不知道張先生是何許人，自然也不會知道他在國內享有的崇高地位與名望。

一位男僕出來開門，大陳先生說要見張老。不一會，迎面走來一位儒雅清瘦、中等個子的長者，讓我們坐下。大陳先生說明來意，他舉目看我，並對我們說：這個暑假想讓孫女學一點《詩經》，課本可以暫時停一停。我默然了一會兒，說能不能試試？他隨口背誦起《詩經·周南·關雎》中的句子：「關關雎鳩，在

河之洲。窈窕淑女，君子好逑⋯⋯」然後問我，「淑女」、「君子」、「好逑」作何解？這首詩在中學時學過，依稀有印象，乃答：「淑女是德才兼備的少女，君子是有教養的男士，好逑可以論婚配。」聽了，他向大陳先生點點頭，說：「行。」又對我說，每天上午一個半小時，九點到十點半；開學以後每週兩小時。他隨即起身，取來一本藍布面線裝的《詩經》交給我。

告辭出來，我感到剛才真是有點緊張。大陳先生對我說：「我們今天很順利，張先生同意你去已很不容易，甚至下學期開學也都請了你，你應當高興才是。」我謝謝大陳先生這麼快就幫我找到了一份家教，只是這份工作原來是她的，所以又說等開學後天氣不熱了，還是由大陳先生自己去做。

回家的路上，我一直在想，張先生和藹可親，平易近人，不知剛才回答問話有沒有什麼差錯？家教酬金每次一個半小時計六元，應當十分滿意了。若干年後，我才瞭解到張菊生先生在當時中國文化界的地位，庶幾與蔡元培先生相當。除有深厚的學養之外，還有高尚的人格品質。

回到家，對娘與兩個弟弟說了，都為我高興。晚上看《詩經》，「摽有梅」、「野有死麕」、「擊鼓」等字句，書上註解不多，靠辭典幫助，也只能就字面釋義，卻不知道其有何用意或影射。上中學時，語文曾先生教「關雎」也沒講過有何所指，但我還是想盡量弄懂。不過，以上幾篇自己並不喜歡，又另選「柏舟」、「風雨」、「子衿」等篇目，準備陸續再教。

次日進張府，一女僕把我領到女孩的書房。這天我講的是「關雎」，先是通讀一遍，讓她認識所有的生字，然後逐字逐句講解。問她懂不懂？等她說懂了，才不再解釋。中間休息，我讓

她到外面走動一下，她便去了。女僕進來問要否方便，我向她道謝說不用，並告訴她以後不必為我泡茶，我不吃茶。待女孩回來，問她在那個學校上學？幾年級了？才知她上初中一年級。

第二天去時，我讓她把昨天的內容先講給我聽，並問她喜不喜歡《詩經》上的古詩？她不作聲。我就說，當年我是初中生時，聽老師講，也不怎麼喜歡，後來老師要求古詩讀後還要會背，凡是讀過的詩就都能背了。如〈涼州詞〉中的「葡萄美酒夜光杯……」，老師還教我們吟詠的調子呢！同學都很喜歡，我也會詠，以後有空詠給你聽。

我要求她也能背下來，並說把書上的古詩變成記憶中的詩歌，慢慢體味古人用如此洗練生動的詩句，講述一個優美動人的故事，自然就會喜歡上了。問她願不願意？背書習慣自己背還是有人陪？她輕聲說：「有人陪著好。」我就陪著她低聲讀誦，一遍又一遍，近於默念，直至她全部記住了，才讓她高聲背出。她自己也感到十分高興，跑出去告訴祖父，回來對我說：「祖父說他都聽到了。」之後，每教她一首詩，只用兩個課時，她不必再用另外的時間，篇篇都能會背了。

暑期最後一次課，我參考國家考試教材，事先準備了一篇《詩經》始末，什麼是五經，《詩經》分為風、雅、頌三類，共多少篇，有什麼意義內涵等。講完之後，就把講稿送給了她，同時請她把祖父借用的書轉交歸還。

這時張先生聞聲走來，伸手與我相握，久久才放下，還讓我坐下喝水，說：「這麼熱的天，你每次來都不喝水，這樣對身體不好。」我說習慣了，並向他表示歉意，因為《詩經》沒有學好，講得不深不透，自己沒什麼把握，必然有不妥之處。未料，張先生卻說：「你過於自謙了，每次上課我都在聽，並無什麼差

錯，你這麼年輕，能做到這樣已很難得的了。我孫女資質不高，以後寒暑假你喜歡教什麼的話，可以開一個書目來，我們再討論，這次辛苦你了！」說完，交給一個信封。我接過來時，還感到有點不好意思，連聲道謝。張先生説：「不必，以後有空或有事可隨時來此，我很少出門的。」

祖孫二人送我到大門口，我向張先生行禮告別，一種惜別之情悄然而生！回到家，把信封交給娘，內裝多少錢，當時是知道的，如今都已忘了。

當夜，我還是把張菊生先生叫開的目錄列了出來。如韓愈的〈祭十二郎文〉，陸游的〈訴衷情〉，白居易的〈琵琶行〉、〈長恨歌〉，范仲淹的〈漁家傲〉，杜甫的〈石壕吏〉、〈贈王八處士〉，李白的〈把酒問月〉等。這不過是張府家教後的餘興而已。按事先説好的，開學後仍由大陳先生自己去教（據説不久後因故中止），張府與我約定的寒暑假實際上是無緣再續的！

又一年暑期，我又接了一個家教，只説是抗日名將張自忠後人的孩子，具體情況不詳，也沒有問過。其時張將軍剛在三門峽東口外鄂北戰場為國壯烈捐軀不久，即著名的棗宜會戰，震驚了國人。據當時報載，其靈柩運往陪都重慶過湖北宜昌，民眾不期集於東山寺弔祭者達十萬人之多；至渝後，蔣委員長親臨撫慟，場面十分感人。

張將軍的英勇故事在當時家喻戶曉，我從內心對他充滿莫大的敬意。張家有五個女孩、一個男孩，應當是張氏家族之孫輩。我家教的任務是為六個孩子補課。男孩子上小學五年級，專教他算術；兩個女孩上高中，其餘三個女孩上初中，根據她們的需要，問什麼，我就講什麼。

　　男孩子比較淘氣，坐不住，聽講時還拿著足球從門上的氣窗拋進拋出。終於有一天，我忍不住了，很認真地對他說：「張將軍是大名鼎鼎的抗日英雄，為國壯烈殉職，我們都很感激他，懷念他，你是張將軍的後人，難道不應該繼承他的遺志？少小不努力，老大徒傷悲，現在不好好讀書，長大後，你怎能成為能文能武的人才為國奉獻？」

　　我又對他說：「把你當作自家人看待才這樣說的，聽不聽由你！」聽我這麼一說，小男孩一邊放下足球，一邊掉下淚來。其實，這孩子不笨，應用題稍加啟發就會做了，再加以適當鼓勵，很快對算術有了興趣，對我的態度也有所變化。五個女孩都很懂事，認為我對她們有幫助，彼此相處得很好。家中的女主人很感激我。這位女士是不是張將軍夫人李慧敏女士，我並不知道。不久，家中有了喪事，這個家教也就中止了。


　　後又有人介紹一戶新貴企業家家庭，孩子是個初三的男生，倒也沒什麼不好，只是這家的氣氛我不甚喜歡，況且聽說經常有日本人進出，便託故沒有應承。

　　這以後，我決定不再做家教。因為寒暑假天天在外，家中事務都落在母親和兩個弟弟身上。比如買平價米，要半夜出去排隊，第二天上午才能買到，都是兩個弟弟輪流承擔。那時郊區農民手中有米，但無法進入租界，就想辦法把米縫在上下衣褲裏，外加薄棉衣，穿過鐵絲網偷偷進入租界。一般可平安無事，若被巡捕發現，就有被捕之虞。娘為了讓我們能吃到好一點的米，就站在後門口等候。如能遇到這樣的農民，從他們身上放出米來，價格與市價相同，品質卻好得多。

## 四、陳先生的故事

做家教時，兩個張家都靠近陳先生的住處。她對娘說，天太熱，下課後可到她家住，不必天天回家，可節省一點體力。這樣隔三差五，我會住到陳先生家去，確實比回家近多了。在陳先生家備課空閒時，就聽她講婚後的生活。這是我第一次聽人說自己的情感故事。

陳先生婚前本有一個男朋友，是她大弟洋行裏的同事，大學本科畢業。每逢週末都從上海來杭州。陳先生常陪他在校內健身房打乒乓球，當時同學們都是知道的。後來聽說陳先生要與一位姓胡的廳長（乃誤傳，其夫胡家健曾任安徽省教育廳編譯處處長）結婚，婚後還要隨夫出國考察。又聽說結婚時在上海國際飯店二十四層樓上的房間裏昏倒了。這次才知道確有其事。

原來陳先生到了胡先生那裏，才知他是曾經結過婚的人，並有一女正在念中學，受此刺激，當場昏倒在地。婚後，胡先生帶她去績溪老家見母親。老夫人在大廳接待了新兒媳。陳先生說，胡家的房子雖然大卻十分昏暗，房子的窗戶只有磚塊那麼大，所有的光線全靠從門外進來。讓陳先生萬萬沒有想到的是，吃飯時，胡先生母子在前廳用餐，陳先生被單獨安排在廚房用餐。她感到十分意外和氣憤，這樣的歧視，對她來說，不但未曾身受，也未曾聞過，當時真想抽身就走。但轉念一想，還是忍一忍吧，可一直等到吃完飯也不見胡先生進來。

1935年夏天，經安徽省政府批准，特派胡先生出國考察學習。因其任安徽省立四中（即今安徽宣城中學前身）校長時，學校教

學成績顯著，被當時的安徽省教育廳宣佈為全省模範中學。行期已到，兩人登海輪赴歐，目的地是英國。有一天，陳先生坐在甲板的椅子上觀海看天，胡先生到了，馬上叫她讓坐；陳先生左顧右盼，看沒有別的座椅，就起身讓他，自己回艙裏去了。之後陳先生想上甲板觀海，必先問胡先生。他若去，她就不去，以示上次叫她讓座的一種抗議。

到英國後，胡先生在英國倫敦大學皇家學院進修哲學。陳先生已懷孕不能進修，後生下一子，就是杏寶。在英兩年，胡先生好客，每逢星期天總請人來家吃飯，自做徽菜，拿手好菜是「獅子頭」。陳先生講給我聽，安徽「獅子頭」是怎麼做的，特別鬆軟，油而不膩。陳先生對做菜沒有一點興趣，胡先生就支她去買水果或沙拉之類。她用兒童車推上杏寶坐在公園裏，絕不馬上回去。有一次，買醬油，胡先生等著急用，見陳先生一去不回，就生氣，兩人發生爭吵。所以他們的夫妻生活可說是貌合神離。後來又去了美國，胡先生在哥倫比亞大學攻讀碩士。1937年抗戰爆發，胡先生放棄正在攻讀的博士學位，由美返國效力。

1938年春，胡先生任浙江大學教授及校總務長。浙大時已不在杭州，內遷貴州遵義。陳先生因身懷第二胎滯留在上海。或許還有別的原因。陳先生的故事就講到了這裏。至於為什麼說「年輕人聽聽有好處」，她沒再做解釋。當時我想，婚姻怎樣才能幸福美滿，是不能憑一時衝動或有任何虛榮心的。

陳先生對我很好，我做家教有時會到她家去住，就特地買了一張大床，買了一輛二十六吋的坤車，主要是讓我用，還為我織了一件大紅毛線外套。平時娘給我們姐弟吃的螃蟹，都是一塊錢八隻的，陳先生買陽澄湖大閘蟹，一塊錢一隻，我與她各吃一隻，不讓自己的孩子沾邊。她還告訴我說，大家都歡喜吃蟹黃；

其實，蟹黃裏有一種與維生素相沖的特質，叫馬他命，於人體無益。她還替我買過一件緊身針織外套，兩隻袖子和背後是深藍色的羊毛織品，前胸是淺藍呢面帶繡花，在當時十分新潮好看，說是作為我行將大學畢業的賀禮。我寫畢業論文時，我一邊起草，她一邊用正楷小字為我抄寫。我為陳先生做過一件呢外套，當時大弟騎上新買的自行車代我去買扣子，車子未鎖，買好扣子出來，新車子不翼而飛。陳先生知道後連嘆可惜！

抗戰勝利，胡家健先生任教育部中學司司長。1949年後，赴香江未歸，為香港中文大學創辦人之一。儘管陳先生對我講述了一個家庭鮮為人知的內幕，但我對胡先生始終持有敬意。他從普通老師到大學教授，從中學校長到大學校長，從大陸到香港，為中國的教育事業畢其一生。

1950年1月，我從南方回到上海，陳先生在上海延平小學任校長，見過一面。肅反之前，我去信問她近況，答非所問，從此也就斷了聯繫。

## 五、同鄉望隆

我第一次見到望隆，是在一年暑假後開學，同船到杭州。

那天我獨自在金浦橋上船，因為一邊的座位已坐滿人，我便一人坐在對面，開船了，船身傾向一邊。忽見一個青年，身穿白色制服，面色黝黑，長方臉龐，來到我身邊坐下。問我是否去杭州上學，「你是亞先？我叫望隆」。我在一些學生口中聽到過對他的稱呼，也隨之叫了他一聲「望隆先生」。「你怎麼也這樣叫我？」他不像彬良哥那樣瘦，也不像子海那樣較矮，看上去比較

健康。當時他在杭州省立高級中學讀高中，而我是剛入校不久的初中生。途經臨浦時，有同學上船，我們就不再說什麼了。

避難上海之後，因為考大學補課，與望隆有了較多的聯繫。他正在交大讀書。有一個星期天早上，突然來邀我去聽音樂會。他對娘說，是陪我出去散散心。娘聽了很高興，希望我有機會出去走走。他說，聽完就送我回來。娘便邀他中午回來一起吃便飯。

到了大光明電影院，演奏已經開始。音樂會整整兩個小時，望隆沒有與我說話，也未有竊竊私語或交頭接耳。我是第一次聽音樂演奏，大有「鴨聽天雷」（家鄉話，聽不懂的意思）的味道，不知演奏的是什麼內容和意思，只覺得有時如同狂風驟雨，江河奔騰；有時好像月過山林，落木蕭蕭。

那天我本打算在家做衣服的，所以多少有些不耐煩。散場之後，他問我聽得好不好？感覺如何？我說聽不懂，不知其意。他笑了，說我隨便回答，不信我聽不懂。事後想來，我應該像問物理一樣，聽聽他的理解，只因急著回家，而無心顧及俞伯牙是否遇上了鍾子期。

回到家裏，娘已做好了飯菜。大家主客不分，說說笑笑，倒也輕鬆愉快。吃完飯，他臨走時還邀我們姐弟日後到他宿舍去玩。不久，我找到一份家教，學生是商務印書館董事長張菊生的孫女。一天傍晚，我備好家教的課，與娘說，想去交大看看望隆。娘表示：「應該去的，讓他也高興高興。」交大我從未去過，他的宿舍似乎是在一座大禮堂裏，是臨時暫用。一進門，一大片桌椅、床鋪，望不到邊。往裏走才看到四張桌椅與四張床鋪配成一組，我膽怯地找不到他。原來他發燒正躺在床上。看我來了支起身，說：「兩天沒打開水了，不能倒水給你喝。」我說明來意，說看看就走。他留我再坐坐，並拿出一封信給我看。見我

遲疑，就把信箋抽出來交給我，說是「我未婚妻來的信」。我還是第一次看到這樣粉紅色的信封和信箋，落款是蔣麗芬。原來是我杭女中的同學，國民黨上將蔣伯誠的女兒。薄薄一張信紙，我沒有詳看內容，雙手遞還，一邊向他道喜，一邊想可算是書中自有顏如玉了。他面露笑容，有一種難以抑止的喜悅。

我把望隆生病的情況告訴娘，與娘商量讓仲弟給他送幾個麵包和一瓶開水，娘同意了，並立即囑仲弟去辦。後來望隆來還水瓶時，遇到了毛先生。毛先生是我初中的外語老師，畢業於北京師範學院外語系。毛先生現在北平工作，回上海丈夫這裏過暑假，就在我家附近。她的丈夫汪先生與她是師大同學，卻在洋行裏工作。毛先生深度近視，文靜內向，不善交際。到上海後，汪先生仍是夜夜進跳舞場，她雖回到了家，卻感到十分寂寞。

有一天，她對我說，不要有空就去陳先生那裏，而不考慮自己的個人問題。我看這位交大同鄉人品不錯，你如願意，我去對伯母說……聽了毛先生的話，我暗自好笑，有點亂點鴛鴦譜，對她說：「我們雖是同族人，但他比我小兩輩，因為幫我補過課，所以常來走動。」我還告訴她，同學蔣某某就是他的未婚妻。

自望隆告訴我有了未婚妻之後，我們之間的往來反而更進了一步。因為他把個人的事告訴了我，等於是在同族之外，又多了一層涇渭分明。

我的身體還是不太好。上午家教回來，不但腿腳腫脹，還感到手心變厚、手指變粗。田舅來診脈後，還是提出讓我不要再去上學了。但我的心思娘知道的，總是鼓勵我說會慢慢好起來。娘一直希望我心情開朗，因此每逢望隆來約我外出，總是欣然同意。

自上次聽音樂會後，他又帶我去法國公園，到英租界新聞路小沙陀路去認大同大學的校址；一起陪敏弟去做西裝，約我去他學校附近散步；請我們看電影，還再三邀太婆（他應稱娘為太婆）同去。開學後有一天下暴雨，他到校門口接我。上海首次通行二層公交車後，他帶我去坐，觀看城市的風景。有時他還會到我家來做功課。

轉眼進入深秋，西風緊掃滿地落葉。我見望隆衣衫單薄，徵得娘的同意，請裁縫為他做了一件襯絨袍子，還買了一條混紡的圍巾。他對娘很尊重，每次來總是先到廚房看太婆，約我出去也先徵求娘的意見。娘對他很器重，一直跟著我們叫他望隆先生。他不止一次對我說：「太婆通情達理，待人好，對子女更是無微不至，我很願意來。」我則感到他對我的關心，猶如在杭州讀書時，伯雄哥對我一般。尤其來上海升學時遇到困難，是他幫助了我。

我們單獨在一起時，他的話不多，很少談他的家庭，甚至是他的未婚妻。只聽他說過，小時候從來沒有玩具，自己磨些瓦片，或圓形，或方形，或三角形，放在一個籃子裏，作為玩具。他的祖父喜歡喝酒做詩，在杭州有個詩友叫柳亞子。他自己不大說話，卻總是逗我說話。比如第一次去法國公園，花圃如錦，綠草如茵，滿目郁郁蔥蔥，高大的法國梧桐像一頂頂遮陽傘。不僅使我想起了家鄉，想起了杭州，也想起此時寄身於租界之中，擠在亭子間或客房裏，有家不能歸……想到這些，我坐在公園的靠背椅上沉默無言。他問我在想什麼？我說沒想什麼。「太婆讓我陪你出來是散心，不是讓你來煩悶的。」最後實在被他追問不過，我只好說在想抗戰何時勝利。

望隆一直認為我記性好，說起故事來很動聽。一次我們經過普希金塑像，我就講起普希金的生平和他的詩作，尤其書中的插圖，那幅表現雪地裏蜿蜒送葬隊伍的壯觀場面，令人悲愴不絕。他讓我把看過或喜歡的書，有機會都講給他聽。記得我對他講過冰心先生的《南歸》和《繁星》；講過巴金先生的《新生》與《滅亡》；講過魯迅的《狂人日記》以及《吶喊》；講過高爾基的三部曲；講過屠格涅夫這個人，他的《羅亭》、《貴族之家》、《萊茵湖》；也講過果戈里的《死魂靈》、歌德的《浮士德》。不過，《浮士德》這樣一本大書，只見譯者郭沫若過於氾濫的華麗詞藻，欲反覆尋找其原意，卻一無所得。從那時起，我就再不喜歡郭沫若的譯作。……當年我特別歡喜巴金、屠格涅夫的著作，不但覺得文筆優美，且富有哲理，可以使人看到人類自己的崇高和卑鄙。

　　望隆問我何以知道去看這些書，他自己一本也未看過。其實，看這些書籍對我也不見得有多大好處。說到底，只是喜歡而已。他說自己除偶爾聽聽音樂、學學口琴，這類書沒有時間看，所以希望我看了好書，以後仍能講給他聽。我們這個話題，斷斷續續，不說經年，至少也是累月。


　　大陳先生住了醫院，把張自忠將軍後人的家教要讓給我做。那天放學後，我直接到交大想徵求望隆的意見。人不在宿舍，我留下字條就走了。剛回到家，他也來了，匆匆交給我一張字條，上面寫著：「我打飯回來知道你來過，不禁落下淚來，你知道我是很容易流淚的，我將把這個條子交到你手裏。」我感到十分奇怪，從不知道他是一個容易落淚的人。我想起店口人曾經說過，

當年望隆父親去世，只用一條席子送葬。想必他內心受過創傷，所以才會出現這種不正常的心緒。

記不清是元旦還是春節之前，他去溫州看望未婚妻回來。脖子上的圍巾換了一條毛線打的。他對我說：「這是蔣麗芬的，我把你買的那條圍巾與她交換了，你不見怪吧？」我表示圍巾是為了禦寒，自己打的比買的暖和，怪什麼？他笑了。我想能作為他送給未婚妻的禮物，卻是意外的收穫。無意中為他辦了一件好事。

一天下午，暴風驟雨，經久不止。一位男同學在向我借倫理學筆記時說，雨太大了，下課後送我到福熙路去乘電車。不料一出校門，就看到馬路對面正站著望隆。我不假思索地對同學說，家裏來人了，你不用送了。望隆只帶了一件大雨披，兩人披在身上，還是擋不住瓢潑大雨。他一手扶著我的肩頭，一手緊抓著雨衣。我一手抱著書，一手也抓緊雨衣，一路趕著去搭車，彼此都顧不得說話。到我家後門口，我才說下次不要再來接了。望隆已是一身濕透，未進屋，就回學校去了。

在我不經意的時候，慢慢發現有些情況與以往不同，使人不安，甚至使人困惑。因我接了張自忠後人的家教，回家較平時晚兩個小時。聽娘說望隆放學後來過幾次，見我不在就走了。有一次晚上來做功課，叫我做好功課送他出去，說有事商量。但我送到門外，又說：「沒有事，好久沒見到你，想談談。」事實上又並無話說。送他到鐵門外，他又送我回來，我再送他出去，這樣來回幾次，使我感到很不自然。時間也不早了，越催他走，越是不走，完全不是他原來的態度。反過來卻說：「那時給你補課，叫你不要送，你每次都送我，現在請你送，你那麼不情願。不情願，我就天天來，到你情願為止……」

這樣的情形不只一次，感到他的心態與以往有所不同。有一個星期天上午，他來了，不在我家吃飯，叫我送他返校。我未同意，於是與那天晚上一樣，來回在弄堂裏徘徊。我發現娘與仲弟都在後門口觀望，才意識到娘可能也感到這樣不妥，心裏更加緊張與不快。

　　不過，望隆對此毫不理會，還説：「我們散散步，並肩走走，有什麼罪過？」要與我去問問娘，我當時不敢。我一向尊重他，不想隨便讓娘知道我的感受。只好去找陳先生，讓她幫我分析分析。陳先生認為，他既然已經訂了婚，對未婚妻也滿意，不會有什麼非分之想。一個單身人在客地，舉目無親，你們平時對他又好，他想你陪他走走，也不是什麼大不了的事，陳先生讓我不要想得太多，「要是怕伯母講，我去同她説」。

　　我與陳先生説好，如果他還是這樣，不必與娘説，因為娘並沒有講我。但他的態度仍是不改，還説什麼「不到你家來，功課做不下去」，「在你家做功課效率特別高，我也是身不由己。你如好好送我，我回去還能做兩個小時。不然我總會想往你家跑」。他原先真的不是這樣的。現在卻拖泥帶水，有話不在家裏講，出來了又無話可説。

　　娘從小告誡我，人言可畏。一個大姑娘不能讓人家閒言碎語。培基哥在漢口與父親同事，他的家屬就住在樓上。如果被看到，遭人議論，父親與娘豈不難堪。我的這一顧慮無法打消，但不便對望隆説，也不敢對娘講。

　　一天，他約我們姐弟三人去他的宿舍，這時他已讀大四，要寫論文，從大統間搬到單間房去了。去了後，他與敏弟説話，我坐在他的書桌前，隨手拿起一本厚厚的日記本，他説我可以看。

本來我並不準備真的看，只是翻翻而已，可忽然看到了「伯敏又來叫我」這樣的記述，不免好奇又翻了下去。前後接連有兩三個這樣的句子，不是伯敏就是永孝，而且看到「與亞先來往，不但花時間而且花錢」，頓時感到一陣眼花繚亂。沒錯，是這樣寫的。這日記，口氣分明是寫給未婚妻看的。我當即站起身來，叫敏弟一起回家。這意外的發現，顯然使我怒形於色，好像被人猛打了一記悶棍。

我從內心一向尊重他、感激他，處處把他當一家人對待，可他在日記中為何要這樣來說我？更何況他的未婚妻是我的中學同學。至於花錢，除了請我們一家人看過一場電影、邀我聽過一次音樂會，外出花錢的機會並不多。即使花錢，我也十分注意，經常由我來付……回到家，把這個情況告訴了娘，並與娘說好，以後不要再邀他來了。我不願見他，感到自尊心受到了損傷。

後來他來，與娘低語。只聽娘說：「自從你給亞先補課，這一兩年來常來我家走動，我們是知道好壞的。你沒有空應該直說，應該早說。現在我們知道了，這就好，你不用為難，管功課，顧畢業要緊，亞先也懂得的……」他似乎在說並不是這麼回事。

過了幾天，讓仲弟捎給我一卷八開的道林紙，大大的字，直行書寫，洋洋灑灑好幾張，未加封。但我相信日記是他內心的真實剖白，事後不論口頭或付之於筆墨，都是修飾的虛文，所以草草瀏覽。記得內容可以歸納為兩點：一，表白I love you；二，給他一個自新的機會。理由是：自從發現自己對我的感情發生變化後，有意寫這本日記來搪塞未婚妻的。

我不相信他這樣的解釋，甚至感到有點不可思議。我們之間的關係其實是很明確的，同鄉同族，同在異鄉為異客，像先前一

段時間，彼此真誠關心，他為我補課、為我擇校，如果算得上是莫逆之交，也就不枉其間的友誼了。即使我再不懂事，也不會無中生有來違背自己的本意。我們想的確實不是一回事。

不久，他要去美國留學了。前來告辭，對娘說，想讓我們姐弟三人送他上船。娘問：「欽生嫂一家，阿恒不送你嗎？」他說：「沒有告訴他們開船的日期……」就這樣，我們姐弟三人送他上了船。我如釋重負。

若干年後，再見到他時，已是1944年，我在衡陽農民銀行工作。一天天黑以後，傳達室說有客在候，交給一張名片，「新中柴油機廠工程師陳望隆」。我軋好總帳、做好平衡表，交到會計主任手裏，並向同事打了個招呼，才去見他。他對我說，回國後，先是到了中央銀行，才知道我在這裏。農行沒有會客室，營業廳外面亦無座椅，我們在交通車前後徘徊，主要聽他講在國外的情況。

路旁一條小街，有二三處燈光，他說讓我吃點東西，目的是找個坐處。但店小，只賣吃食未設座位，待我們回到原處，交通車早已開走。我待在路旁。他找來兩輛黃包車，說送我回去。一路暗無星月，稀有燈火。我車在前，他車在後。心急馬行遲。我一路無所思，只怕父母會著急。悠悠晃晃，好不容易到了四畝塘，上了山坡，宿舍夜闌人靜，唯我家燈光獨亮，父母在屋外等候。「怎麼這時候才回來？」「回來就好了。」父親讓警衛送望隆去招待所休息，然後對我說：「陳副理家的小姐到後半夜才歸，成何體統？」我無言。娘一邊給我燒泡飯，一邊安慰我。

第二天早上，頭痛欲裂，聽娘在招呼他吃早飯。「要進城辦事，沒有交通車怎麼走？」「到公路上看看情況再說。」娘沒有

進房間來找我。只聽他在外面說：
「請和太公與亞先說一聲我走了，
下次有機會再來看你們。」

時過數月，從嶽麓山來一信，
草綠色的土製紙，信中寫到他的
愛、他的靈感，寫工廠和住宅在嶽
麓山山腰，日間遙望山下湘江，白
帆點點，夜來燈火盞盞，江風漁
火。我作為一篇可讀的短小散文留
了下來，只是後來不知去向。

## 六、離開上海

當年上海有個「七十六號」，
是設立在法租界的日本特務機關。
凡有進步青年失蹤，人們都會猜說
是被「七十六號」逮捕了。兩弟平
時與進步學生有來往，仲弟還訂閱
了進步刊物《上海週刊》，但具體
情況兄弟倆從不對我與娘多說。

有一個星期天下午，兄弟二人
帶了割草的工具與口袋，說是要到
霞飛路三角公園去割草。因為仲弟
在家養兔子，平時只吃菜場裏買的
豆腐渣，趁星期天有空，去割點
草來餵兔子。結果，遲遲不見他們

自1940年離開上海之後的仲弟。

回來，我與母親等在後門口，等呀等呀，不見身影，真是望眼欲穿！直到夜幕降臨，才見兄弟倆回來，說是難得去一趟，看到草多，就多割了一會。娘有點不放心，感到害怕，要我去找謝映齋伯伯商量，想把兄弟二人送到內地去上學。

謝映齋伯伯是牙醫師，在上海英租界馬路口開設了「謝映齋牙醫診所」，當時非常有名。他早年來到上海，經過幾十年沉浮，總算站穩了腳跟。其子也是牙醫師，與他一起執業，平時沉默寡言，不像乃父廣交朋友。伯在上海中央銀行工作時，晨練時與之相識，日久遂成好友。每逢星期天，都要邀父親同去城隍廟吃早點。我們到上海時父親已遷武漢，就託他照顧我們。謝伯只有一個兒子，上海通行認乾親，就讓我做他的乾女兒，說有一個大學生的乾女兒很歡喜。有一陣，我的牙不好，就天天去他的診所。謝伯在上海行醫多年，病人遍佈各行各業，上流社會，三教九流，巡捕房，甚至日本人中都有熟人。

我把娘的想法對他說了，他當即表示：「這就送他們過封鎖線去找你父親」，語氣十分篤定。回到家，我把謝伯的話告訴了娘，同時也告訴了兩個弟弟。

次日，仲弟從外面回來，把一個小包匆匆往床下一放。趁他不備，打開一看，內有衣襪、肥皂、筆記本等生活學習用品。一問，原來是他放在同學那兒的，準備一起去蘇北，並不打算告訴我們。我一聽，不禁哭了，說：「你要是真的這樣走了，豈不把我與娘急死？」娘知道後，並沒有責怪仲弟，只是對他說：「好好的與哥哥一起跟謝伯走，去找你的父親。」這時大弟問娘：「我們走後，家中沒一個男孩，有些事恐怕二姐做不了，可否找一個同學來幫忙照應？」娘想了想，認為也好，以防萬一。

　　大弟帶來麥倫中學的一位同班同學，叫郭棟材，廣東人。聽說他的功課很好，還得過上海中學生作文比賽一等獎。自家有房子，與母親住在一起。大弟託他有空過來看看，有什麼事就幫著照應一下。

　　陳先生專門趕來看兩弟，提及她姐姐的獨子是中學生，不辭而別。姐夫在馬路上撞見，在人群中追了好久，結果還是被他走脫，現在一家人正焦急不堪，寢食失常。陳先生對兩弟說：「年輕人有理想不錯，但人生道路很長，不要走極端，去了之後，先設法與父親聯繫上，不要單獨走重慶。要與父親商量好，或許沿途可託人照顧你們。家中不必掛念，等你二姐畢業後，我們也會離開上海的。」

　　謝伯帶著兩弟走了，估計一週後才能返回。娘的心情變得煩躁不安，少言少語，做完事，就一人躺在床上，好像失去腿腳的螃蟹一樣，行動受困。一個星期後，謝伯回來，告訴我們，他們三人是在蕪湖竹絲港過的封鎖線，路上並未遇到什麼危險。把兄弟二人送到中央銀行屯溪分行，交給了我父親。以後的事，由他們父子去商量好了，盡量不要寫信，免得生出麻煩來。並說他知道的事多，聽他的不會錯。


　　這一天郭棟材來了，我告訴他兩個弟弟已到安徽屯溪，平安通過封鎖線，讓他放心。這時，娘一顆懸著的心已放了下來，一邊為他倒水，一邊問他家中的情況。他說父親早已不在了，留下四幢石庫門的房子，三幢出租，作為上學與生活費用。他別無兄弟姐妹，與母親相依為命。母親操持家務，自住一幢房子，開支也不大。為減少母親的辛勞，他有空就去集市，每次多買些不易變質的蔬菜，土豆、海帶、紫菜、蘿蔔等等，這樣比零星購買價

錢便宜。說話間，娘為他盛了一碗紅棗煮米仁，他讓了再三才吃。我對他說：「現在尚未放假，我家也沒有什麼事，你不必每星期來。」他說有自行車方便。

郭棟材第二次來，為我們買來一大口袋土豆。以後他仍是每星期都來，有時帶來海帶、紫菜之類，有時做了廣東點心赤豆糕送來。但不知何故，他每次來話卻越來越少，送來東西就默默坐下。我有時推說有事要外出，他就陪我同行，跟在旁邊，還是不多言語。娘也感到奇怪，說：「他是不是看上你了？又像又不像，真拿他沒有辦法！」有一天我問他：「你是不是為了不負同學之託，為了照顧我們，走慣了，對我們總有一天要去內地而捨不得，那你願不願意與我們同去內地？與伯敏一起上大學，內地的大學還不收學費呢。」他仍是不做任何表態。我猜想他是不是因為母親或有房產而離不開？

1941年，我進入大四學期。胡敦復校長鑒於日本人進入租界以來，漸漸侵入校方行政，故在學期尚未全部結束時，提前給我們這屆大學生發了畢業證書，文憑上貼有我們頭戴學士帽的照片。像我們這樣的流亡大學，學無定所，同學之間沒有更多的交流機會，彼此也不太瞭解。只是每次考試，我都是第一個交卷，使同學們產生這是一個好學生的印象。我的畢業論文題目是「成本會計對產品半成品的估價問題」，被院部編為一號論文。陳先生有位鄰居是教我們國際貿易的教授，有次在交通車上說：「陳亞先是這個班的高材生。」除此之外，四年流亡大學，我並不知道自己的深淺。

這年初冬，父親調任湖南衡陽中央銀行副經理。我與娘商量，既已畢業，是否離開上海，去衡陽找父親？母親同意了。陳

先生聽説後，也決定同行，並説到了之後，再通知胡先生來接。我把離滬的時間告訴了謝伯，他約好某一天專門來看我母親。娘為他做了紅燒蹄子，配有木耳、金針菜，加以冰糖，味道濃厚。謝伯吃得很高興，直誇娘會燒菜。

真的要走了。我把大學課本以及《西行漫記》等課外書籍託給郭棟材保管。祖父留下的田契和伯每年以年終獎金購買的田契，逐張按批號與畝數抄在一個本子上，契約放在郭家，本子由我們帶走。走的那天，郭送我們到江邊，幫我們拿行李，我與娘再三向他道謝，他仍是無言無語，但惜別之情是可以體會到的。我對他説，等到能通信時，會給他寫信的。

我們聯繫的是專為內遷人員過封鎖線的旅行社，走的仍是蕪湖竹絲港這一條線，與先前兩弟他們一樣。旅行社早已打通好了關節。若不出意外，基本上可以通行無阻。出發前，叮囑我們出門穿著盡量揀高貴的服飾，藉以冒充偽方人員家屬。我們交付一定的費用，沿途食宿由他們來安排。住的是一般的旅店，我們與陳先生兩家各開一房，吃的是十人一桌的粗碗滿菜。此路同行共十人，我們兩家六人，另外是一對夫婦和兩個單身男士。

一路上，有個人開口總是叫娘「老太婆」。陳先生聽不下去，批評那人太不講禮儀，直呼「老太婆」是何用意？那人急忙賠禮，説自己是湖北人，湖北方言稱「老太婆」就是「老奶奶」的意思。娘對陳先生説沒有關係，各地方言不同，並無惡意。

我們行至南陵，因無路費，受困十八天，最後才到達安徽屯溪。走走停停將近兩個月，然後在那裏等待中央銀行前往湖南衡陽的運鈔車。

# 敘五：投奔內地

## 一、骨肉相聚

1941年冬，我與母親及陳先生一家到達安徽屯溪之後，即與父親電話聯繫。

父親讓我們一行在屯溪暫住數日。中央銀行總行已遷至重慶，每月都向長江下游的分行運發鈔票，過衡陽後，必到屯溪，運鈔車回程時，便可帶我們去衡陽。不久，我們即搭運鈔車去了衡陽。

我們父女已八年不見，母親與父親分別的時間更長，還是十五年前在杭州的時候。家人重聚，不禁悲欣交集！父親不胖但也不像當年那樣消瘦，他的身體似乎好多了，這讓我與母親感到欣慰。

衡陽分行地處市區中心地帶，宿舍則在郊區四畝塘。為避日機轟炸，正、副經理備有一車，其他同事每天早晚有大客車接送。四畝塘在一片山腳上，不是平地，也不太陡峭，宿舍依坡而建，是一排磚木結構、用厚厚的茅草鋪頂的平房。

父親的住房在山腰上，四間不大的房子。一間吃飯兼會客，一間父母臥室，一間我與陳先生帶兩個孩子，杏春住在父親的傭人劉媽房中，門外另有一間廚房，十分簡樸，但也夠用。如有客來另有公共招待室，最上面還有大俱樂部，有時放電影或供開會之用。四畝塘因山坡內有一四畝大的水塘而得名，就在父親宿舍上方的小路旁邊。我們來到之前曾出過事故，同事家的小孩在天黑時失足落水，然無人知道，等找到已無濟於事。

　　母親到了衡陽，生活不再那麼辛苦，心情也舒暢了許多。不但知道了兩個兒子的情況，一顆懸著的心終於得以放下，而且不用每天自己燒飯洗衣，聊以補償她十多年獨自支撐家庭的艱辛。在上海時（當時兩弟已離滬），當娘得知店口老家的新屋被日寇一把火燒掉，臥床不起，一連幾天不吃不喝。直到我說，娘再不起來吃飯我也不吃時，她只得起來吃飯。因為我不吃飯，便不能去上學。可見娘傷心之甚！

　　衡陽的生活，我們倒也能習慣。本地人嗜辣，劉媽也是逃難來的下江人，她做的菜我們能吃，讓她做我們想吃的，她也能做，有時娘也自己做一些。當地產一種比土豆大的一種塊根植物，叫地瓜，皮厚易剝，剝過以後光潔濕潤的橢圓形體，可以炒作蔬菜，也可以配炒豬肝、肉片，但一般都是當作水果生吃。初吃有些土腥氣，吃慣了也覺很爽口，味略甜。還有一種像木耳的東西（後來才知道叫地皮菜），每次雨後，四畝塘遍地都是。劉媽拿籃子去拾，回來用水淘洗，去掉泥沙雜質，可以燒肉、燒魚，也可以燒湯或單炒。但無味且不像木耳能燒爛，口味與木耳不同。

　　兩弟知道娘與我也來到了衡陽，來信告訴他們離開上海以後的情況。原來父親的意思是讓他們到浙江南部去找學校，當時重慶遭日軍轟炸嚴重，恐不安全。並告訴他們趙太先生（原湖興縣縣

長，父親的亦師亦友）之長子趙兢初叔叔，正在碧湖開醫院，兢初嬸帶著子女住在麗水，讓兩弟先去麗水趙家看看。由此仲弟認識了他家次女思哲，後來結為夫妻。但他們去浙南一帶並沒有找到學校。仲弟只好借讀於浙江省聯合高級中學，學校在麗水的碧湖；敏弟則去了江西泰和，那裏有一所中正大學可供借讀。不久，兄弟兩人最終還是去了四川。仲弟在合川上國立二中，大弟進國立中央大學經濟系就讀。

　　陳先生到衡陽後，由父親代她聯繫在遵義的胡家健先生。在此期間，陳先生託伯替她在衡陽找學校執教，未果。為此，伯認他為義女，取名淑先，並勸她夫妻應該同居一地為宜，胡先生大男子主義、過於好強，使妻子不悅感到委屈，也是無法改變的事

1942年，父親友人郵寄《批註史記》共六本，父親扉頁題字贈兩弟。

峻書共六本零陵何雲庵兄郵寄以貽　伯仲竟書此誌感
三十一年十二月廿四日
梅周誠扎渝

批註史記序

清光緒間武昌張先生校刻歸方平點史記於楚中學者多祿之先生讀史功最深嘗手寫四通夜起盡一燭乃達旦其後桐城吳先生有點勘本役行於世余家舊有張刻本吳先生以之贈先生部公者余聞好是書讀之三十餘年癸冬春寒燠喪莫不去手舟車頓頓臥起不輕息視天下清飈幽曠超絕之境無以易其樂焉廱悅感憤不聊之況非足無以輸其情以為極古今文事雄偉奇譎之能而一出以高絜緜宕者莫史記若也自周泰以來百家並樹其文章光潤宙合為世所欽慕貢背各不相觀成一家言廱幾能北生譚歐西進論著亦多起是時嘗曾以為天地秘奧之氣自茲聰發無聞西東蘇子由謂史公周覽天下名山川故其文疏宕有奇氣豢獨以為必有遇人之天賦然後樂極其材力之所到而又加以盤錯詰屈人事假撓使不得快意於其身如是者蓄之愈久則發爲文書乃能窮瑰麗之觀更千百世亦莫與能並非第

批註史記序

一

實。不久，胡先生來湘接陳先生與孩子回遵義，隨身帶來一大捆宣紙。他以為我父親是銀行的經理，必有商業頭腦。不料父親對此無緣，幸虧同事營業主任何平叔是一書法家，由他付款收下自用。臨行陳先生與我們一家惜別，叮囑可不必去信，恐有不便。日後我與她在重慶見過。

## 二、無奈的就業

人說：「失之毫釐，差之千里」，此言千真萬確。

回想當年高中分文理科時，若把理科讀完，即便不遠去昆明投考西南聯大，自信也能考取上海交通大學。可當時我由理科改為文科，一則是父命難違；二則自己也缺乏成為一個作家的信心，加上怕失業，不得已而求其次；在大同大學商學院讀會計專業，主要是想畢業後能教書或成為自由職業者，如做會計師掛牌執業，卻從來沒有想過要做一名銀行職員。

當年的這一選擇，註定了我一生的命運，也註定了我一生的道路。想不到的是，在衡陽，居然近半年的時間，找不到一個可以教書的學校。這時，農民銀行衡陽分行正在招考會計。伯勸我去考。我遲疑不決。但若不去，只能坐在家裏，萬般無奈之下，只有前往。

通過所謂的考試（實際上是中央銀行副總裁陳行先生的關係），同意我去該行會計股上班，月薪六十元。會計股主任姓李，人稱鐵算盤，據說打的數字從來沒有錯過。我辦公桌對面的那位女同事，同樣算盤打得飛快。我去之前，全行只有她一個女士，也姓李，卻態度傲慢。與我並排的那位叫沈憲章，他對面坐著的叫丁炳鑫，頂頭坐著的是顧正鈞。當時只有顧先生一人已結過婚，有

四個孩子。會計股共六人，我管總帳，傳票由我登入帳簿。會計股同事都是練習生出身，算盤都打得比我好，來行工作已有多年。我先前在家娘只教我打過百子，就是從一打到一百。此外就再沒有接觸過算盤，也沒有見過傳票，讀的四年大學卻毫無用武之地。平時算盤只打傳票入總帳，數字不多，但每月要做一次報表，數位多，用算盤比較為難，好在只是加法，為慎重起見，我總是複打幾次後，才把數字填入報表，由李主任覆核簽字。這工作真不比教《詩經》時輕鬆！

上班午餐在行裏吃，都由小沈打飯時替我一同打來。早晚我乘中央銀行的班車上下班，平時無事我不去父親處，到下班才去搭他們的大客車。早上從四畝塘進城，在央行下車，我再步行去農行，所以一般都是我先到，因為四畝塘離城較近。

辦公室是一個大統間，用櫃檯圍成一圈，會計股與營業股人員都坐在裏面。營業股專門辦理農民個人貸款，也辦理農村土地田產所需費用的貸款。前者貸款及貸款金額由營業股與農民協定，後者數目較大，則由農貸股研究決定，做好傳票由營業股付款，然後交由我入帳。

農貸股同事有七八位，據說都是中央政治學校地政專修科土地金融專業的畢業生。他們人多，平時中午下班出出進進，走得地板嘎嘎作響，引人注意。有一天，有人送一張傳票給我，上寫報銷人鳳鶴年，是因家人有病回去探望時的旅費，我方知行裏職員還有這種待遇。

一次在央行上班的交通車上，一位姓湯的叔叔問我：「你在銀行工作，讀的會計專業有什麼作用？」我說如果當時要知道會去銀行工作的話，就去讀銀行系了。現在我對銀行則是一竅不通，每天只能在工作中學習。我讀的是成本會計，任何單位，根

據性質和作用設立其帳目，如開辦經費、固定資產等，都一一有據可查。不論簡單或複雜，都能通過帳面看得一清二楚。我又簡單地講了企業生產成本、利潤的產生以及企業帳目的設置，說明不但企業主通過帳目可以知道企業每天生產的情況，就是審計單位或保險部門，也可以根據帳冊瞭解實際情況……湯叔叔聽我說完，稱讚說給他上了一課，在銀行工作是屈才了。我說：「我是隨便說說，您不要謬獎。」這時我聽到車上有人議論：「樹老的女兒不錯，有學問……」其實，父親對我進銀行工作，內心是很高興的，認為有了接班人。至於我在上海所學如何，他並不知詳。

對桌的李小姐因結婚辭職離去。不幾日，農貸股的鳳君來到她的座位上。想不到也打得一手好算盤。與李小姐一樣，我們很少說話。中午他一人去農貸股吃飯，我們仍是會計股同事在一起午餐。只有老顧回家。小沈的話總是說不完，我知道了他的父親是邵陽分行的襄理。我勸他有空時看看書，哪怕是小說，也開卷有益。我送他一本筆記本，勸他寫寫日記或記點別的東西。有一天聽他說，蔣主任把他的左輪手槍賣給他了。我問為什麼？他說：「有人拳頭比我大，買把槍自衛。」我說把它退回去，但是他不聽。在逃警報的交通車上，農貸股同仁都喜歡唱歌，可能是為了釋放緊張的心情。他們唱的都是抗戰流行歌曲，但小沈從不參加，只是一旁默默地聽。

有一天回家飯後，父親對我說：「今天邵陽農民銀行來了人，說他們襄理的獨子在衡陽分行會計股工作，和你是同事，而且相處很好，他是來說親的，明天來討回信。」我感到有點莫名其妙，哪有這麼回事？大家同事座位相連，中午請他代我打飯，一起吃飯說說話而已，我從來沒有想到這上面去，於是請父親婉言謝絕。不料，此人把這件事在其他同事面前說了，使沈很下不

了臺，特意跑到四畝塘來找我，痛哭流涕。我一邊勸他冷靜下來，一邊分析給他聽，說我們同事相處確實很好，但我年齡比你大得多，你可能是誤會了。你年紀輕，自有好前途，必定能找到合適的對象。他說如果這樣的話，自己就不願再留在衡陽了，想到邵陽去。我認為這樣也好，並表示了歉意。徵得父親的同意，當夜小沈在央行招待所休息。第二天正好是星期天，他回行辦理離去的必需手續。星期一上班，他的座位已是人去位空。我一天沒說話，中午丁炳鑫要替我打飯，我謝絕了，心想以後再不能讓他人產生誤會了。

那一年，我二十八歲。

## 三、內遷獨山

從這以後，父親對我的婚姻問題開始關心起來。

這時他已升任經理。有一天對我說，他對陳副理有好感，說他年輕有為；陳則表示，你家大小姐這麼瘦，好像身體不太好。貝稽核（「稽核」為當時銀行的一個職務名稱，正、副經理之下便是稽核）亦表示對我有好感。我說與他們都不認識，亦無高攀的心思，父親便不再說什麼了。

警報頻繁，氣氛緊張，農行遂遷往宿舍所在地呆（此處讀ai）雁嶺上班。農行宿舍有兩幢樓房。原來一幢由正、副理住，另一幢是職員住，現在拿出一幢來作為辦公用房。從四畝塘到呆雁嶺去上班，每天必須步行，其中要走過一座公路橋，約一站路的距離，沿途行人很少。

一天，有一個人尾隨在我後面。我快走，他也快走；我慢行，他也減速。我有點害怕。幸虧很快拐進了呆雁嶺，到了單

位，許久才定下神來。有人問發生什麼事了？我乃告之。自此，鳳君主動提出下班後送我回家，早上可在半路上來接我。後來又碰到那個陌生男人，見我有人陪著，從此即不再現身。

鳳君每次送我回家，總是送到後即走。父親尚未下班，故從未碰面。娘看見過，說此人身高背挺，身體不錯。父親後來知道有一個同事天天陪送我上下班，提出要在星期天與他見見。我遂告訴了鳳君。

這天伯通知警衛，說有人找他，就請到俱樂部等候。一會伯去相見，他們談話內容不得而知。伯回家後只對我說：「一般同事不要過於接近。」我說，並無什麼接近，因為路上有陌生人跟蹤，他才送送我，仍是一般同事。娘當時還怪伯，別人是一片好心，今天又是星期天，怎麼不留人吃飯？我也感到伯有點不近人情，難道怕他成為第二個沈憲章？

次日上班，我問鳳君與我父親說了些什麼。他說沒有什麼，只是那天雨後，小車開過時，濺了他一身泥水。事後我覺得他這句話頗有隱情或有其他含義。以後他給我寫過一封信，用趙體毛筆書寫，信的內容是徵求意見，說能否交個朋友？我覺得大家已是同事，天天上班在一起，還問能不能交個朋友，豈非多餘？所以沒有回信。


1944年初，日本決定攻略湘桂、粵漢、平漢鐵路地區。

農行衡陽分行接到總行的指示，內遷貴州獨山。此時中央銀行尚未明確遷往何地。我考慮到伯平日忙於行內公務，無暇顧及到娘，遂與伯娘商量，想讓娘與我同行，娘也願意。

不日，我與娘準時隨農行啟程。當時有家眷的乘一車，我與母親及會計股顧正鈞攜妻子、四個孩子同坐一車。令人意外的

是，鳳君帶了他的簡單行裝也上了我們的車。按規定，單身職員應乘坐另外的車。

第一站廣西柳州。在柳州改乘火車先到貴州都勻。車票買好後，誰料乘客非常多，爭先恐後，你推我攘，我們帶著幾個箱子，根本無法擠上車。時值夏天，那天下著大雨，雖有雨傘，我的鞋子積滿了水，渾身也都濕透。無可奈何之中，我在手提包中發現一張父親的名片，讓鳳君去站長室試試，結果很快來了人，同意把幾件行李在下班發車時做上行李，這樣我們才上了車。

到都勻，改乘汽車。沿途機關撤退，老百姓逃難，不論火車、汽車，都擁擠不堪。過桂林柳州，山水甲天下也未在意。我與母親坐的是客車。鳳君幫我們照看行李，坐的是大卡車。據他事後言及，一開始把兩條腿掛在車欄外面，等到把雙腿剛收進車內，剎那間，對面一輛快車緊擦他們的車身呼嘯而過，若不是冥冥之中收回了雙腿，他的兩條腿恐怕就沒有了！

抵達獨山，行方已為職員租了民房，作為集體宿舍和家屬宿舍。我與母親分住前後兩小間，有一廚房，房內昏暗。貴州本有「地無三尺平，天無三日晴」之說。有了宿舍，卻無辦公之處，須等待形勢的進展。鳳君一連幾天沒來，他也累了。我們自己做飯，烹茶、煮飯、做菜，洗漱、洗涮，全靠一隻臉盆在簷下接雨水。我的兩條長辮子在柳州車站淋雨之後，也一直無法梳洗。直至有一天鳳君來說，他們宿舍附近有一條小溪，水尚乾淨，同事們都在那裏洗過，問我要不要到那裏去洗頭，自己只要帶上一瓶熱水就行了。這是自離開湖南衡陽以來，我第一次洗頭。

兩弟知道我與母親已到獨山，從重慶來看望我們，只能住一夜。為了讓我們姐弟在一起多待會兒，我們去旅店訂了三人鋪位的一間房。兩弟與母親一起談到很晚，才與我同去旅店。還沒有

1940年代，兩弟在內地上大學，左為敏弟，右為仲弟。

入睡，仲弟突然爬到我床上，說臭蟲太多了，要與我睡在一起。說臭蟲咬了他之後，就不會再咬我了！姐弟之情，由此可見。

不久，中央銀行衡陽分行遷來遵義。父親即將娘接去住。敏弟在遵義闌尾炎發作，由父親的朋友浙江大學校醫李天助先生主刀。大後方條件十分有限，手術在四支手電筒的打照下完成。三週後，敏弟痊癒出院。此後五十九年沒有住過一次醫院，可見體魄之健壯。

農行的主要業務是農貸。我們撤出衡陽，即無業務可言。當官的坐下來打牌，聽候總行下達指示，一般人則每天上午到經理住處的臨時會議室聽候消息。農行打電話來要召開全體員工會議，當時我正在遵義，過三兩天就回去。

會議內容是除極少數人員留用外，其餘行員去留自行決

定。能找到工作的辦理調動，願意回老家的發遣散費。未決定之前工資照發，意即自謀出路。單位將遷都勻暫住。實際上，農民銀行衡陽分行等於撤銷。

通過父親的關係，我調重慶農民銀行總行會計處工作，地點在重慶化龍橋。我在獨山辦了離職手續，去遵義等便車。鳳君與會計股陳唐明等人在暫留人員之內。鳳君送我去遵義，再隨車回獨山。

這一行自衡陽到貴州，橫穿三省，兵荒馬亂，鳳君始終不棄不離。據說在衡陽時，他的同學勸他不要與我多接觸，意思是不會有結果的，他也表示並不存什麼希望。但是他一路照顧我們母女，做的是沒有別人幫我們做的事，我與母親都很感激他。娘說他是一個忠實的人，我也認為此人有君子風度，他則說大家都是在撤退逃難，應當的。

父親奉調重慶中央銀行總行。重慶山城集聚了內遷的眾多大小官員、學生、難民，已很難在銀行附近租到民房，而中央銀行只提供單身宿舍。我們在遵義有住房，相比之下，那裏的生活，要比在重慶安定一些。父親讓銀行公務員周慶雲留下陪伴並照顧母親，自付工資。銀行有車，從重慶到遵義只需三小時左右。父親節假日可回來探望。周慶雲自十七歲就來到伯身邊，照料伯的生活起居，所以伯放心留他與娘在一起。

## 四、重慶化龍橋

農民銀行總行設在重慶化龍橋七十五號。一進銀行大門，就是上坡，它是嘉陵江深處一座真正的山，不像四畝塘那麼低、那麼小。依山建有大禮堂，還有幾幢二層的樓房，我們的

1946年，我攝於重慶，時三十歲。

會計處就在東邊山腰的一幢二層樓上。

從大門口到辦公室是七十五級石階，再從辦公室到我們女職員宿舍大約也有七十五級臺階。一日三餐都在食堂就餐，飯票自己買，每月買一次。當時我月薪是多少，已記不清了。總之，每月常常是入不敷出，所以才又去做家教。仲弟不知內情，笑我是出入豪門。

會計處的處長姓王，讓我負責做有關各分行每月決算的匯總，做成報表，同時登入帳冊，報表交給他，帳冊留在我處。年終匯總各行之決算，同樣做成匯總報表交他，登入帳冊、存放進櫃，次年另開新冊。我知道了自己的工作任務，每天八小時不緊亦不慢，但也並無空閒時間。

對座同事胡端先生，是上海神學院聖約翰大學的畢業生，負責預算工作。辦公桌很長也很大，望著對面的胡先

生，感覺相距較遠，像在彼岸。我與他在工作上沒有直接聯繫，所以彼此從不交談。

胡先生不抽煙，整天沉默寡言。清晨上班，我自東邊的宿舍順著淡淡的陽光往山下走，胡先生從西邊宿舍過來。常在後面用手碰碰我戴的草帽，我回頭看是他，就說聲早。有時他又會拉拉我草帽上的藍色布條，我回頭看，仍是他，笑笑，無多話可講。

中央銀行總行宿舍在重慶錫福里，我一直沒有去過，父親也從未來看過我，只是告訴我，他已在農民銀行總行託了兩個人，有事可以去找他們商量。一位是總務處的王玲小姐，另一位是總行監察王惜寸先生，並說可以請王玲姐陪我去拜見王老，稱他太先生，因為他與趙太先生是好友。

王玲是一位十分幹練、熱心的大姐，她的丈夫盧先生，是化龍橋分行的副理。王玲姐與王監察是同鄉，關係很深，工作之餘都在他家，如同家庭護士，週末才去丈夫處，很是奇怪。

自我進銀行工作後，父親對兩弟升學的態度大不相同，開明多了。那時仲弟國立二中畢業，填報的志願是交通大學造船系，同時保送浙江大學電機系，伯均未提反對意見。大弟中央大學畢業，被分配到資源委員會工作。他不去，要讀中央大學研究院經濟碩士學位，伯也是沒有阻止。不像當年對我，堅決不讓我讀理科，現在他好像已不怕兒子找不到工作了。

有一天，突然接到鳳君的電話，說他經總行農貸處老師（原中央政治學校的）的幫忙，在重慶市中一路分行當出納已有一段時間。因差錯賠過五十元，不願再當出納，現正由老師設法調來總行農貸處工作。鳳君業務好，有「鐵算盤」之稱，調動恐無大問題。

只是一次辦公時間，突有一位女士來訪。衣著入時，面施脂粉，口齒伶俐，說的一口長沙普通話，聲音脆亮，引得辦公室同事舉目相望。她自我介紹說在中一路和鳳先生同事，彼此都是同鄉，有共同語言，很談得來，「知道總行有一位陳小姐」，趁工作之便來訪。我只能倒一杯水，以禮相待，在辦公室不可能有別的招待。竊思我在上海讀書四年，原來內地還有這樣善於交際的女士。有了這麼一位老鄉，我想鳳君不會再來化龍橋了。

　　沒想到，一天鳳君還是來總行報到了。下班後即來女宿舍看我。我告訴他長沙女士來訪，既然談得來，應該有機會多接觸。至於我，在化龍橋有王玲大姐照顧，他應該自然淡化，不要影響自己的個人問題。我是真心相勸，他卻默不表態。

　　當時敏弟已在沙坪壩中央大學讀經濟系，學費、伙食費全免。只是伙食較差。文媚與他同校，他們是男女朋友。自鳳君來到化龍橋，每逢星期天上午，坐馬車陪我去沙坪壩。中午在飯店裏叫幾個菜，為敏弟他們改善生活。經常吃的是油爆鱔魚絲、木鬚肉、蘑菇豆腐，加一個青菜蛋花湯。本來應該由我結帳，但鳳君也搶著付款，於是形成兩人輪流負擔。尤其後來衡陽分行的同事黃懋清，在大渡口分行工作，來總行看鳳君，便往往同去。鳳君因此認為不能讓我一人獨付。

　　1945年春，總行颳起兩股風，一股是號召青年參加青年軍，農行有少數青年應徵，仲弟正是應屆高中畢業生，在應徵之列，我持反對態度，急函仲弟萬勿衝動。鳳君表示不解，既然主張抗日何以又反對國民黨徵集青年軍？他認為抗日是他們蔣校長領導的（鳳君曾就讀於中央政治學校地政專修科，校長即蔣中正），我則認為國民黨招募青年軍無非是一種姿態，以青年作為犧牲品，彼此爭

得面紅耳赤，這是第一次，也是最後一次。我在一張紙上寫下：「曾經滄海難為水，欲識時艱唯讀書。」鳳君至少有半個多月沒來找我。

另一股風是化龍橋出了「盜賊」。在西邊轎夫的住處抓了幾名轎夫，說他們搶劫，私設公堂，進行刑審。所謂的證據是，他們上床時鞋頭都是朝裏的，故均在逮捕之列。山上、山下議論紛紛，說什麼：「不行了，轎夫要暴動，山頂上已架設機關槍」等等。鳳君專門上山到宿舍門口告訴我，我不以為然。人云亦云，到底搶了什麼，搶劫了誰家？轎夫出勤勞累，上床鞋子沒有放好也是罪證？後來這場風波不了了之，受難的當然是老百姓。通過這兩件事情，誇大一點說，他與我雖形影相隨，但我們的思想並不一致，其實我當時的認識也是模糊的。

有一天，王玲大姐來辦公室找我，告訴我娘病了，父親已託她代我買好了去遵義的車票，次日清晨七時開車。我心中著急，不禁掛下淚來。回到辦公室，趕緊做完手邊的事，收拾好帳冊、報表。胡端先生望著我，有點納悶，但他未問，我也不說。我也沒讓鳳君知道。

父親已囑慶雲送娘住進醫院。我到後方知娘是得了急性腸炎，經過治療，腹瀉基本止住。兩天以後，醫生通知可以出院，我與慶雲陪娘回到住處。娘已幾天沒吃東西，這時說想吃泡飯。我就先把米炒焦再燒成泡飯，這樣的泡飯鬆軟而帶香氣，就著一點榨菜，娘說有味，好吃。我又做了一碗蒸雞蛋，稍稍放了一點醬油，娘也說味道好，但吃了兩頓才吃完。我的工作因為不能積壓太多，等娘好些了就準備回重慶。慶雲從來不做菜，我反覆叮

囑他，吃不完的菜，再吃時一定要蒸過，即使放在紗罩裏也不行，患過腸炎更要多加注意。

臨走時，我給慶雲買了一雙皮鞋，酬謝他對娘的照應，第二天即告別娘回重慶去了。

一個週末，胡端先生說後山有一條小路可直達沙坪壩。他妻子在那裏工作，他每次都是從山上走回家，可以不乘馬車。他邀我同行走一次，我感到不便拒絕，就答應了。同時也告訴了鳳君。

吃過晚飯，西山的太陽尚有餘暉，胡先生帶上手電筒，我們一路走一邊閒聊。他告訴我說，他在聖約翰大學讀的是神學。學校本意要他做神父，但他是家中獨子，父親早逝，母親不同意。畢業後賦閒一年才找到農民銀行的工作，母親仍在上海，由舅舅照顧。上海淪陷，他即調來重慶，妻子就是王處長的女兒。這門婚事是王處長主動提出來的，一般人並不知道。他也問了我的家庭情況和這次為何突然離開，我對他說了。平時彼此間並不交談，想不到胡先生這次說了這麼多，覺得他是一個開誠佈公的人，難怪學校想他當神父了。到達沙坪壩時已是燈火點點，胡先生把我送到中央大學門口。不要說走山上的羊腸小徑，就是平路我也從來沒有走過這麼遠。在山上能看到嘉陵江上的燈火，可要跟上胡先生的腳步，我已無力欣賞。

敏弟得知我從後山走來，說我跟一個並不太熟悉的同事走夜路，膽子夠大。但他並不知道胡先生是一位本可作為神父的正人君子。當晚我住在敏弟女友文媚的宿舍，一起吃了他們天天吃的「撈糟蛋」（酒釀燒蛋花）。第二天午後鳳君來接我，晚飯前回到化龍橋。

這一年，仲弟報考交通大學和保送浙江大學，兩校都寄來錄取通知書。當時浙大在貴州遵義，交大在重慶九龍坡，仲弟決定上交大。

會計處工友王民德是化龍橋本地人，我託他去附近為我找一間房子，週日兩兄弟來看我可以相聚，不用上山到辦公室或去宿舍。很快找到一間朝南的樓房。裏面有一張不寬的桌子，兩張椅子，另有一個大壁櫃。我買了一張大席子、一臺小電風扇、幾把大蒲扇，還買了爐子、炒菜鐵鍋以及有關生活用品。化龍橋沒有館子，即使有也是川菜。有時我就託王民德代我買兩條鯽魚和一斤豬肉，好自己做來吃。我平時在食堂就餐，桌上都放一杯開水，先把菜在開水裏涮涮，然後再吃，這樣麻辣味可淡一點。

後來，我又買了一張小飯桌和四張小板凳，可以吃飯。我們稱這樓房叫「山下」。如果只有敏弟和文媚兩人來，我就和他們住在這裏。若仲弟亦來，兩兄弟和文媚同歇山下，我則回到山上。

一次仲弟來，已值入秋。夜裏突然風雨大作，氣溫驟降。仲弟只穿了一件襯衣，沒帶外套。我連忙上山取出一塊粗布，為他裁製襯衫，我知道他手臂較長，但手頭沒有他的衣服尺寸，只憑印象裁剪。衣服做好時已過夜半，沒有扣子，就把陳先生送我的那件緊身外套上的扣子拆下來釘上。

第二天給仲弟一試還蠻合身，讓他穿了回校。仲弟問：「二姐哪來的衣服？」他怎知：巴山夜雨漲秋池，正為我弟縫衣時。

對黃懋清這個人，我與鳳君一直都沒有看清他的為人。

在衡陽時只知他妻子病故，也是單身。一次我借屠格涅夫的《父與子》給鳳君，他竟自拿去看了。衡陽撤退後彼此分散，直至他來總行看鳳君，才知他在大渡口分行工作。自從知道我租了

山下，鳳君從未單獨來過，他往往自說自話，把鳳君拉著來插上一腳。他到山下喜歡找文媚講話，並跟我們一樣叫她小妹，直到鳳君拉他去食堂吃飯才走。敏弟不喜歡他。

他有一隻鋼管子，説是鋼筆手槍，看不到裝子彈的地方，也沒有什麼開關，説已壞了，筆有一定重量，好像是實心的，尖端有個小孔。他先給我，我沒要，他又給文媚，她收了。敏弟有所不悅，文媚把這支鋼筆手槍又留在了我這裏。後來我記得是給了仲弟。

冬天到了，黃懋清對鳳君説想邀我與大弟、文媚一起去他那邊做客，並説大渡口比沙坪壩繁榮，那裏有個鋼鐵廠。我們一行於星期六下班後乘汽車去了。

黃是廣東人，請我們進了一家廣東餐廳。他點了很多菜。快結束時，突然稱腹痛難忍，起身去了衛生間，直到大家都已吃完，仍不見回來。店方兩次來催結帳，鳳君只好去付了款。

1944年，我與兩弟、文媚及鳳君攝於重慶。左一為敏弟，左二為文媚，右一為仲弟，中間為鳳君。

飯後，鳳君領我們到他的宿舍休息，看他室內與床上用品都比較高級。不久他進來了，我看他神色並無異樣。過了一會兒，鳳君說現在尚有車回重慶，問我們回不回去？我們互相望望，齊聲說：「回去。」黃懋清亦不挽留，送我們到門口。在回去的車上大家都不說話，只聽敏弟對文媚說了句：「看見了吧？」我對鳳君說：「在大渡口的開支我付一半。」他說不必。我堅持要付。

自租了山下的房子，我已無甚積蓄。每月收入除支付房租、給兩弟零用，加以每週的開支，顯然已入不敷出。我曾把從衡陽帶出來的一打毛巾出讓。此時王玲姐來找我，說：「王監察要為孩子找家教，你能否去幫幫？」王玲姐既開口，我是無法拒絕的，同時也知道是無償的。

王監察家有四個小孩，小的五六歲，大的八九歲。最小的一個是學前教育，教什麼內容由我自己決定，其餘三個是陪讀性質。有教課本，只花時間不費什麼腦筋。教學相長，根本談不到。

王監察要我下班後即去。飯前教小的，飯後教大的。就我個人而言，這樣可以少了一頓晚餐的費用，聊勝於無。很久的時間裏，我看不到每天的落日晚霞，也看不到月亮的初升。這就是仲弟說我出入豪門之故。

我在王公館，接觸的是孩子與新太師母。她是農村出身，臉貌端正，個子較高，沒多少文化，但處事得體。吃飯的時候，她站在王監察一旁照料，為他倒鹿茸酒、挾菜，同時也為我與孩子挾菜。等大家吃得差不多時，才坐下來吃飯。星期六飯後，她要去王玲姐化龍橋分行跳舞，把孩子交給我，這是雷打不動的。星期天不用去，我可休息一天。

初到王家，家教是在七十五號。他們曾帶我去七十六號，拜見王監察的原配夫人。太師母滿臉皺紋，個子很矮，有一兒一女。兒子很像母親，個子和面貌都相似，站在面前看不出是男還是女，可能有點弱智。兒媳婦則很年輕，生有三個子女。

　　王監察之女王民嘉，與其兄是天壤之別。她大學畢業，聰明伶俐，為人善良。1949年後，王民嘉寫過一本《煙雨惜寸樓》，就是寫她父親王惜寸的故事。從書中才知道，王惜寸先生不但是農行監察，還是蔣介石的表兄。

　　後來讀何兆武先生的《上學記》，其中提及王民嘉其人與事。何先生說王民嘉與自己是中學同班，其父乃蔣介石之表兄，在貴州做過財政廳長，也算是高幹子弟了，但在當時和他們完全一樣，住草棚宿舍，穿一樣普通的藍布袍，吃飯沒有一點特殊化，有時還像小姑娘一樣靦腆，並沒有高人一等的感覺……

　　王民嘉並未隨父親去臺灣，一直在上海某中學任教。退休後還寫長篇小說。


　　王玲姐告訴我，她的丈夫盧先生病了，我去她家探望。

　　王玲姐準備飯菜，讓我在床邊陪著盧先生說話。當無話可說時，我就講美國名著《小婦人》給盧先生聽，講書中三姐妹的愛好與前途——大姐喜歡修飾，經常出入社交場所；二姐瓊愛好寫作，獨自在角樓上深居簡出；三妹佩絲有病，多愁善感，看到大姐花枝招展、扶搖外出而暗自落淚……

　　盧先生聽得很入神，對我的文化素養亦頗感意外，要我以後常去，並把看過的名著再講給他聽。王玲姐曾經讓兩位女同事照顧我。她們卻說，別看我年紀輕，卻自有主意。原來是她們叫我

去跳舞，我一直未去過。實在是不會，亦無興趣，情願獨自一人在房中看看書。

　　一天夜裏，山下人聲鼎沸，鞭炮齊鳴。鳳君來宿舍找我，同去山下，還沒走到化龍橋腳下，就聽説日本人投降了，多年的戰爭終於結束了，這怎不使人歡欣鼓舞！這天正是1945年的8月15日。想想這八年，真是太艱苦卓絕了，我們能夠倖存下來也不簡單。抗戰勝利，返都南京，先行的是一些重要單位，第二年才輪到次要的單位。父親帶娘與慶雲隨中央銀行總行復員，仲弟最早隨交大乘江輪去了上海，敏弟與文媚乘船去了南京，我則隨農行行動。從此，告別了夏熱冬冷、多霧潮濕的重慶。

# 敘六：抗戰勝利

## 一、復員首都

1946年7月，我與農民銀行一干人同機來到南京。

當時從重慶回到原地被稱之為「復員」。農民銀行總行在白下路的一幢大平房內。會計處胡端先生已調上海，他的工作由鳳君頂替，我仍做原來的工作。又來了兩位新同事，其中一位也姓鳳，名信行。雖與鳳君同姓，但彼此追根尋宗，並無任何淵源。我們仍住宿舍。女宿舍在城南慧園里，男宿舍在戶部街。各自早出晚歸。午飯後，我就在辦公室看看報紙，一般不外出。

郭棟材已於上海大夏大學（現華東師範大學前身）經濟系畢業，在上海一所中學教書。知我復員南京，即自上海趕來，徑至慧園里敲門見我。我們宿舍原有三人，其中一位川籍同事新近結婚，丈夫是一名記者，婚後即辭職他往。還有一位比我年長，未婚，是總行經理的女兒。此人平日目空一切，很少與人交往。由於郭棟材頻頻來訪，引起她的不滿，稱不願女宿舍有陌生男子進來。

不久，她遭失竊，懷疑是郭所為。我乃報警。經過追查，真相大白，追回了失物。雖然她也賠禮道歉，但事已至此，郭棟材不再方便去慧園里，來時只好把他帶到了辦公室。鳳君與我同室辦公，我分別向二人做了介紹。鳳君就陪同坐坐，主動與郭攀談。郭還是像以前那樣，少言少語。來到南京後，我還從未上過館子。有時三人便一同去飯館午餐。餐後，郭才乘火車返滬。

　　我把當年與娘在上海，郭作為敏弟的同班同學，受其之託，照顧我們的事情告訴了鳳君。鳳君聽了為之感動。每次郭來他都會陪同。誰知這樣三人在一起卻感到十分尷尬。其間，仲弟邀我週末去了一次上海，同住在郭家。仲弟對我講了自重慶回上海後受到郭棟材的種種照應。後來因智齒開刀，未婚妻思哲赴滬照顧他，也住在郭家。仲弟此舉是想促進我對郭的瞭解，以增進兩人之間的感情。這一番苦心，我心中自然是明白的。

　　同年，父親調江西，任中央銀行南昌分行經理，母親隨同前往。父親提出要調我去南昌工作。開始我並不同意。因為多年以來，鳳君對我的照顧可說是無微不至。然以父親當時的身分，他的東床佳婿必是副理、襄理、稽核之輩。鳳君出身城市貧民，父親無業，本人只是一般職員，學識有限，故以外地人情況不明為託詞，不同意；郭是廣東人，雖然也是外鄉人，但他是敏弟的同學、仲弟的知己，兩人對他的印象極好，所以父親贊成郭與我交往。考慮到這個情況，我若不走，就這樣耗著，對自己或許無所謂，可對鳳君來說，只會耽誤他了。最後，我同意去南昌。

　　調令很快到了。鳳君知道後有幾天沒來上班，亦不請假。陳劍南組長叫我與鳳信行大姐去戶部街看望。入室見其昏睡，卻說無病，亦不同意我們陪他去醫院，床邊有四張止痛片的包裝。我

看了心中有點不快。從抽屜裏找出一張紙，給他留下一封短信，大意是：鳳先生，與我交往，不會有結果，這是你的同學對你的忠告，也是你自己告訴我的。我多次提醒你，我之去南昌應是意料中事。我若不走，除了耽誤你，別無任何好處！所以，我走後希望你能理智對待，早覓新枝，能有一個穩妥美好的歸宿。這是我的臨別贈言。至於這六年來你對我家人的關照，我將畢生不忘。我對你的友誼亦將終身不渝……我把字條放進抽屜，便與鳳大姐離開了。第二天他來上班了，我與鳳大姐這才放心。離開南京那天，鳳君向我杭女中的老師蔣君章先生借了汽車，送我到了火車站。

## 二、南昌訂婚

1947年2月，我調到南昌，在農民銀行南昌分行工作，仍在會計股。

這年夏天，仲弟偕未婚妻思哲回南昌過暑假，邀郭棟材同來。郭帶來一盒首飾，仲弟意欲交給父母。娘的意思是應由他本人交給我。離開南京與鳳君分手之後，我已決定按照父親與兩弟的意思接納郭棟材，於是收下了這盒首飾。沒有舉行任何儀式，但就算是與他訂婚了。

整個暑假，郭就住在我們家。我照常每天上班，星期天才能休息。

他每天起床早，吃過早餐，就坐在一旁。娘準備了稀飯、點心，小菜中總有用火腿蒸的兩隻鹹蛋。我們來吃早飯時，兩個蛋黃都已不見了，只留下兩個空洞。開始還以為是被貓叼走了，後來才聽娘說是客人吃的。原來他這麼喜歡吃蛋黃。南昌夏天天

熱，父親為我們買來蒲扇或紙扇，每次都是四把。他都會仔細挑選，揀其中他認為最好的給我用。有時我們乘公交車，他往往搶著上車，搶好座位讓給我坐。可不知為什麼，我並不願意看到他的這種殷勤。

有一個星期天，兩弟與我們一起去飛機場開車兜風，他私下裏對我說：「要是我們兩人來多好，何以他們要同行？」看來他歡喜單獨與我在一起，可卻又從不接送我上下班。我也不可能請假陪他。對於我在家時間太少，他似有些不悅。暑期很快要結束，我還是感到與他有點格格不入。

杭州趙太先生的次子趙長安（即仲弟未婚妻思哲的叔叔）因事來南昌，他問伯：「那個高個子、戴眼鏡的青年人是誰？」父親告訴他：「是亞先的未婚夫。」他很奇怪，說還以為他們是很生疏的人，一點也不像訂過婚的。他問：「是亞先本人自願的嗎？」父親說是兒子介紹並極力贊成的。趙乃說：「你可不能做這樣的事情，要尊重本人的意見。」

趙先生走後，父親把我叫去，問暑期將畢，兩人相處得如何？我如實相告。當時父親未言語。第二天對我說：「你若感到不合，可以把首飾還給他。」父親把這個意思同時也對兩弟說了。兩弟頗覺意外，但亦感到無可奈何。我把首飾退還給了郭。當時他並無多言。不日，與兩弟一起離開了南昌。

郭走後，我反覆思量，這次調來南昌，與鳳君分手，完全是聽從父親與兩弟的意思，也是誠心準備接納他的。可是整整一個暑假，我們之間的交流與溝通依然很少，他把自己包紮得那麼緊，大部分時間都沉默不語。我之所以同意與他訂婚，無非寄託在他與仲弟誼重。如果與之成家，關起門來過自己的小日子，姐弟情感由此相疏，我做不到。

郭從上海接連來信，説他初衷未改，只是操之過急，表達不當，請給予理解。開始我未回信，後來才給他去了一信，表示我們相識已非一朝一夕，南昌分手仍是朋友，以後有機會當去滬上拜望你家母親。

## 三、敏弟與文媚

1946年9月，敏弟與蔡文媚在上海結婚。婚禮由原中央銀行副總裁陳行先生（後為財政部特派員）的夫人主持。陳行的夫人是蔡文媚的二姑媽。1948年，敏弟中央大學研究院畢業後，經導師陳振漢（知名經濟史學家）先生的推薦，進入國立中央研究院社會科學研究所工作。

敏弟生於1921年，父親取名伯敏，字敬業。敏弟小我五歲。1933年，他小學畢業，赴縣城參加會考，是我們姐弟三人中當時唯一到過諸暨縣城的人。店口鎮北去是省城杭州，往南才是諸暨縣城，到杭州或許還要近一些。店口人外出謀生一般徑去省城杭州，很少去諸暨縣城的。這是店口特殊的地理位置所造成的。

敏弟考取杭州宗文中學，這是一所私立學校。時我已在杭女中讀書。對他不放心，給他打電話，一連幾次都説「不在」。後來告訴我説是跟一個高班生（也是諸暨人）去別的學校看球賽，看完球賽在外吃了蛋炒飯，才回到學校。我一聽就不高興，説：「你因為功課不夠好，才上的私立學校。應該好好用功，爭取考入公辦學校。你在家時是很聽娘話的，忘了娘是怎麼對你説的嗎？學校已交了伙食費，為什麼還要在外面吃蛋炒飯？」

敏弟是家中的第一個男孩，父親對他一直寄以厚望，希望將來能成為一個銀行家。那年暑假，父親專門請了一位老先生教他習古文。在客房上課，中午就陪著老先生在客房吃飯。仲弟這時已上小學，他經常會對哥哥說：「快去讀書，明天要背的。」

第二學期，敏弟在學校染上猩紅熱，住進傳染病院。父親若驚弓之鳥，急從上海趕到杭州探視。後來父親把他帶到上海讀書。學校在閔行，好像是上海中學。仍是寄宿。每週六下午，他才會去外灘九江路口中央銀行大樓側旁父親的宿舍。這時，他參加了童子軍，一身童子軍服，再戴上軍帽，真是翩翩一少年。每逢星期天，父親都要帶他出去。或無錫黿頭渚，或蘇州炮臺。父子在黿頭渚留影，其中一張是敏弟在浩渺的太湖邊水中。父親還題了字。

暑假回到家，家中凡有對外聯繫的事都由他去做，所以娘總是誇他。家中吃的菜，本來由金花去買，他回家後就由他去買，

1936年10月，父親與敏弟在無錫太湖，右上角文字為父親親筆書寫。

想吃什麼就買什麼。鄉下有魚蝦、有雞。母親說他正在發育期間，按鄉下「男孩應該吃母雞，女孩應該吃公雞」的說法，每天給他獨蒸一隻小母雞。他一頓就吃完。其他人合吃一隻，娘自己從來不吃。臨走前，娘交給他學費和零用，對他說：「夠你用，但要知道節儉！自己經濟尚未獨立，要知道父親的收入來之不易。」

1937年底，一家人避難上海。金花已結婚他去，無人幫襯母親，家中一些雜活由敏弟和仲弟兩人承擔。敏弟負責洗衣服，他不會手洗，就把衣服放在桌子上對著水龍頭用板刷來洗。

仲弟小他四歲，在上海讀書時較他更早些接觸左翼報刊和書籍。敏弟一直熱衷於體育鍛鍊，至大學一年級才開始關心政治與時局，據說是受了仲弟的影響。1942年下半年，我進銀行工作，每月都給他寄零用錢。他還交了一個朋友，也是流亡學生，每次寄錢還要帶著他的那位朋友。

他把我寫給他的信給那位朋友看，可能是他的朋友說過，敏弟一次來信稱讚我的文筆好，字也寫得秀氣，這是他以往所未嘗有過的。

當年日本人進入租界後，上海環境日漸惡劣。母親堅持讓兄弟二人去內地找父親，至少在這時已察覺到仲弟有一定的左傾思想，使母親深感不安。母親雖然一生沒有工作，對共產黨也沒有什麼實際瞭解，但對國民政府還是知道的，不論伯還是陳行這些人，都在政府的銀行裏工作。據說過了封鎖線，途經永康，在父親世交趙太先生的次子趙長安家中落腳。這位二世兄當著兩兄弟的面講了許多奚落父親的話，讓他們深感蒙羞。

後來仲弟告訴我，曾與哥哥相約，以後一定要加倍努力，使自己成為有真才實學的人。1946年，敏弟中央大學畢業後被分配到國民政府資源委員會工作。但他不去，要繼續深造，讀研究生，就是受到當年趙長安的刺激。

敏弟與文媚結婚，頗有點曲折。

從所謂門當戶對來講，雖然父親後來也做到銀行經理一職，但在蔡家人眼中，仍不過是鄉下的一個土財主而已。1944年，在重慶時，一天接到蔡家遞過來的一張條子，讓我去化龍橋二號面談。

去後，蔡伯母開門見山，說讓伯敏以後不要再找她家文媚，「我們兩家根本是不能聯姻的。你家是鄉下的一個土財主，母親也沒有文化，連手帕也不會用……」聞此言，我一邊克制，一邊對蔡伯母說：「你的意思我已清楚，回去一定如實轉告我弟。不過，我母親不要說不像你是日本留學生，她連學校都沒進過，只是自學了一點文化，但她通情達理，讓子女認為是一位好母親。當年你帶子女逃難來我家，無處安身，她認為國難當頭，你們有困難，更考慮到你們在城裏生活水準高，把自己住的上房讓給你們住，把小兒子的書房騰出給你們做廚房。你們離開店口，揚長而去，她找瓦工重新粉刷書房牆壁，人前人後，從無二言。她的熱心接待，換來今日你對她的奚落，並不能讓我對你尊敬……兩家確實有差距，你認為不配結親，我完全同意。但我認為最有效的措施，是你自己與文媚說，阻止她去找伯敏。只要她不理他，伯敏再找她也無用。我會通知我弟不再去找她，你放心好了。」

言畢，轉過頭來，我又對杭女中的同班同學蔡文希說：「你也做做文媚的工作，你是她的姐姐！」文希聳聳肩，無言。

　　文媚祖籍浙江吳興，她本人出生在北京清華園。她的父親是留美的，後來任教清華，母親是留日的。文媚的父親曾在南京交通部任總務司長，後到杭州電廠任廠長兼總經理，從此定居杭州。我比文媚大九歲，當年她隨母親回店口避難還是個十一二歲的孩子，所以接觸不多。用敏弟的話講，他與文媚相識於1937避難那年，相愛於1943年，也就是文媚從西南聯大轉入重慶中央大學那年，敏弟在中央大學經濟系讀書。

　　回到宿舍，想起剛才的一幕，不禁大哭，以致未去吃午飯。鳳君來宿舍找我，已來了幾次，問我出了什麼事？我不想讓他知道，只說想家了。他不相信，但也不再追問，就陪我到後山去走走。

　　敏弟來我處。我把蔡伯母的話如實相告。敏弟說：「二姐你放心，我可以不找她。」可是文媚不願意，跑來找我，說：「你別理我母親，我不會聽她的，我會與伯敏好到底！她要是再阻止我的選擇，我就不回家了。不給零用錢也餓不死，學校裏供伙食。」我則說母親的話你應該重視，不聽她的話，將來會後悔的，我也感到我們兩家確實存在差距。可每逢敏弟來我處，文媚總是同來。

　　文媚與仲弟同年，屬牛。我叫她小妹，她一直叫我二姐。有一天敏弟來找我，讓我去後山十八集團軍辦事處看看，說小妹跟一些進步同學不見了。我說既然走了，叫也不會回來，應該由她自己作主。但敏弟再三讓我去看看。到了那裏，文媚果然在，我只說是伯敏讓我來的。她二話不說，就跟我下了山。以後她再沒提過此事，也沒有抱怨過。

　　1946年9月，敏弟與文媚在上海一家教堂舉行了婚禮，雙方父親作為家長同時參加。婚後，父親與他們搭機飛南昌舉辦婚

1947年，娘與文媚在南昌中央銀行宿舍，文媚生下第一個女兒。

宴。婚宴時新郎、新娘逐席敬酒。新娘美貌動人，新郎英俊瀟灑，真是一對俊男靚女，滿座賓客為之稱羨。其實他們不僅秀外而且慧中，都是社會的有用之才。

1947年，文媚在南昌生下一女，父親為她取名平，白白胖胖，十分可愛。仲弟為她取名岩平。數月後，敏弟的單位中央研究院分了住房，在紫金山腳下天山路的峨嵋新村，才把文媚和孩子接回到南京。表面上對政治與時局不甚關心的敏弟，其時已是南京的地下黨。1949年3月南京被解放軍攻佔之後，其身分才正式浮出水面。

## 四、仲弟與思哲

仲弟1925年閏四月初三出生，取名仲清，字敬濤，小名阿仲。

他自小是一個興趣廣泛的孩子。從不戀家戀吃，上學之

前匆匆吃了就走，放學之後又遲遲歸來。中午回來如菜尚未燒好，他絕不等待，泡一點什麼菜鹵，吃了就走，也不知道到哪裏去了。

他的小書房在前庭桂花樹旁邊。只見牆上、紙上都釘有蝴蝶，黑的、白的、彩色的，單翅的、雙翅的，還有蜻蜓、黃蜂等等。他很勇敢地告訴我，只要把黃蜂尾部的刺拔掉，牠就沒有武器了。桌上大大小小的玻璃瓶裏，用白酒泡著壁虎、蜈蚣、蚯蚓、小蛇、四腳蛇等。他常常流連於野外溪坑，好吃、好穿的都不在乎，襪子新的不穿，說穿破了娘會講他的。

有一次娘發頭暈病，炳升伯說山上有一種叫蘆桿麻雀的植物可以治頭暈。仲弟聽到後立即上山去找。去了一次沒有找到，第二次就找到了。炳升伯用水煨了，娘服後果然頭暈漸好。不過娘總說他：「這個孩子不知像誰的？」一次娘用竹梢紮成把打他。娘從來沒打過孩子，也只這一次，怪兇狠的，不知為了什麼。

仲弟比我小九歲，我和大姐都歡喜他。仲弟小的時候，大姐從杭州放假回來，一早一晚都要抱著他，從大門口到後畈後門的長長石子路上來回走幾遍，我就跟在她旁邊，給仲弟唱歌。娘一直說仲弟遊心重（家鄉話，意即玩心重），以致小學二年級時功課不好，留級了。娘不讓他上學，給他打了一張小書桌，放在帳房的後窗前，叫他在家先補二年級功課，再自學三年級課本。

一年後，仲弟考入四年級，仍跟在原班。功課從此就好了。可見只要他想做的事，必能做成，不想做時，絕不能勉強。比如頭髮長了，蓋住了眼睛，不肯上街去理，非要等我放假回家為他剪。等我開學走時再為他修一修，下一次就要等到寒假了。

大姐去世後，父親攜我與仲弟去杭州為大姐的病因向名醫探個究竟。何以傷寒已退燒，大便亦通卻突然氣急，數小時後即停止了呼吸？醫生根據病歷和處方，認為大姐屬傷寒後體質虛弱，感染轉成肺炎才導致死亡的。

大姐長仲弟十二歲，兩人都屬牛。算命先生認為家中有兩頭牛，已被牽走一頭，剩下的一頭必須「過寄」出去，否則亦會有危險。父親找到在湖興縣做過縣長的老師趙申之，我們都叫他趙太先生。當時趙太先生家居杭州，十分樂意收仲弟為義子，並認為在他名下的孩子好養。當場送給一個緞子包袱、一條領子、一個大字，意思是「包領大」，取名「永孝」。從此不用「仲清」這個名字。這年仲弟六歲。

這種「過寄」只是名義上的。仲弟仍生活在店口鄉下。不過，仲弟從此與趙家結下不解之緣。趙太先生的長子趙兢初，是一位從日本留學歸來的耳鼻喉專家。抗戰時在浙江後方醫院任院長。夫人陳芳梅女士。他們的二女兒趙思哲後來嫁給了仲弟。大女兒思真則嫁給了郭棟材。因此，仲弟與郭棟材本為至友，後成為連襟。

仲弟的中學時代是在上海和重慶兩地度過的，先後更換四所中學：上海私立中國中學、江蘇省立上海中學、浙江聯合高級中學、四川國立第二中學。戰爭所造成的顛沛流離，讓人難以有一個安定的求學環境。避難上海初期，我們一家四人只租到一間客堂。

一年仲弟患肺門淋巴腺腫大。父親設法在霞飛路（今淮海中路）借了一間房子，給他短期養病。那是中央銀行的一棟花園洋

房，總行西遷後一直空著。父子倆照了一張相。仲弟屬牛，父親在照片上題寫：「舐犢情深」。只是這張照片現在已找不到了。

與敏弟不同，仲弟對時局的關心遠勝於他。早在店口上小學時，他才十歲，居然從報上知道了方志敏被捕的消息，還說看到了照片。那時他當然不知道什麼是共產黨，但照片上身披大衣、手腳帶鐐銬的方志敏，讓他把「共產黨」這個本來很模糊的概念在心中具體化了。上海中學的救亡運動搞得較有聲勢，如義賣、募捐、慰問四行孤軍（淞滬之戰日軍突破大場防線，中國軍隊腹背受敵，不得不西撤，留下八十八師八百餘名官兵擔任掩護任務，堅守蘇州河以北的四行倉庫，與敵激戰四晝夜，時被譽為「四行孤軍」）等，仲弟漸有介入。

「皖南事變」及太平洋戰爭爆發後，同學中有許多人離開了上海，仲弟偷偷做好了準備，打算去蘇北找新四軍，後被我與娘察覺並制止。

到內地後，仲弟高中畢業在重慶沙坪壩，與哥哥在一起。因學業優異被保送浙江大學電機系。但他認為不參加一次統考是一種遺憾，故放棄浙大的保送，報考交通大學造船系。雖然他對造船系無多瞭解，只是覺得體量龐大的海輪比火車、汽車、飛機對他更有吸引力。這一選擇決定了仲弟一生的命運。

1944年夏天，仲弟在重慶九龍坡的交大造船系就讀，至1948年畢業。其間，日本人投降，隨交大遷回上海。當時走水路一個多月，至南京後才改乘火車去上海。這一年仲弟二十三歲。

仲弟是與哥哥離滬赴內地之前，進浙江聯合高級中學借讀，在麗水碧湖趙家的那段日子，認識趙家二姑娘思哲的。當時思哲初中畢業，身體不好，沒有立即讀高中，在家休整。由於仲弟是

思哲祖父趙申之的義子，排輩分要比思哲大。趙兢初先生在後方醫院任院長，在松陽，距碧湖三四十里，很少回來。夫人陳芳梅女士帶著全家六個孩子住在碧湖。思哲的母親對仲弟很親，學校伙食不好，常讓他回來加餐，順便也給思哲補課。空襲警報來，思哲的母親帶著孩子朝學校方向逃報警，要把仲弟叫上。仲弟在校組織了一個讀書會，讓思哲也去參加，彼此間產生了感情。

　　1942年7月，仲弟去重慶，一度與思哲尚有通信聯繫。後來思哲隨浙江省聯高撤到浙江南部的南田，加之1944年衡陽失守，郵路阻塞，兩人從此斷了聯繫。等仲弟再次見到思哲時，已是抗戰結束後的1946年。這時思哲全家已從浙南回到了杭州，思哲在浙江大學的師範專修科就讀。趙兢初先生也離開了後方醫院，收回原來屬於他們的杭州房產，自己開了一家診所，收入頗豐。

　　趙家對仲弟的到來喜出望外，即接納為家庭一員。1947年，仲弟與思哲訂婚。1948年仲弟大學畢業，因智齒橫生牙關發炎，住進上海江灣醫院開刀拔牙，思哲專程趕往上海，到醫院照顧仲弟，直至仲弟傷口癒合，才回到杭州。同年9月，仲弟與思哲赴南昌完婚，與我和鳳君在「雙十節」同一天舉辦的婚禮。

　　這次辦事父親決定設宴而不收賀儀。他認為自己的子女不多，這是最後一次辦喜事，不願同事和好友破費。我們聽了都很贊同。父親請商會主席主持婚禮，南昌合作金庫負責人既為證婚人又代表鳳君的家長。儀式後合拍一照，濟濟一堂。

　　婚後的一段時間，仲弟在上海招商局第三修船廠工作。思哲暫時沒有工作，白天經常到書店去看書。後經人介紹，去上海五金工會工作。思哲生性開朗，待人熱情，樂於助人，是個樂天派。次年，即生一女，取名芸。

1950年代，仲弟與孩子，地點不詳。

## 五、最終的選擇

自與郭棟材取消訂婚，給敏弟去信時，曾問及鳳君，不知其近況如何？

敏弟來信告訴我，說中秋節那天，鳳君邀他去莫愁湖划船，還帶了板栗燒肉，彼此都很高興。鳳君對敏弟說起自己的事情。

原來我去南昌不久，有一湖北籍同事顧小姐主動找他，表示願與他做朋友。他不便拒絕。每逢休息天，兩人相偕外出，已有一段時間。但好像不易產生感情，處著就是了。

敏弟把夏天在南昌發生的變化告訴了他，說他的同學郭棟材確實去南昌與二姐訂了婚。一個暑期之後，不但二姐不同意了，家人也感到了不行。兩人分手時，敏弟對鳳君說：「你若有心不妨去一趟南昌，或許能有一個結果。」

1947年下半年，鳳君來南昌，直接到來農行找我。他的突然到來，使我心中有點感動。當天請了假陪他先到家中看娘。娘見到他亦十分高興。問來意，他說敏弟已把今夏家中的情況告訴了他，他特來看看我。娘說你們好好商量一下，有什麼想法再告訴父親。鳳君這樣對我說：「別人都說我與你交往不會有結果，這次我是專門來討結果的。」看來他是下定了決心。

第二天一早，父親主動找他談話，說：「你的近況伯敏已來信對我說了。既然你已來南昌，這樣有心，我就把這個女兒託付給你。她身體瘦弱，個子又小，你要好好待她，這是我們唯一的女兒，不要讓我們不放心。」鳳君則表示若無心待她，自己不會遠來南昌的，而且「與亞先相處已有六年，湘桂黔蜀撤退道上一路走來，請相信我！」

父親說既然如此，就一言為定。接著，父親表示想把鳳君調來南昌工作，鳳君同意了。父親叫他休息一天，然後回南京等候消息。恰逢天氣降溫，我為鳳君趕製了一件絨布背心穿在裏面。

鳳君1919年出生湖南益陽。父母雙全，祖母在世，兄弟三人，一個姐姐，排行第三。祖上是蘇州洞庭西山人，後赴湘經商，在長沙開綢布店，到祖父手裏經營中落。父親是個紈絝子弟，不主家業，另有外室，終於破產，只留下祖母名下的一座宅院。為維持一家人生活和他們兄弟在長沙上中學，祖母不得不賣掉宅院。待兄弟二人高中畢業時已無力升學，這時聽說已遷至重慶的中央政治學校（其前身是1927年在南京成立的中央黨務學校，1946年與中央幹部學校合併，改名為國立政治大學）不但免學費，每月還發三元的零用，他與哥哥二人寒冬臘月只穿著單褲，徒步前往重慶。祖母命他們去找尋表叔余文傑，並在其處待考。兄弟二人讀的是

土地金融專業，為期兩年，並集體加入國民黨。畢業後，鳳君被分發到農民銀行衡陽分行農貸股工作。至此與我相識，前後相處六年。其間有反覆，最終還是選擇他作為自己的夫君。

鳳君走後，父親叫我寫一份他的工作簡歷。這時父親瞭解到中央合作金庫南昌分庫正需要熟悉金融業務的人員。合作金庫是什麼性質的單位，我一點不知道。父親說等調來了會告訴你們，不用擔心。1948年5月，鳳君從南京調來南昌，在中央合作金庫南昌分庫任技術專員，後轉為輔導組組長，住在單位宿舍。這一期間，他出差較多，近一點是附近的區縣，最遠的在贛州。

我與鳳君確訂婚約後，對他在南京相處的那位女士似有歉意。他告訴我，已向她說明情況，並請她另找他人。而且原來相處都是她主動，因此沒

1948年10月，我與鳳君、仲弟和思哲同天結婚，娘六十歲，在南昌。

有什麼好抱歉的。同時還告訴我，自父親答應我們的婚事，他回去就買了四件首飾、十塊衣料，其中三塊衣料給娘，七塊衣料給我。娘感到特別高興，子女的問題都有了著落。這時父親對鳳君也沒有了原先的芥蒂，直呼他鶴年，視同子女，一家人生活得非常融洽、溫馨。

寒假，仲弟自上海來，他將於次年夏天大學畢業。敏弟也回來過年，在南京已分到中央研究院的房子，打算接文媚回寧，邀我屆時送他們同去。過完年，兩弟、文媚與我離開南昌，乘浙贛路火車東行。仲弟在杭州下車去看思哲，我與敏弟一家到南京。這次我係請假外出，不便多留，只停留了三天。但這三天，在敏弟處，使我產生了一種從未有過的失落感。有人來找敏弟，他將來人引入書房內，關上門，不讓進出。問他：「你們在談什麼？」他不說，亦不讓問。

臨行前，敏弟夫婦買了一件白色胸前織有花式的套頭毛衣送我，頗為新潮。回程的路上，感到小箱內多了一件毛衣，同時心中也多了一塊空虛。後來才知道，敏弟與中共地下黨祕密接觸，所談之事，當然是不能讓我知道的。

經過上海，我踐諾下車去看了郭棟材。離滬他送我上車，交給我一個方正的紙包。回到家，打開看，是一隻八寸見方的古銅色雕花木盒，內有套裝四隻同樣花式的木盒，一隻比一隻小。最後一隻小盒內裝有絲絨藍色戒盒，內係鑽戒一隻。這是他當年送我的飾物之一。我看了亦覺感動，但並無後悔之意。

1948年夏，仲弟從上海交通大學造船系畢業，經思哲祖父趙申之介紹進上海招商局工作，不日將去報到。他對父母說，趙家

的意思最好是在「雙十節」能夠舉行婚禮。父母認為可以，並說讓我與鳳君也在同一天結婚，我同意了。

父親為我與仲弟各打了一套家具，有五斗櫃、單門穿衣鏡大櫃、書桌、小圓桌、床、椅凳等。我請人用鳳君買的衣料為娘和我自己做了幾身衣服。此前遵父母之意，我在南昌為思哲買了首飾和衣料作為聘禮，父親派人專程送到了杭州趙家。

「雙十節」前兩天，杭州兢初嬸偕同小兒子思恭送女兒思哲來贛完婚。1948年10月10日，我與仲弟同時舉行了婚禮。兩對新人合拍一張照片，作為結婚紀念。這一年我已三十二歲，鳳君小我三歲。

結婚之後，我與鳳君住在外面。我們在南昌大酒店後面租了一幢樓房上面的兩個房間，便是我與鳳君的新房。房子是向江西省教育廳廳長的女兒任某分租的，她的父親與伯是朋友。

敏弟與文媚帶著大女兒來參加我們的婚禮。這時文媚已懷第二胎，大腹便便。10月4日那天，他們夫妻外出散步，不一會兒，敏弟著急慌忙地跑來，說小妹要生了。我急忙趕到汽車班叫車。車剛開出，孩子已生了出來，我用手托著嬰兒。趕到醫院，敏弟與婦產科醫生把產婦與嬰兒一起抬進產房，我這才鬆了一口氣。這是我從未經歷過的。文媚生下的是一男孩，父親為他取名「洪」，後來敏弟改為「紅」，不知有何用意？

其時內戰正烈，中央銀行的運鈔飛機時常不能按時到達。當地的國民黨軍隊強迫父親動用銀行庫存金銀以發軍餉。這是行規所不允許的，因此父親時常受到軍方的威脅。鑑於此，兩弟認為父親不如辭職或請調去上海總行工作，父親亦覺此意甚好。這時

他已五十七歲。經申請，總行同意並發出調令，調父親回上海總行任一等專員，將派人來接替父親。

父親既調上海總行，便打算讓仲弟與思哲在那裏安家，以便退休後彼此有個照應。他拿出多年積蓄的十九兩黃金，讓仲弟在上海購置住房。仲弟婚後一人先回上海，正式到招商局上班。不久來信說，郭棟材幫忙已購好上海祥德路十號，五十平米，一樓一底的一套房子，就靠在郭家附近。我勸娘與思哲一同去上海，因為父親不久也要去總行任職。娘開始不願意，經我再三勸說，最後才同意。這時是1948年12月初。

## 六、被迫撤退廣州

娘走後，我們搬回家住，陪父親一起生活。生活起居仍由慶雲照顧。

上海總行派來的新經理遲遲未到，藉口自己是國大代表，暫時來不了。

1949年3月的一天，我們下班回家，只見父親仰臥在床，口歪眼斜。與鳳君急忙送去南昌醫院搶救。幸虧及時，幾天後血壓逐漸平穩，口眼基本恢復了正常。原來是軍方再次逼迫，飭令以庫存金銀發餉。父親按章抵制，以致血壓過高，發生中風。醫生認為仍須住院治療，保持內心安靜，以待體力慢慢恢復。

父親住院的這段時間，我們天天下班後即去醫院。有位同事暗中通知我們，不日將有運鈔機來南昌，可送經理搭機去上海總行。我們事先將父親的證件、印章以及必需的生活用品備好一隻箱子，等待這一刻的到來。

未料，這一天，飛機降落後，仍不見新經理的影子。父親一手提拔的分行襄理黃兢民，率兩卡車職工趕來機場，說是為經理送行。可未見新經理到，兩卡車送行人員頓時成為阻止父親搭機的人群。僵持之下，運鈔機騰空而去，我們白白折騰了一場，只好送父親回到醫院。

自機場受阻，父親住在醫院心情十分不好，血壓升高。這時我已懷孕。仲弟來信，讓我去上海待產。開始並未做此考慮，只是因為鳳君要經常出差，往往數日方歸，他說這樣照應不到家裏，主張我還是去上海待產。尚在猶豫之中，忽接母親來信，勸我留在南昌。理由是仲弟工作很忙，思哲也要待產，單位又遠在浦東，有諸多的不便。我以為娘說的有道理，故打消了此行的念頭。

這時上海已被解放軍攻下，南昌亦被攻在即。

5月上旬的一個傍晚，突然有幾個陌生人闖進醫院，說是奉警備司令部之命，請父親立刻出院處理公務，並準備撤退。我們與之說理，不通。即去找方天，方時任江西省政府主席兼江西綏靖公署主任。方的副官出來接待，我們說明父親的病情，暫時不能出院。副官請示後回話：「新任經理未到，陳經理不能擅離職守。路上我們會保護他的安全，你們放心好了。」

在醫院，院長出面解釋，意思是根據病情還不能下床。來人反而採取行動，將父親拉扯而去，連襪子都未及穿上。等我們趕回，父親已在央行宿舍，怒氣難消。他讓我們出去打聽究竟。分行副經理說，司令部已通知全行連同庫存一同撤退，具體時間聽候通知。

江西省政府所屬機構人員都在做撤退的準備。鳳君本是合作金庫的留守人員，我同樣也在農行留守。為此已備好了米、煤等，作日後留守生活之用。現在父親去滬未果，反要隨分行撤退，以他目前的身體狀況，沒人陪同是不行的。面對突如其來的變化，竟有點不知所措。我不想走，想讓鳳君陪父親同行。我有孕在身，鳳君不同意。正在商量中，營業主任與何平叔等人進來，勸我們一起陪父親上路，此時留下誰都不合適。

　　車夫（人力車）老范進來告急，說警備司令部人員已在門口查問我和鳳君，只准進不准出，本想回家取點衣物也不可能了。我與鳳君分別寫信，一邊由老范與慶雲去醫院為父親取藥，到合作金庫和農民銀行替我們請假，再去我家取些換洗衣服，待他們回來已是午夜。

　　天尚未亮，通知立即走人。老范、慶雲買來早點，幫父親上車，我們兩人陪同，武裝人員在一旁監督。老范和慶雲流淚相送。及至吉安，我們以父親的病為藉口留了下來，銀行其他人繼續往贛州撤退。

　　在吉安拖了將近一個月，而那個接任的新經理，幾次從贛州來信、來電報催促父親前去辦理移交，否則他不接受。從上海撤至廣州的總行也發來電報催父親前去報到。父親提出先往贛州辦理移交，然後再去廣州。我與鳳君則想返回南昌等待解放。遂與父親商量，不允，說想不到自己一生忠厚待人，落到今日眾叛親離的地步。機場被阻，他痛心眾叛；我們要回南昌，他謂之親離。

　　為此，我與父親還發生過一次爭吵。不得已，父親去徵求吉安一家私人銀行經理潛先生的意見，問走還是不走？潛先生很坦率，說：「你是中央銀行南昌分行經理，共產黨來了之後問你銀

行呢？為何不保住？你將如何面對？」經他這麼一說，父親不再顧及我們的意見，決定立即前往贛州辦理移交手續。

我們只有隨之同行。6月上旬到了贛州。因遭此突變，我的心情一直低迷。當時全身軟弱無力，飲食少進。幸有鳳君在旁，他等於照顧了兩個病人。他第一次說我太脆弱，承受、應變能力太差。

從贛州到廣州，我們改乘飛機。我因懷孕，在機上高空反應強烈，備受折磨，當時恨不得跳下飛機。這時聽說方天已被調走，可能去了臺灣。央行南昌分行接到總行指令就地遣散，合作金庫、農民分行亦是同樣的命運。父親本已調回總行，但此時要求退休得到了批准。

國民黨的報紙還在說要華南決戰，可廣州的秩序已是大亂，到處人心惶惶。8月中旬，我在憂患與恐懼中生下一子。產後低燒不退，醫院很負責（廣東中山醫院），不讓出院。後經透視發現肺部有陰影，一時不易治癒，才同意出院。其時父親一老友從湖南來粵，介紹我們到九龍鄉下的大圍村暫住。父親出於恐懼心理，不敢馬上回內地，於是就在廣州請了一個名叫阿蓮的幫工一同去了大圍。

## 七、九龍大圍村

1949年9月底，我們一行人來到了九龍鄉下的大圍村。

思哲小弟思恭與母親送姐姐來贛成婚後，就留在了南昌，不久後即進入央行南昌分行工作。這時也撤退到了廣州，與我們住在一起。父親的同事何平叔、王子裕等人也來到大圍村租屋，與父親同進退。

我們租的住房是樓上、樓下兩間，樓上前窗朝南，能看到不遠處的魚塘與田野。父親與思恭住樓上，我與鳳君帶孩子和阿蓮住樓下，裏半間架一大床，我們帶孩子睡；外半間架一小床，讓阿蓮睡。門口當作廚房，樓梯腳下有一小間，可用來洗澡。生活條件雖不能與南昌相比，但還算方便。

村中有一小店，賣些煙酒和日用雜貨。村口有菜買，可買到黃魚和一些蔬菜。阿蓮做飯，做的廣東菜我們也吃得慣，她在樓下吃，我們和父親、思恭弟在樓上吃。小店看村中來了外地人，出售香港的《華商報》。我們就訂了兩份，樓上、樓下各一份，這樣至少可以知道一點外面的消息。

香港政府規定要領身分證。大圍村隸屬沙田鄉公所。有人來通知說，要我們去辦理登記手續。因為不知何時才能離開這裏，沒有身分證，怕惹麻煩，我們就去了距大圍村十華里外的沙田鄉公所辦理。發給每人一張表格，填上姓名、年齡、職業等，還臨時拍了照片，每個人還捺了手印。直至我們離開大圍村，香港身分證還未能發下來。

一年多後，我們已在南京，一天，鳳君突然告訴我，在父親那裏看到有三張香港身分證。其時已改天換地，我感到有點緊張，不知會不會惹出什麼麻煩？果不其然，我們在九龍大圍村的短暫生活，後來真的成為「歷史污點」之一，歷次政治運動都要交代一遍。

香港身分證發下來的日期為1950年3月29日。問父親才知道，是他的同事王子裕從大圍寄來的。我們回來時，王子裕、何平叔等人還沒有離開九龍大圍村。

　　思恭獨自一人去了趟九龍商業區，給孩子買回一套小兒夏衣，白色短袖上衣、淺藍短腳褲，中間以扣子相連接，樣式十分新穎。他自己也買了一套美軍服裝，我說：「你回去怎麼穿？」大圍村不遠就是九龍商業區。鳳君有一次也去了，買回一件深鐵色近膝的大衣。因為天氣漸冷，我也沒說什麼。

　　來了一位瘦高個子的中年人，較我年長幾歲。自報家門，陳祖烈，說也是店口人，五房的。雖同族同宗，卻彼此從未見過。他說自己來香港已有多年，做過不少行當，現在的職業是記者。第二次來，他帶了相機，為我們拍了許多照，有鳳君與我的，有阿蓮抱著孩子的，也有孩子一人或抱他看鴨子的，可惜在「文革」中都毀掉了，未能保存下來。

　　一天祖烈來，對我說：「你這麼閒著，總有山窮水盡的一天。」他已經知道父親的退休金及遣散費被柳州分行經理趙沖借走做生意，虧了本，分文未還。於是勸我到香港去開一個會計師事務所，領執照、租房子，由他代為辦理。祖烈是一番好意，但我沒有接受。當時只有一個想法，只要與內地的鐵路一通，就立即回去，這裏不是長久之地。


　　有一天，聽說香港有船可直達天津。鳳君因工作心切，思恭也想回家，就問走不走？父親仍有顧慮，加上我暈船，孩子尚需餵奶，上船一暈，餵奶就會成問題。父親表示他不想走。那麼就不可能讓他一人留在此地。最後商量的結果是，鳳君與思恭先走，待廣州的形勢進一步明朗化，我再與父親從陸路回去。

　　考慮到此時回內地需要有身分證明，鳳君就讓在香港開設「香江染廠」的朋友開了一張證明，說是廠裏的職員，現在要從香港回上海去。我還是不放心，又讓父親請陳行的夫人給她的內

侄姚依林寫了一封家書，說好此信由鳳君代交。聽說姚依林在北京，已出任中央貿易部副部長一職。若沿途解放軍盤查，那份假證明和這封真家書或許會有點用。

鳳君走後，我和阿蓮帶著孩子，度日如年。奶水不足，就加以奶粉補充。誰知孩子吃了奶粉，天天拉稀，一天拉了十七次。我不免擔心，便與父親帶著孩子去港島求醫。醫生說無大礙，給了止瀉消化藥與葡萄糖，並囑咐要改用脫脂奶粉。這天，父親還帶我去了一趟健庵伯陳行先生家。健庵伯身體不太好（幾年後病故於臺北），這時家居港島。健庵伯的次子也在共產黨內工作。他對伯說：「你只是一個分行經理，兒子又是地下黨，回去不會有什麼問題的，不必多慮。」一席話，多少打消了父親心中的憂慮。祖烈時常來看我們。有一次問他，有無回去的打算，他語焉不詳，以後我就不再問了。

忽然一日，鳳君回來了。問是什麼回事？原來他到了上海，仲弟已在上海市軍管會協助接受上海的造船廠及修理廠。見我和父親未歸，十分焦急，說找工作不急，先去把二姐與父親接回來再說。仲弟同時告訴鳳君，敏弟已在南京市市長柯慶施身邊做祕書，叫他去南京開一張介紹信，這樣回來時沿途可方便一些。

鳳君又說，此次到上海之後，他還去過一趟南昌，找到了老范和慶雲。這才知道，除當時他們幫忙整理出的那隻衣箱、一木盒《魯迅全集》，分存在兩家同事代為保管外，其餘家中的新婚家具、生活物品、圖書照片以及個人收藏品等等，都已蕩然無存。曾有傳言，說父親已被方天處決了。

父親見鳳君來接，又帶有南京市市長柯慶施的介紹信，心中落位許多。父親的同事聽到這些情況，感到前景可待，但介紹信上並無他們在內，所以對回去仍有顧慮。父親安慰他們，卻也不敢貿然邀其同行。

終於有一天，從報上看到粵漢鐵路通車的消息，我們立即趕往廣州。行前，我給祖烈發了一信，感謝他這些日子來對我們的種種照顧。

到了廣州，阿蓮自當離去。我讓父親一人在旅館休息，與鳳君抱了孩子，連夜到車站排隊買票。站臺已遭破壞，尚未及修復。

廣州的冬天還像江南的秋天一樣，夜風微涼。我抱著孩子坐在廢棄的鐵軌上，仰望星空，蒼穹深邃，內心悵然。

開往上海的第一趟列車，只掛了兩節車廂。人很多，因為有柯慶施的介紹信，我們買到了坐票。白天把兒子放在中間的茶几上，車廂有規律的晃動著，他好像在搖籃裏，揚起小臉嘻笑。過往乘客見了都喜歡，問多大了？告訴他們五個月……列車終於抵達上海。來到祥德路十號，全家人重聚，悲欣交集。

分別雖然不算太久，但此時政權更替，百廢待舉，一切是這樣的熟悉，又是那樣的陌生。所有人正從一個時代走進另一個時代。接下來，將會發生什麼，誰都不知道。

# 敘七：另一時代

## 一、到南京去

1950年1月，我們從廣州來到了上海，住仲弟、思哲家中。

兒子五個月，母親見到外孫特別高興。仲弟初見我，對娘私語，生個小孩這麼辛苦，二姐老了不少。他怎知我此行的心境？

新政府規定，外地來人必須去居民委員會報到，再到公安派出所登記辦理身分證手續。性別、籍貫、出生年月、年齡、學歷、職業、政治面貌等，一一據實填寫，不得虛報。

鶴年（即鳳君，以下同）登記回來後，一直鬱鬱寡歡。問何故？遲遲才說出原因：「填表政治面貌一欄，你們填的是群眾，獨我是國民黨員。」我只好勸慰：當年上中央政治學校是不得已，因為家境貧寒，那裏可不交學費，每月還有三塊錢的零用。加入國民黨並非出於信仰，而是中央政治學校的學生必須都是國民黨員，對此不要有太多的顧慮。

當下之急，是要找工作謀生。託仲弟幾次而未果。不僅如此，仲弟的同學朱發稼還反問道：「你姐姐不是地下黨啊？」因

為他知道，當年仲弟辦進步刊物，我為他們寫過小文章。可這些事情如今我還能說些什麼呢？不是真金就怕火燒！

這次隨父親從南昌撤到吉安、贛州、廣州等地，儘管是出於無奈，仲弟對此還是多少有點不諒解。他認為解放在即，我卻在步步撤退，是臨陣退卻。聽到這樣的話，才知道自己的落伍。

祥德路十號樓上前間為父親的臥室，後間是仲弟與思哲的住房；樓下前間為客廳，後間一隔為二，中間放一大床給娘睡。另打一個地鋪，我與鶴年帶著孩子睡。一天由於天冷，孩子哭個不停，我怕吵人，就坐起來把他抱在懷裏，這才不哭。快天亮時，我想躺一會兒，讓鶴年抱抱孩子。他突然流露出情緒，說當時若不離開南昌的話，何至於會落到今天這個地步？說完，抽身就要走。我一把拖住他的雙腿，說：「你要走，我不阻攔，但你現在還沒有身分證，能往哪裏走？」聽我這樣一說，他才冷靜下來。

在鶴年看來，我們是因為父親才離開南昌的，後又去了九龍大圍。他甚至以為，當時如果堅持留守南昌不走，一旦解放，共產黨來了，直接宣佈我們這些留守人員「自此參加革命，堅守崗位，原職原薪，服從命令」，怎麼會連個工作都沒有呢？我對此不置可否。直至身分證送來，鶴年的情緒才恢復正常。

春節時，敏弟與文媚來上海。

敏弟開口建議我們到南京先去學習，然後再參加工作。南京解放時，柯慶施任南京市市長。敏弟是南京的地下黨，參加過接管工作，初在柯慶施辦公室任祕書，時已調任南京市委統戰部黨派處處長。就這樣，我與鶴年帶著孩子從上海來到了南京。

我們住進文媚南京大學文昌橋的宿舍裏。文媚是被組織上派到南京大學工作的，擔任政治課助教。這是一間空閒著的宿舍，大房間，有桌有床，我買了一隻小推車，讓孩子坐在裏面，以便脫手做點事。敏弟對鶴年說：「你先到朝天宮華東人民革命大學參加學習，為期八個月，管食宿，畢業後分配工作。」鶴年表示同意，他的工作問題初步得到解決。

敏弟讓我先寫一個自傳（實際上是一篇詳細的個人經歷），說寫好交給統戰部看過再說。我有寫日記的習慣，即便去了大圍村，也從未中斷過。不日寫畢，即交給敏弟。看了，說再交市委統戰部史永副部長過目。史永原名沙文威，是著名書法家沙孟海的弟弟。史永看過之後，說可以統戰部的名義介紹我去華東軍事政治大學工作。軍大隸屬三野，陳毅兼任校長。實際負責人是陳士榘和鍾期光，教育長聶鳳智。那裏正需要會計方面的人才。

1946年我隨農行復員南京，曾在國民政府考試院參加過會計師之考核。經過資格審查、證件驗證以及筆試合格，發有會計師委任狀和會計師業務執行證書。南京市委統戰部出具了介紹信，讓我自己去黃埔路華東軍事政治大學聯繫。正好他們要辦會計人員訓練隊，讓我參加籌建。

## 二、軍大會計訓練隊

這一年三月，我前往華東軍事政治大學報到。先在校本部，五月轉到供給部。部長叫王忠義，讓我直接參與供給部籌辦會計人員訓練隊的工作。根據我四年會計系本科學歷以及會計師身分，讓我負責教會計原理與成本會計兩課，教材自編。問大約要

1950年3月，我抱著七個月的兒子，攝於南京市委統戰部敏弟宿舍。

多長時間可以編出，我估計要二十天或一個月。在編寫教材期間，他們同時招收學員，準備招收四百名。

二十多天後，我把編寫好的教材送去，經供給部審查之後，印了四百餘冊，學員人手一冊，給了我兩本。我注意到編寫者不是個人署名，而是軍大供給部。這是新政之後參加工作給我留下的第一個印象。

敏弟為我在北京西路AB大樓附近的靈隱路二號租了一層樓房。

他要把父母接來南京與我同住。一來為我照看孩子，二來也能照顧到父母。農村已土地改革，按照內政部規定，我家應屬於小土地出租者，結果卻被定為職員兼地主，所以娘成為了「地主婆」。身分驟變，人們對她的態度馬上也變了。娘回店口住了大約一個月，自己做飯，在果園種菜，連伯雄哥都不能去看她，只敢

讓迎春姐偷偷地去。我為此去信仲弟，無論如何勸娘回滬。現在敏弟正好為我租了這層樓房，可以把父母接來了。

兒子已有七個月。表妹月琴也來到我們家，很能幹，幫娘做飯，還能幫忙帶孩子，天天給他洗澡、洗衣。這樣我一天在外工作，可無後顧之憂。

不久，會計訓練隊開學，具體班務由營長與營教導員負責。營長自任糧秣會計教員，簿記由另一位聘用人員負責。我上的是四百名學員的大課，每天上午八點至十點，中間休息十分鐘。先教的是會計原理。

有一天，營教導員突然來問我：「你想不想參軍？」我怔住了，隨口問道：「怎麼都解放了，我還要參軍嗎？」其實我不知道此時西南尚未解放。不料這一回答，我乃成為軍大的一名雇傭人員，月薪定為十八級。

十點鐘下課後，時間可自行安排，我常常將此作為第二天的備課時間。雖然教材是自己編的，但必須豐富內容。下午教師仍須來校，以備學員們隨時提問，足見供給部辦學非常注重質量。我中午回家為兒子餵奶，下午再去學校。學員每晚自修兩小時，我如不太累，有時晚上再去。這樣一天來回於靈隱路與黃埔路之間達六次之多，然而幹勁很大，並不覺得太累，因為心情不錯。鶴年在華大學習，每月回家一次，情況也不錯。

會計原理教完，進行考試。四百名學員成績都在九十分以上，大家很滿意。考試後，休課一個上午，我與學員講起自己當年作為一個流亡學生在上海求學時的艱難情景，學員們聽了，都感到現在的條件比那時要好得多。學員大多來自高中或專科，年齡比我小。自那次講了我的流亡大學生活之後，師生關

係更加親密。學員對接下來的成本會計更有興趣，我上課也輕鬆了許多。學生們反應不錯，說我像趙一曼，但我不知道趙一曼是誰。

講成本的計算，若行政及事業單位比較簡單，企業的成本計算，相對來說，就複雜得多。但如果根據產品的生產流程，一步一步分部計算成本，也可使複雜變為簡單了。然而同樣是一個企業，產品不同、生產流程不同，成本計算的複雜與簡單也就不相同。不論是什麼單位，經過會計人員設立帳冊與科目，單位成本開支與日常費用都有據可查，都能在帳面上看得一清二楚。供給部之所以要辦會計訓練隊，其目的也在於此。他們想要普及會計知識、培養會計人才。

有一天，營教導員找到我，問我的課程是不是抓得太緊了，有的學員在晚上做夢時都在借呀、貸呀，搞不清楚。第二天上課，我先叫一名學員回答，什麼是借？什麼是貸？她回答說，在帳面上借方是增加，貸方是減少的意思。我又問另一個學員，這樣回答對不對？他說：「對的，沒錯。」我說：「你們回答得不錯，但我給你們舉一個實例：工廠多了一臺設備，賣給別人在現金的借方收入一萬元，在設備（固定資產）的貸方記下減少設備一萬元；相反地，廠房需要購買電風扇五千元，在固定資產的借方增加電風扇的五千元，現金的貸方支付五千元，大家認為這樣的借貸關係是否比較明確？」學員齊聲回答：「是的。」我說：「晚上就不會做夢了吧？」好多學員都笑了起來。有一個學員站起來，高聲說：「陳老師，這下我完全弄清楚了。」我說：「你們不清楚是我的責任。」

成本會計這門課程，通過不同產品的生產流程，如何計算成品、部件或零件的成本，比純粹講理論能使人更有興趣。我按照

先易後難的原則，先講植物油廠，再講雲臺山硫鐵礦，最後講到了汽車製造廠，這樣一來，聽者和講者都比較輕鬆。

時間過得很快。9月的南京已開始涼爽，進入秋天。

鶴年在華東人民革命大學結業後，被分配到皖北人民行政公署交通處財務科工作，單位在合肥。當時皖北、皖南兩區尚未合併。就在這時，課程尚未結束，朝鮮戰爭爆發了。軍大會計訓練隊不得不在10月份提前結束，原定到工廠實習的計劃亦只得落空。隨後華東軍事政治大學被分成第三高級步校和政治學校兩個單位。供給部屬政治學校，學員由供給部分配，安排工作。我被暫時留在供給部，以專家的名義，為所屬十一家工廠（國民政府留下的）查帳並建立新帳，並另派一人，與我同行，由部裏提供交通工具。但不久軍方將這些工廠交給了地方。地方將其分為輕、重工業，會計報表制度統一，不再由各廠自立帳戶。

這項工作至1951年2月結束，我在軍大前後十一個月，被介紹到地方上去工作。供給部王部長親自為我開的介紹信，口氣果

1950年夏天，兒子週歲，我在華東軍政大學任臨時教員，鶴年在華東人民革命大學學習。

斷，軍人風格。這樣寫道：「南京市政府財經委員會，無黨派人士，會計師陳亞先，月薪十八級，到你單位報到。」

## 三、永遠的十八級

1951年2月下旬，我到了南京市政府財政經濟委員會，簡稱財委。

當時財委主任都由市委書記兼任，實際上並不管具體的工作，負責人是財委的副主任。我去的時候，財委副主任是市委、市政府祕書長黃遠。黃遠上調北京總政之後，記得羅白樺是財委副主任，之後是劉峰（原名湯錦藏）。

財委辦公室主任是苟毅抗。我被安排在辦公室，具體工作待分配。對於軍大介紹信上我的月薪為行政十八級，評定工資級別時，辦公室裏有兩位青年人提出了異議。他們一位是店員出身的地下黨員，一位是從老區來的年輕黨員，認為我是從舊社會過來的公職人員，行政級別反而比他們高一級，對此不可理解。

當時我對所謂的「行政級別」沒有一點概念，認為他們都是跟著共產黨鬧革命的人，說出這樣的話，並不為過。反倒是讓我感到有所「愧疚」了。於是同意改一改自己的行政級別。因此到發薪時我降為十九級，他們提一級，升為十八級。

直至第二年評薪，我已不在辦公室裏，才又被提回十八級。從此就沒有任何變動。直至1965年8月因病提前退休，仍是十八級。

自到財委以後，市委統戰部把當時介紹我去軍大的證件退還給我本人保存。我對1946年國民政府考試院核發的會計師委任

狀、會計師業務執照上的國民黨黨徽，在這時感到特別的不自在，或許是擔驚受怕之故，乃上繳組織由荀毅抗主任處置。

在辦公室半個月後，我被調到綜合處，處長是陳力。乍見使我驚奇他的外貌酷似堂兄杭州民生藥廠的伯雄哥。不久陳力上調高教部，後在南京剛剛組建的華東航空學院任馬列主義教研室主任，應當與文媚是同事。陳力走後，綜合處處長由商業局長兼任，臨時負責人是譚朝漠。當時要調查南京工商業的現狀，譚設計了一個格式，我提出一點補充意見，他不接受，說我主觀。第一批調查報告做好後，處內傳閱，他在我的調查報告上批道：「以後按此格式書寫。」

1951年6月，財委副主任羅白樺奉命成立地方工業籌建委員會，我被借調，當時已懷孕七個月。籌委會工作人員有老區來的張力、南大畢業的戈悅曾（學土木工程）、青訓班調來的李質彬等人。沒有辦公室，就在白下路租了一民房，正式掛牌辦公。

我們的主要任務是調查地方工業籌建事項。各人調查的專案，各人自寫報告。一次，張力把他的調查情況說給我聽，讓我代寫。後來小戈也把報告讓我來寫。他們不是不會寫，而是說我寫得快。那時上午八時上班，不知是誰規定的，天天晚上九點才下班。張力與小戈住在辦公室裏，無所謂，我則要挺著一個大肚子，騎著男式二八自行車，每天上下班。張力是銅匠出身，對人不卑不亢，不親不疏，空閒下來就歡喜拉開嗓子衝著我唱歌：「舊社會苦呀！黑咕隆咚深無底呀！婦女在底層！婦女在底層呀……」

羅主任不在此上班，在市委辦公。他是來自皖南的一個幹部，做過南京警備部隊政治部副主任、南京市財政局長兼稅務局

長。每次差人叫我去他那裏，從不講名字，只説：「把那個大肚子給叫來。」9月本是我的臨產月。半月前，張力他們就天天喊：「明天不要來了啊」，可我還是堅持到了分娩的那天。

這天早晨，我對娘説：「今天不想上班了，好像感到有點沒勁。」娘便把兒子穿走，讓我再睡一會。我睡不著，就起身準備住院的用品與嬰兒衣物。之後把兒子託交伯照看，讓娘送我去軍區總院。到那裏已近十一時。有點陣痛，但不像初產時那樣緊張。下午兩點後進產房，四時生下一女。我昏迷並不知情，只記得醫生不停地大叫讓我放鬆。一週之後回家，父親見母女平安很高興。兩歲的兒子站在房門口不進來，連叫幾次，才怯怯地走近。我對他説：「這是你妹妹，你是她哥哥，媽媽晚上要帶妹妹睡，你跟外婆睡，好嗎……」鶴年從合肥回來，帶了一籃雞蛋。對我説處裏工作很忙，晚上還要給會計班上課，住了兩天就走了。

五十六天產假之後，南京市地方工業局業已成立。張力和小戈都去了，我仍回到財委。這時羅主任已調上海，後聽説在上海市建工局當局長。上班第一天，領導就找我談話，説南京要辦一個毛線廠，財委擬派一人與相關部門的王主任，到上海、無錫、蘇州三地尋訪並收購一些小廠。他們認為我是最合適的人選。如果有什麼困難，現在就可以提出，以便另派他人。我説服從組織的安排。財委支部書記兼人事祕書涂定海在一旁説：「嬰兒請奶媽的事由我負責，你放心去吧！」

第一站到了上海川沙，有幾家小廠願意出讓。凡能運轉的設備由我與廠方商談估價，簽具轉讓合同，從水路運回南京，由南京市財政局負責付款。第二站是無錫，同樣收了三家。資本家榮毅仁先生主動提出要捐獻織機三十七臺。這本不在此次收購目標

之內，但榮先生態度誠懇，執意要捐，王主任考慮再三，認為不宜拒絕，便先代表南京市政府表示謝意，待回後請示再做處理。第三站到了蘇州，在觀前街前後尋訪，並未發現有何廠家，乃空手而歸。

因為奶漲，我每天外出前必須用吸奶器吸出一杯才行。晚上回到招待所，貼身內衣仍被奶水濕透。王主任知道後幾次說，不應派產假剛滿的同志出差，太不為婦女和嬰兒著想。我說是我自己願意的。

回到家中，娘正抱女兒坐在被窩裏，餵牛奶和米湯。涂祕書領來過兩個奶媽。第一個年輕，體檢血液有問題；第二個，體檢合格，留了下來，但奶水不多，小孩總是哭。娘再三追問，才說出真話。原來是在自家餵孩子九個月斷奶之後出來做奶媽的。娘聽了很生氣，把她辭了。此後我去過兩次介紹所，都不理想。直到女兒七個月，娘有事要回上海，等找好保姆之後才走。

保姆張桂芳阿姨，人很能幹。這時女兒已慢慢改吃粥、軟點的飯加蒸雞蛋和肉末。張阿姨每天帶她去大操場曬太陽，學說話、學走路，晚上由我自己帶。娘讓伯來南京幫我照顧家庭。張阿姨做了有一陣，突然一天說要回家了。事後才知道被市委彭沖書記家給挖走了。這很正常，彭書記家的條件比我們不知要好多少。又請了一位歲數較大、眼睛不太好的蔡媽。不知為什麼，總是用挑行李的扁擔嚇唬孩子，最後因衛生問題把她給辭了。

換上三〇七廠新寡馮秀珍阿姨時，女兒已四歲。娘也從上海回來。忽有一夜女兒叫肚子痛，在我身上爬來爬去，哭個不停。天亮送兒童醫院，查不出原因，說可能是大便堵住了。我與鶴年決定再送丁家橋的一家部隊醫院，也查不出來，留院觀察。只好

留下馮阿姨陪守，我們各自去上班。據說我們走後，醫生在黑板上寫下「剖腹探查」幾個字。敏弟去時看到了即向醫生提出抗議：「不能不知原因就剖腹檢查。」一句話，説得醫生束手無策。

那時寒冬臘月，當天大雪紛飛。傍晚我自雲臺山硫鐵礦場乘大卡車進城，把我在醫院門口放下。我問醫生：「如果是你們部隊的孩子怎麼辦？」回答説：「早上就手術了。」我説：「那好，請你們把她當作自己的孩子辦吧！」説完，與鶴年去內科病房抱孩子。鶴年穿著長筒膠靴，走起來啪啪直響，我們把孩子抱到了外科手術室。當時已快晚上八時。近六小時的手術，是多麼地難捱！終於看到有人抱著孩子出來了，渾身通紅，頭髮稀濕，像一隻剝了皮的青蛙，手腳下垂。當時麻醉未醒，大夫姓馬，説手術很成功。盲腸腐爛，都快要穿孔了，只好把腸子全部搬出來清洗、消毒，再復歸原位，所以手術時間延長了。

第二天去醫院，女兒坐在馮阿姨懷裏，穿著淡藍色的罩衫，臉色蒼白，毫無血色。我把情況告訴了敏弟，他買了二斤牛肉，讓娘熬成牛肉汁，卻説是「同志的小孩開了刀要補補血」。四天後本應拆線的，誰知馬大夫心疼孩子，説讓她再養一天吧。次日，則又對我説：「想不到，遲一天拆線，反而讓她吃了苦，一頭的線結都拉不出來了。」這家部隊醫院不久後遷往西北，與馬大夫也斷了聯繫。

此後我調到基本建設處工作。處長是陳仲。市政府獲悉市郊龍潭有磷礦石，聘請蘇聯專家前來指導勘探鑒定。其目標和行動方案均已制訂，由財委基建處派人配合，處長指定我去。

蘇聯專家與我們同住在區政府的招待所，只是他們自帶廚師，每天從市里採購食品、水果等，然後在龍潭單獨製作。我們

1953年，娘為我在南京照顧孩子。

這些工作人員在區政府食堂搭伙。到了龍潭，專家親自上山，選擇一塊較為平坦曠闊的山地，以石灰粉劃出等距離的五條採礦溝渠，每條長二米，寬一米，深二點五米，有專人負責操作。挖出的浮土，專家指定堆放在一個較遠的地方，一點五米之下的土分別存放和標號，當天即派人送往市內的土壤研究所化驗分析。

等到化驗報告取回，我當即把報告念給專家聽，並總結了一句：「此山無磷礦石。」專家頓時態度嚴肅，連聲說：「No、No」，糾正我的結論，認為只能說所選的槽內並無礦石，這種結論更嚴謹，讓我頗覺慚愧。

經市政府有關領導研究決定，暫不考慮下一步的行動。幾天後，在市政府大禮堂的西會議室為蘇聯專家送行。市裡領導與之握手話別。此時只見專家穿過人群，走到站在最後的我的面前，伸出手，熱情告別，並說得到了我的許多幫助。

正是大興工業的一個階段。雖然土改、「鎮反」運動相繼開始，財委基建處的工作並未因此而減少。至今記得，為南京化工廠的擴建，我奉命審查完擴建投資計劃之後，即北上進京，向中央化工部申請投資。經過詳細彙報並提供出一整套的擴建方案，得到化工部的認可和支援，圓滿而歸。同樣地，為雲臺山硫鐵礦場停建斜井，恢復豎井生產，基建處制訂出詳實的可行方案，前往冶金局申請投資，最終亦得到解決。

　　一次在人民大會堂聽報告説，南京將建更多的塑膠廠，使南京人民人人都有一雙塑膠鞋底。我相信這個提法鼓舞人心，只是塑膠廠的原料大都與糧食有關。此時糧食未曾過關，哪能提取更多的原料？

　　我向上面反映這一情況。領導派我前往上海實地調查，瞭解上海的工廠有否開工？在上海待了兩天，發現七家工廠中一家已經關閉，剩下的六家正在苦苦堅持，等米下鍋。回來後彙報，認為應當暫緩這個項目。這樣長樂路正在建造中的廠房，砌至山牆，乃告中止。

　　不過，南京出產柏子，這是一種落葉喬木。夏天開花，黃色的。開花時節，一條條從綠葉間垂下來，很像流蘇。成熟的柏子，表面一層白色的柏脂，可以做肥皂的原料，裏面的仁可以榨油，這倒不失為一個好的項目。我處協助地方工業局興建南京肥皂廠，不僅生產出質量優良的鼓樓牌肥皂，又配製出一種洗滌劑，為市場上所未見。那天廠裏開現場會，有關市長也要參加，我提前去佈置。突然感到頭一陣陣劇痛，出門前只得服下兩粒「去痛」，騎車前往。

　　這時我家已搬出靈隱路二號。一位叫李芷的同事，見我每天往返較遠，介紹租住蘭園十八號一層樓下的房子。正屋三大間，左右臥室，中間客廳，前有院子，後有平房，一間供作廚房，條件不低於靈隱路。蘭園近靠市政府，只要不外出工作，中午回家吃飯。

　　但好景不長，一天中午回家，伯告訴我上午來了兩個人，讓搬到公教一村去住，說十八號要讓給財委劉主任。伯是舊政權公務員出身，懂得這方面的規矩，一口應允。我是他的女兒也沒有話說。最初安排是五角樓甲樓十號，另外，丁樓十號樓上有一間，不在一起。行政處處長和財委的人來看，後者認為我是十八級幹部，怎能這樣處理？於是把甲樓十號對面一間與丁樓的一間對調，才算安頓下來。雖然住房條件較差，但距上班更近，還可以在大食堂訂大灶伙食，自己不開伙。這樣也好。

　　1953年，地方工業局基建科要去幕府山採礦，請我們配合。財委基建處負責人已是沈振寀（後為江蘇省政府副祕書長）。他讓我去。誰知上山第四天，三個月不來的「例假」忽然來了。痛苦之中，我用繩子把衛生褲腳紮緊，急急下山。在市政府門口碰到熟人許德儀，扶我去機關門診部。經醫生診斷可能是小產，讓許趕緊送我去鼓樓醫院婦產科。到了那裏，要家屬簽字做刮宮手術，許打電話到財貿部找鶴年，說是人不在，出差去了，只好由許德儀代為簽字。醫生開出半個月的休假證明。

　　工業處黃應伍來探望，說大家都在議論，基建處一個女同志都未能照顧好。其實，這並不能怪誰，連我自己都不清楚。這一陣經常頭痛，不知什麼原因，明顯感到健康狀況有所下降，不免為之焦慮。

1958年大煉鋼鐵。我們去浦口二頂山勞改農場運石子進城，供城內大小高爐之用。一月後運石工作結束，全部回城，參加大煉鋼鐵。我坐在小凳子上把運回來的石頭敲碎，一天下來腰酸背痛，雙腿又硬又粗，還以為是自己長胖了。後來才知道血壓已達到180/100。單位通知我中止勞動，回辦公室上班。

　　記不得是哪年，市政府祕書長甘鋒指名要我去，列出三個有關發展生產與財政金融關係的題目。自參與收購毛線廠以來，我一直沒有再接觸金融方面的問題。加了三個夜班，才交出三篇論文，經他列印後交市領導閱看。接著，基建處通知我，說單位要設財務處，由我來主持。從外面調進一位女士、兩位男士，都是搞財會工作的。連我在內四人的財務處，就這樣成立了。

　　工作甫始，正待深入，約有半年光景，又通知撤銷。我又回到原來的部門。數年後，我在鼓樓醫院住院，父親來看我。陪他到一家藥店買藥，路上遇見曾在財務處工作過的小高，熱情地叫我處長。父親聽了很奇怪，說：「你當過處長我怎麼不知道？」其實我並沒當過處長，只不過有這麼一回事罷了。


　　1961年初，領導對我說，有兩個孝陵衛第三醫院療養的名額，想讓我去。我當時還沒有意識到自己的身體正每況愈下，便說沒有必要。領導認為時間不長，只有三個月，去休息調整一下也是好的。並說我一直浮腫、血壓高也不好。我就同意了。

　　到了孝陵衛第三醫院，讓我住進浮腫病區檢查，第二天又轉入慢性肝腎病區。醫生說我肝功能和腎功能都不大正常，血壓高、浮腫乃源於此。這一診斷出人意料。三個月療養結束，又給了我一張轉院的介紹信，去市中醫院治療五個月。我心煩意亂，

未料自己的身體如此之糟糕。單位的態度是聽醫生的，不便也不能自作主張。

這樣，我又住進了市中醫院，天天吃水藥。城建局長也住在那裏，對我說，光靠吃藥不行，要增加營養，他自己每週吃一隻蹄膀。可我的心情和胃口極差，哪裏吃得下呢？五個月住滿，仍不見好轉，又是一張介紹信，去鍾孚醫院療養八個月。單位與我本人對此又能説些什麼呢？只能遵從醫囑。從鍾孚醫院出來後，我開始半天上班。

從那以後，我先後三次住進鼓樓醫院。基本上是半年工作，半年住院。應當承認，計委（這時財委已改為計委）領導對於我的治療無話可説，即便我不是黨員也不是什麼處長，僅從病者的角度來看，單位該做的都已經做了。

1965年初，市里接到上級一個通知：自1949年進城因病

1950年代，我陪同娘遊玩玄武湖。

而不能工作的人，應組織強而有力的醫療人員給予診治，提出治療方案，進行治療，以期恢復工作。單位因我的行政級別可以參加，通知我不可錯失機會。經過兩天的各項診察之後，我回到家等候消息。

數月過去，仍不見音訊。我寄希望於經過此次治療後，即可上班。讓鶴年去單位詢問。單位表示醫院診斷已來幾天，可是沒有治療方案，為此認為陳亞先需要較長期休息，不然工作中會出危險，正待徵求你們的意見。

既然這樣，我就不再說什麼了。可萬萬沒有想到是，他們事實上並沒有徵求我的意見。8月的一天，單位派人送來一個四五寸長的小冊子，暗紫色封面，原來是發給我的退休證書！打開第一面，赫然寫著：「寧人休字第513號，陳亞先同志符合國務院關於工人、職員退休處理的暫行規定第二條（三）項的條件，經南京市人事局批准退休」；還有，十八級，原每月工資八十三元六角，每月退休費為原每月工資的百分之五十。

這個突如其來的打擊，使我無法承受，當場聲淚俱下。這時我才四十九歲，從未想到過自己會這樣被人決定退休回家，如何接受得了！第二天，支部書記來做我的思想工作，不通；第三天，計委主任親自來，對我說：「陳亞先，我絕不食言，你哪天病好，哪天就回來上班！」

與我在市委組織部比鄰而居的一位長期生病的幹部對我說：「你是積勞成疾，病到這個地步，不給治療方案，反以淘汰處之，哪有革命隊伍的同志情誼？你若接受就是助長歪風。」他的話自是一番好意，或許也是同病相憐。但以我的性格與現實處境，不可能有更多的過激反應。

我整天以淚洗面，一天一頓吃不下一兩糧食，也沒什麼力氣去申辯。鶴年白天上班，只有母親在家陪我。與娘商量，北京的兩個弟弟一個在統戰部，一個在交通部，最好不要讓他們知道。

計委在市政府內的二十四號大樓，是靠近宿舍區的第一幢大樓。四樓辦公室的窗下就是大院內的游泳池。沒有生病時，哪夜沒有我桌上的燈光？當時機關人員加班到夜裏十一點，就去食堂吃宵夜。我過了夜裏十一點要失眠，提前二十分鐘回家，吃幾個煮熟的茨菇，然後才睡覺。

如今近在咫尺，機關已無我的崗位。自此，我再未回過單位。

## 四、鋼筆手槍

再回到1951年。到財委工作時，我三十五歲。

1961年，我與娘在南京合影。

「鎮反」已開始。所謂「鎮反」就是鎮壓反革命。打擊的重點是土匪（匪首、慣匪）、特務、惡霸、反動會道門頭子和反動黨團骨幹份子。這時中共立足未穩，報紙上說「破壞事件」時有發生。

說起來，這一運動本與我們這樣的人無涉。可在一次單位組織參觀「反特展覽」時，玻璃櫃中展出「特務」使用過的各種武器，其中一支鋼筆手槍，讓我感到特別眼熟。終於想起，與重慶化龍橋時鶴年的同事黃懋清送的那一枝「鋼筆」完全一樣，不禁害怕起來。黃的那枝鋼筆手槍為什麼與「特務」使用的一樣？不會有什麼祕密吧？當初黃要送給我，我不喜歡這類東西，沒有要，他又送給了文媚。讓敏弟知道，不高興，文媚就把它存放在我這裏，後來我又給了仲弟。

其實，這一記憶是不夠準確的。事實上我並沒有給仲弟。

看完展覽，我向單位支部書記彙報，稱自己曾經也有過此物及其來由，後作為大人玩具送給了小弟，並對組織上說明小弟現在何處工作，可立即致信，讓他把此物立即上交給組織。我不知道當時這種「覺悟」意味著什麼？至少要求進步還是有的。

仲弟回信，說此物已不知放在何處，記不起來，也找不到了。然而，此事並沒有因為仲弟記不起來而不了了之。由於我的主動「坦白」，一支鋼筆手槍，牽涉到連我本人在內一共有五個人，即黃懋清、鶴年、我、文媚、仲弟。黃是鶴年的同事與朋友，鶴年又是國民黨員，事情變得複雜起來。

從此，這支鋼筆手槍與九龍大圍村成為我與鶴年在政治上始終不能講清楚的污點。直至文革，鶴年還在為此不斷地寫交代和檢查。

找到一份鶴年在文革時寫的交代材料，摘錄如下：

## 關於黃懋清的鋼筆手槍問題

　　黃懋清，廣東人。1943年下半年，我到湖南衡陽，在偽中國農民銀行和他同事時相識。那時偽衡陽農行的宿舍在郊外。有一個星期天，在宿舍裏偽農行會計股的一個同事，要黃懋清用鋼筆手槍打一發子彈玩玩。黃對準地上一堆泥土打的。沒有打響，子彈卡在槍裏。當時，我和二三人在旁。我當時看到那支鋼筆手槍比大號金星鋼筆稍細一點，長短差不多。我沒有問他槍是從哪裏來的。到1945年下半年，我在重慶大渡口偽農行又和黃懋清一起共事，我看到那支槍還在他身邊。我曾借了玩過。當時只是為了好玩，沒有其他目的，也沒有進行任何活動，三二天就還給他了。以後我就沒有再看到過那支槍。後來才知道，黃懋清在抗日戰爭勝利後，在重慶時已把它送給了陳亞先（當時黃本是把槍送給陳亞先大弟弟的愛人蔡文媚的，蔡由重慶到南京時把它留在陳亞先處。在重慶時黃也認識蔡文媚，有時和我們一起也同在一道玩的），陳亞先又給了她的小弟弟。

　　前幾天，同志們問我關於黃懋清這支手槍的來源時，因我確實不知道，回家後曾問過陳亞先知道不知道？她說，曾聽黃懋清說過，他那支鋼筆手槍是他的一個在東北什麼軍械廠的幼年朋友給他的。當時，我就沒有再追問黃懋清的那個朋友叫什麼名字……

應當説，鶴年對於這支鋼筆手槍的主要記憶來自於我。黃當時意欲送給我包括後來送給文媚，他都不在場。彼時大家都是單身，各行其事。只是以組織上當時的邏輯推斷，這支鋼筆手槍自有用處，加上鶴年當時獨自離開九龍大圍村又很快折回，其目的和動機都存在很大問題，似有「特務」潛回內地搜集中共情報之嫌。這種莫須有的推測，讓我百口難辯。鶴年雖是國民黨員，但他從來都不是「特務」。如果他真是什麼「特務」，我不會不知道，也不會主動向組織上來交代這支鋼筆手槍了。

無事生非，這就是唯一的結論。

此事多年讓我們不得安寧，心有餘悸。這裏的問題是，我和鶴年受到組織上的懷疑或調查，也就罷了，畢竟我們是從舊政權過來的公職人員。但文媚和仲弟卻是共產黨的人。新政甫始，「鎮反」當頭，就給他們惹上不必要的麻煩，真是愚不可及。

事已至此，悔之晚矣，無語。既然我已主動交代鋼筆手槍在仲弟那裏，可是他為什麼就找不到，甚至一點也記不起來呢？仲弟是個誠實的人，記性很好，或許是我的記憶有誤？不敢再往深處去想，只是認定仲弟之所以找不到這支鋼筆手槍，是因為他早已不是當年那個失落玩具手槍而懊喪的幼小孩子，一個學造船的人怎會在意我給他的這個無用的「鋼管」？不過，此事是否使他受到了困擾，他從未向我提及，我也不敢問。

有一年某一天，在當年寄存在郭棟材家中的那個藤箱子裏，我意外發現了這支鋼筆手槍，鏽跡斑斑地躺在裏面。它的出現，或許可以幫助我們釐清真相，但會不會又節外生枝？所以這次，我三緘其口，對誰也不説了。

## 五、統戰部的敏弟

敏弟是南京地下黨，他是不會讓我知道的。

1948年，敏弟中央大學研究生院畢業，進入國立中央研究院社會研究所工作，理應成為一個學者（他的導師是有名的經濟史學專家，此時兼任該所研究員），現在卻成了中共南京市委統戰部的幹部。他幫我和鶴年找到了工作，我們雖然從內心感激他，可又感到他已不再是當年那個文質彬彬的研究生了。

我們自上海來南京那天，我在人力車上，被解放軍檢查出攜帶首飾一盒，內裝一兩金塊和少量首飾，正欲沒收，敏弟恰巧趕到。他身穿軍裝，腰佩手槍，對解放軍檢查人員說，這是個人財物不能繳公。那個解放軍看了他的證件後，立即把首飾交還於我。這時我感到他有點鋒芒甚露。

1949年冬，敏弟夫婦與長女、長子在南京。

接父母來靈隱路二號同住後，除了工作，最讓我放心不下的是孩子。

　　一個星期天，我在家自帶孩子，聽到有飛機響，把他抱到窗臺上看，自己半坐在椅子上扶著。忽聽說有同事找我，我叫他站好，剛一鬆手，他就從窗臺跌下，哭叫不止。去醫院拍X光片，手臂斜面骨折，即打上石膏。我悔之不及，可見自己的粗心大意。這個孩子在平時是很容易肩頭脫臼的，早上為他穿衣，突然肩膀掛下就不能動彈了，一碰就痛。我聽娘說過多次，卻從未帶他去醫院查個原因。這次失誤，算是給我敲了一次警鐘。幸虧複診時，拆去石膏拍片子，骨折已經彌合，毫無痕跡。

　　鶴年還在合肥工作，根本無法照顧到家裏。自有了工作之後，他表現得十分積極。在軍大，我最後一次出差是到當時建在合肥的南京化肥廠。寒冬臘月大雪，鶴年到車站來接我。當天晚上，處裏同事請我們吃飯。席間說了許多客氣話，稱讚鶴年工作能力強，與大家相處得很好。鶴年的情緒與初歸時大不相同，我也放心了。以後安徽省交通廳（皖北、皖南合併後改為省交通廳）每到蘇、錫、常地區招收學員，培養財會人員，組織上都派他去辦，順便照顧回寧探親。

　　1951年11月，他又出差南京，家中已多了一個女兒。他帶回一百隻雞蛋。兩年之後，安徽省交通廳為照顧幹部兩地分居，發函來財委調我。支部書記兼人事祕書把我叫去，問鶴年在交通廳做什麼工作，我據實彙報。她說這樣的情況，我們單位同樣要人，於是反而把鶴年調來南京，在市委財貿部工作。

　　敏弟工作很忙，文媚也忙。文媚在南京大學當助教，白天教社會發展史，晚上還要參加校文工團的演出活動。他們的第三個

孩子出生後，五十六天產假一過，文媚就懷揣著三隻空奶瓶到學校上班，有空時才將奶水擠入瓶中，工作完畢後帶回家，請保姆代餵孩子。

院系調整時，文媚調到華東航空學院擔任政治課助教兼院長辦公室祕書。以她的熱情與工作態度，根本照顧不到敏弟與孩子。

所以有時星期天，我會去敏弟家看一下，順便送點東西給他。一次帶去三五牌香煙一條、枇杷一簍。誰知，敏弟當場怒形於色，說我是「老作風」不改。我不解，何謂「老作風」？

自大姐死後，在我的潛意識裏，就是要幫助伯娘照顧好兩個弟弟，這已成為我多年生活中的一個重要內容。當年在重慶，經常給他錢，讓他與文媚去買撈糟蛋吃；他每來沙坪壩，哪一次不

1953年5月，敏弟夫婦與三個孩子在南京。最小的兒子尚未出生。

是為他炒菜蒸肉，添加營養？如今雖已解放，何至於如此，一下子就變成這個樣子呢？

我給孩子餵奶，內穿的小棉襖解開了，就披著一件大棉襖。他諷刺我：「真像一個老幹部。」有一次，我忍不住哭了。鄰居問文媚：「姐姐為什麼哭了？」文媚說：「姐姐落後，被弟弟罵哭了。」

一次討論問題，我談了些粗淺的看法，並記錄下來。他見到後用朱筆在上面批註：「唯心，幻想，失望；不稀奇；這就是她今天最大的問題……」後來才知道，敏弟之所以這樣對我，是恨鐵不成鋼，認為我沒有及早參加革命。

1954年，文媚調至北京馬列學院（即中央黨校前身）讀研究生。他們最小的兒子，當時才一歲，便寄養在我們家。那時我們家不開伙，在市政府食堂吃飯。中午我與鶴年至少會有一人在家，可以照料這個孩子。

文媚一走就是兩年多，儘管敏弟對我的態度有點莫名其妙，但作為他唯一的姐姐，考慮到此時家中還另有三個孩子，敏弟在本質上又是個書生，不懂家務，於是每逢星期天我就會帶上保姆，買好他們一家人吃的菜，幫他與孩子一同過週末。幾次之後，他發火了，衝著我大聲叫：「你知道我缺少的是什麼？我需要的是什麼？我並不需要你這樣每個禮拜天都來亂半天……」

聞此言，從此便不再去了。1931年，十八歲的大姐臨死前指著敏弟，說過一句：「他不好」，那時敏弟才十歲。我感到娘聽了不在意，也認為這是一句沒根據的話。當後來多次遭遇敏弟對我的這種態度，就會想起大姐這句話。直至1956年，敏弟上調北京中科院哲學研究所，關係才有所緩和。

·

　　1965年，我因病提前退休。有心不告訴北京兩弟。敏弟知道後，每次來信總要問：「你究竟生的什麼病？」當時有一句話叫做「身體不好查思想」，我只得把醫生的診斷告訴了他，仍是問個不停，我往往為之傷心哭泣。娘幾次勸我：「不要理他，與他絕交！他肚子裏被草塞滿了（這是我們家鄉話，意思是頭腦不清爽），一點也不知道體諒人！」但我怎會與他絕交呢？我想他是共產黨員，他不會錯，總是我不爭氣，讓他看不慣！

## 六、不能擱淺

　　當年在上海，最讓我與娘擔心的是仲弟。

　　仲弟在上海念中學時的班長葉蜚聲，給了他許多影響。在仲弟眼中，葉是一位了不起的人物。葉介紹仲弟看由巴人主編的《上海週刊》，那是一份左翼報紙。由此仲弟知道了魯迅這個人，成為魯迅作品的忠實讀者。

　　一個陰雨紛飛的下午，葉蜚聲帶仲弟去了石庫門一個破舊的房子裏，裏面是一個很小的書店。葉幫他挑回五本書，一本是艾思奇的《實踐與理論》，一本是吳黎平的《論民主革命》，一本是曹伯韓的《通俗社會科學二十講》，還有兩本是英國記者詹姆斯‧貝特蘭寫的《中國的新生》、《華北前線》。這些書對仲弟來說，有著一種「新奇與興奮」（仲弟語），但於我和娘來說則有點不安。當年葉蜚聲的早熟是我沒有想到的，他實際上比仲弟還要小一歲。1948年，葉蜚聲於交大財務管理系畢業後，一直在上海銀行界工作。十年後考入北京大學，攻讀語言學，後留校成為北大中文系語言學教授。

以仲弟的思想傾向，理應比敏弟更早加入共產黨。他在浙江省立聯合高級中學前後四個月，組織過有六人參加的「輾路」讀書會。用他的話説，「是把自己局限在幼稚的、激進者的圈子裏」。重慶九龍坡交大時，又組織過一個名為「星社」的團體，最初社友二十餘人，甚至與蘇聯大使館還有一定聯繫。當初僅知道敏弟熱衷於體育鍛鍊，並不太熱心政治；反倒是仲弟加入過一個組織（華中城市工作委員會）。

　　上海招商局被接管後更名為上海海運局，隸屬中央交通部。軍代表叫于眉，後任交通部副部長。鶴年從九龍大圍村回內地在上海見到仲弟時，他正在協助軍管會接收原招商局的一些船廠和修理廠，那時二十四歲。後任船廠工會主席。至1953年，才被批准為中共黨員。

　　思哲開始沒有工作，在家哺育他們的第一個孩子。1950年，經人介紹到上海五金工會工作。思哲學的是師範專業，最理想的應是到學校裏去教書。但此時只要能參加革命工作，也就不在乎自己的專業了。

　　一年後，組織上派她到一家私營翻砂廠搞民主改革。領的是供給制，穿著列寧裝，人長得又漂亮，很像一回事。不久，這家翻砂廠併入英商的馬勒船廠。思哲成為副廠長的祕書。這樣與仲弟成了同行。仲弟告訴我，馬勒船廠就是後來的滬東船廠。

　　1954年，文媚前往北京馬列學院讀書，仲弟也要奉調廣州，説是要到那裏建造一個五千噸級船塢的船廠，地點在廣州東朗白鶴洞。仲弟做了三年工會主席。1952年，上面要求技術幹部歸隊，才回到自己的專業。

仲弟在廣州兩年，大部分時間是在國外考察或參與訂購船舶談判等事宜。先去日本，後去東歐。當時，我駐南斯拉夫使館留仲弟工作半年之久，負責進口業務談判。駐南大使是級別很高的伍修權。國內的外貿部已向交通部提出交涉，欲轉移仲弟的工作關係。仲弟執意不肯，要回國，駐南使館最後才放行。

仲弟回國，已是1956年夏天。交通部決定留他在北京工作，不再去廣州。父母正在上海協助思哲照料三個孩子。仲弟要調到部裏工作，思哲亦隨調，被安排在船舶檢驗局。他們決定長女芸留在上海隨父母（一年之後，芸進京讀小學），只帶走兩個小的。從上海而廣州，從廣州而北京，而立之年的仲弟，終可在造船專業方面起航了，後來事實證明，他只能從事技術。仲弟在交通部技術局船舶技術科（那時交通部只設科不設處）工作，任副科長。

1953年，仲弟夫婦及大女兒芸在上海。

仲弟那年訪日歸來時，送我三件禮物。一件是一尺半高的玻璃盒，內立一位身著和服、粉面聳髮的華麗日本仕女。我從未見過這樣高貴的偶像，招來許多同事和鄰居欣賞；一件是在日本訪問時的影集，厚厚一大本。另外一件是一朵別在胸前的絹花，很鮮豔的紅色，細絲帶上書有「船業專家」的字樣。絹花的質地特好，多年亦不褪色。

1961年，我與鶴年、孩子在南京公教一村機關宿舍。身後的日本仕女偶像為仲弟出訪日本時帶回。

此時仲弟已是中共黨員，之前對他的政治審查並不輕鬆。從1950年至1953年，在「後補」的三年間，不知寫了多少交代材料。那時，個人簡歷稱之為自傳。

仲弟告訴過我：寫了不計其數，結果還是弄不清楚。原以為不是問題的問題，幾次運動之後，才知道又是必須交代的。需要補充交代的材料越來越多。一事未清，都不能轉正。如同一層一層剝皮，直至體無完膚。

仲弟入黨審查，也牽動南京的親人。他把自己寫的材料寄來，想讓我們提些意見。這種心情可以理解，自己這條船不能在此擱淺。敏弟鄭重其事，專門找我和文媚討論仲弟的材料，還做了討論筆錄（1951年9月16日）。

敏弟在給仲弟回信時這樣說：「……星期日二姐來，連小妹（即文媚，作者註）在內，三個人從下午一時討論起，談到四時半。談的都記下了。有些地方我認為是幫你提得更深刻些，如工作不放手，應該從信任群眾及群眾觀點來檢查；入黨動機必須檢查階級覺悟，應批判過去；有些毛病強調客觀過多……總的說來，你寫的給我一個印象，是把自己寫得太糟了些，有些過分。到底怎麼寫最好，你同時應徵求支部的意見，針對你的實際情況來寫……」討論筆錄與回信草稿，我一直保存著。

事實上，組織上也一直在背後調查要求進步的仲弟。他們對於家庭歷史問題頗多微詞。我見過一份仲弟的交大同學朱穀人當年寫給某人的信。從內容來看，是1949年10月仲弟在造船廠要求入團被徵詢意見的信函。在當時的政治空氣下說了些不得不說的話，但更多是利於仲弟的。

朱毅人為中共地下黨員，交大時與仲弟一起組織過社團。解放軍接管上海招商局時，就是他代表中共向總經理胡時淵宣佈「查封銀箱和檔案樹，聽候軍事代表前來接管」的。想不到此信原件至今還在。

　　劍鳴同志：

　　　　看了陳永曉的報告，除了他從上海金華到重慶這一段歷史我不大瞭解之外，他的家庭情況和大學生活我是知道的，與報告相符。

　　　　在這裏我提一點意見，這位同志的工作熱情是有的，但小資產階級情緒還是相當濃厚的。從他的歷史可以看出，有好幾次機會可以讓他早點參加革命隊伍（1）葉君約好到邊區去，但是家庭的牽制使他退卻了。（2）在麗水學校裏的讀書會要「祕密」起來，這說明只是一個巴金筆下的「激進者」而已。（3）已經參加麗水造紙廠的隊伍，因為燒飯擔水的工作不是理想中的鬥爭生活而開小差了。以上這些機會都沒有把握住，說明他這一階段只是一個小資產階級知識份子的熱情者罷了。

　　　　從他後一段歷史（大學生活）我瞭解他一開始也是如此，但是工作的鍛鍊使他改變了。他本來自高自大的習氣是很厲害的，現在也許還殘留著一點，但已好多了。這主要是由於三四年來的鬥爭中，學生群都已進步了，他在這一群當中，當然離開不了時代的潮流。

　　　　由於我瞭解他的過去歷史，我曾接觸他，他自己也苦悶得很，時刻想得到組織的領導。後來他告訴我，他已找到了關係，後來我研究了一下，不是我們的組織關係，當

時在地下，又無從追查，僅通知他脫離那個關係。解放後知道此一組織是不合法的，但領導者與我們有個別關係，非正式關係，此事保衛科不知道。這一事說明他對組織關係的熱切盼望，也說明他對組織關係沒有能慎重處理，這事至今他自己也很遺憾，你可跟他談談。

　　大體上這份報告沒有多大問題，但以下幾點請你注意，和他談談，或者叫他寫一篇報告補充：

(一) 對他家庭環境不具體，尤其後一段生活，他和家庭關係，他家庭生活如何（因為他家庭對他影響很大，是需要他自己對家庭關係檢討一下的）？

(二) 大學畢業後的社會服務階段，他的思想意識和生活有何改變，這一點報告裏沒有寫，最好請他補充，可以看出他思想轉變過程。

(三) 目前思想上還存在哪些問題？對黨與團的認識為何？

(四) 請求入團的動機（這一點我瞭解他一向是很熱切的，自從前面所說的一段經過之後，他向我常流露入黨可能有問題了，入團是否可便當些。現在他已提出，應該檢討一下，對入團應有正確的看法）？


　　以上幾點拉雜寫來，請你考慮。這位同志大體上是很好的，上進的心也很迫切，就是知識份子氣息濃一些，倘能經過教育，一定可以大大地進步，實在是一個培養的對象。

　　　　　　　　　　　　　　　　　　朱穀人 十、五

其時朱縠人應與仲弟一起共事。或許是他的上級。仲弟上調北京交通部，朱就是他那個部門的領導。仲弟說過朱縠人對他幫助很大，從這件事也可看出。可惜朱縠人英年早逝，病故時才四十歲。這封信如何會落到我手中，已記不清了。唯一的可能就是收信人後來給了仲弟，仲弟又給了我。

## 七、運動之審幹

1956年審幹開始，目的是既要摸清幹部的政治面貌，也要瞭解他們的政治歷史。我不知道審幹是不是「肅反運動」中的一環，但在時間上並非巧合。

鶴年較之我更加緊張。他好不容易從合肥調回南京，還能在市委的財貿部工作，這對於從舊政權過來、曾是國民黨黨員的他來說，已實屬不易。

「鎮反」時，鶴年還在安徽合肥。以他的賣力表現，即工作態度和熱情，再加上像他這樣的人在當時並非打擊的主要對象，只一般交代交代，也就過了關。這次審幹不同，鶴年在被審之列。

有一天，鶴年回來告訴我，說問的都是1949年底先從九龍大圍回來，後來又去，回來做什麼？有什麼目的？他說：「我如實告訴他們，之所以從九龍回來是為了急於找工作，這就是唯一的目的。可回到內地後，兩內弟都埋怨為何不把二姐、孩子和岳父一起帶回，這才又回九龍去接人。」

審幹之初，尚且溫和，往後卻越來越緊，摧人心靈。鶴年幾乎天天回來痛哭不止。幾次交代，都未能說清楚。主要是不相信他，硬說他是「特務」，到底收集了一些什麼情報？鶴年越辯越

黑，直至啞口無言，一度感到了絕望，説：「再這樣下去，只好一死了之！」

我説：「你真是糊塗了，死了正好説你畏罪自盡，這樣你死了能心安嗎？」又説：「我在人民大會堂聽報告時，他們説打狼的鞭子絕不會打在羊身上，你從來都不是什麼狼。所以無論如何，都要堅持住，不是特務就不是特務，問你一百遍、一千遍，也要這樣回答，絕不能被逼之下污辱自己，要為我與孩子想想！」

事實上，之所以有後來的九龍大圍之行，主要是因為父親的緣故。他在南昌中風後被警備司令部強行從醫院裏拖出，隨國民黨軍隊撤至吉安、贛州，後又到了廣州，雖然內心不情願，可也是莫可奈何。當時在南昌，只有我與鶴年在他身邊，我作為他的女兒，怎能撒手不管？中途在吉安，我與鶴年確實提出過想回南昌，可父親不允，説這是眾叛親離。儘管鶴年對此有過抱怨，但他畢竟是一個忠厚老實的人，後來事情過去了也就算了。

廣州是這一年10月解放的，我們之所以拖至次年1月才離開九龍大圍，其中最重要的一個原因，就是父親害怕共產黨的清算。國民政府原中央銀行副總裁陳行是他的遠房族兄，長期以來，兩人過從甚密。只憑這一點，足以讓父親顧慮重重。而鶴年作為他的女婿，所謂的「政治面貌」本來就不好，如今審幹，舊事重提，甚至誣他是「特務」，如此上綱上線，他當然受不了了。

鶴年寫交代材料，一次又一次，總是過不了關。無奈之下，我只好去中央路敏弟家想與他説説，聽聽他的意見。敏弟上調北京尚未走，開始還接待我，批評我總是老一套，沒有説出事實真相。最後一次乾脆將我拒之門外，説：「你們單位的×××都來

過了，說老鳳是特務！」敏弟的態度讓我深感震驚，難道他也不瞭解自己的姐夫？別人說的也信？

幾十年過後，當年這些交代材料早已發黃變脆，但還在，抄錄於茲，是想讓兒孫輩知道曾經發生過的這一幕。他們的父輩曾幾何時，所經歷的荒唐，既可笑又無奈。可在當時，我們卻一點也笑不出來。

　　1949年9月底我去了大圍村，後來決定回內地找工作（一道回來的還有趙思恭，他是我內弟的內弟。回來後，他曾在杭州人民醫院工作，現在不知是否仍在原單位，或人還是在杭州？）。那時，在大圍只聽說粵漢路火車還沒有通（究竟不通在哪一段不知道），同時也打聽到從香港不定期的有輪船開到祖國內地。我們決定從水路回來，就經常留心打聽哪一天有船開出。這樣，我和趙思恭一道終於乘上了一艘英國商輪去祖國天津的貨船「新疆」號。

　　11月初在香港上船，在途七八天（因我未習慣海上航行，暈船嘔吐很厲害，整天大部分時間都睡在床上，趙思恭也是這樣），經仁川港（屬北朝鮮）時，船曾靠碼頭卸貨，船上的乘客都沒有也不准上岸。貨卸完繼續開船，路上沒有再停靠。船由塘沽港進口直抵天津後，我和趙思恭仍一道轉乘津浦車，到南京時我下車去看敏弟（他當時在南京市委統戰部工作），趙徑往上海杭州回家了。我在南京敏弟家住了一夜即去上海。在上海仲弟家住了一夜，就乘浙贛路火車經杭州、鷹潭（路上均未停留）一直到了南昌。因等汽車去贛州，在南昌耽擱了二三天。去贛州後第二天換乘汽車去韶關（即曲江），當天抵達住宿地點（中途站），知曲江大橋已修

復（尚未正式開始客運），我就改乘火車（沒有車廂的敞車）到廣州（我在贛州搭上的是一輛貨車，只到韶關為止。為時間上可快一些，並避免路上換車、找車的麻煩，就改乘了火車）。當天在廣州又換乘去九龍的火車，到深圳下車（那時從廣州開九龍的火車，只到深圳為止。下車過橋在羅湖再乘火車去九龍）過橋乘公共汽車又到大圍村，時間已是11月快底了。

上述交代材料，一字一句，哪怕雞蛋裏找骨頭，也不可能找出什麼問題，更遑論「特務」？最後沒有辦法，為了證明鶴年所寫的交代材料，字字據實，我考慮再三，決定把自己的日記交出去。厚厚兩大本，供組織上審查參考之用。

日記是私人瑣事，連鶴年與父親都未看過，這時也顧不得這麼多了。我甚至後悔當年未去上海待產。如果去了，這一系列後果可能就不會發生。鶴年也終於想通了，開始冷靜下來，準備長期應對。在一種近乎於絕望的煎熬中，忽然有一天，審查組組長交給鶴年一份材料，說是「審查結論」，讓他明天就回單位上班。

1956年審幹結束，鶴年恢復正常上班前，全家合影。

令人意外的是，這份「審查結論」居然對所謂「特務」問題隻字未提。只有兩點：一，根據調查結果證明，鳳鶴年同志1940年在重慶偽政治部當臨時雇員時由余文傑、曾輝介紹參加國民黨，每人發有黨證。同年下半年，考入偽政大地政專修科土地金融組求學，國民黨關係亦隨之轉入該校，班（組）內四十人，設有國民黨區分部，並劃為三個小組。區分部前期委員是鄭立銘、張連均、符思豪三人，後改選為張連均、符思豪、盧道綱三人，鳳鶴年同志是一般黨員。為此，作為一般政治歷史問題。二，關於鋼筆手槍，鳳鶴年同志向黃懋清借用過，目的是為了玩玩，後即還黃。而黃又轉送給陳亞先，由此到了陳的手中。陳又送給了其弟陳永孝，該槍已由陳永孝在「鎮反」後上交組織。該槍在停留鳳鶴年同志身上數天中未發現有政治活動，應取消對其手槍問題的政治嫌疑。

以上係原文。「審查結論」的時間是1956年6月30日，鈐印「中共南京市委財政貿易工作部審幹辦公室」。那天中午我回到家，見鶴年躺在床上，以為他病了。他起身對我說：「審查結論下來了，沒有大問題。謝天謝地！」一場颼颼冷雨總算這樣過去了，但鶴年已被折騰得差不多。我亦鬆了一口氣。定睛再看「審查結論」，發現鋼筆手槍的調查，許多細節語焉不詳。但我未敢吱聲，心想，由他們去吧！

## 八、由此而知

1954年前後，我雖然沒有經歷鶴年在政治上的那一番折騰，同樣需要寫自我交代和自我批判之材料。當然，不僅僅是我一個人。

　　像我這樣的人，一向不諳政治，當年兩次差點被羅致入國民黨，都被我吱唔過去。一次是在衡陽初入農行，必須加入國民黨，全行召集大會，由外面的一個什麼機關來辦理入黨手續，我接到通知，乃於會前溜到父親那裏去了；另一次是在重慶，也是開大會辦理手續，我上山回宿舍，佯裝不知。事後之所以未遭追究，其原因在於那些人知道我是中央銀行副總裁陳行的遠房侄女。我不加入國民黨，並非有什麼先見之明，而是抱有獨善其身的觀念。

　　但彼時此刻，面對一次次的政治運動，你無法逃避、無法預知後果。新政之後，我努力試圖去適應通常所說的「新形勢」和「新環境」，也開始有了所謂的「新立場」，就是站到個人歷史與舊式家庭的對立面，與之劃清界線，一刀兩斷，這樣做，內心並不覺得忐忑不安，相反地認為是一種進步，可笑至極。

　　這是一份1954年6月17日自我交代與自我批判的材料。

1955年，我和鶴年。
不久肅反運動開始。

## 1、家庭出身及個人簡歷（略）

## 2、在舊社會的成長（摘）

　　……我的家庭，父親依靠他的正統思想，「居其位，不言其上」，從收發員到科員（杭州偽省長衙門十六年），從文書到副主任，再到分行經理（偽中央銀行十二年）；母親主持家務，家庭經濟由典當到還債付息，慢慢每年積錢買田，土改時有田六十五畝，用他們地主階級「吃得苦中苦，方為人上人」的哲學，爬上了剝削階級的地位。尤其母親，她是破落地主「書香」之家的孤女，雖然從小做工生活，但地主階級的人生觀是那樣的堅定不移，只要能買田、買地，生活的享受，什麼都可以不要，對子女無微不至，用溫存慈愛來達到對我們灌輸封建地主階級思想教育的目的。

　　抗日戰爭後期，父親被提為二三等分行的經理，他那種篤誠的「孝悌忠信」與不問是非的「謹慎樂業」，就成為他終身起家的衣缽（統治階級最歡迎這樣的奴才）。大姐死後，以我為長，上有父母，下有兩弟，雖然我有許多自己的想法與願望，但終成為封建家庭「名聲好、學習不錯、少年老成的孝順女兒」。所以家庭觀念、剝削思想貫徹了我的半生，自己認為的理想與真理（我自十二歲讀蔣光慈遺集以後，就知道有一部分人在為理想的社會而鬥爭著）與家庭利益不合，就放在了一邊。

　　我本來是個人主義，站在反動的一面……

## 3、政治思想與人生觀的檢查（略）

## 4、四年來在黨的教育下，認識有些提高，對某些錯誤思想的批判（摘）

一、對家庭的認識：我的家庭不但為反動派統治階級服務，剝削人民血汗以自肥，是崩潰前封建社會最忠實的保護者，而且還用所謂禮教和倫理思想束縛自己與他人，希望人們安分守己，麻木不仁，為統治階級做奴才，以鞏固他們的地位。對於這樣一個家庭，我一向認識不清，站在剝削階級的立場上為他們袒護，覺得弟弟對他們（指父母）的態度過分。以為他們是勤勞起家的，只著眼他們早年經濟地位較差的一面，無視他們階級性反動與醜惡的一面。他們終於爬上了中產階級的地位，爬上了統治階級的地位，這充分說明為一己利益，不問是非，投靠反動統治，剝削人民，自私自利之甚！「三反」運動以後，開始認識到自己敵我不分、立場不明的錯誤。今後只有不斷排除家庭給予我反動的烙印，與他們劃清界限，作為我自我改造的基礎。

二、對自己的認識：我是舊社會受封建禮教倫理道德迫害的一個小資產階級知識份子的空想者，屈服於父母的家庭利益，只知抱怨環境，不知背叛家庭，從思想上去解決問題，始終不能越出個人主義的雷池半步！曾經以為自己很純潔，有理想，不喜歡功名利祿，看不起行商巨賈，實際是一個鼠目寸光，實足自私自利的小人。參加革命工作以後，自己還不能用馬列主義的唯物辯證論的觀點去認

識自己，抓緊改造自己，憑著自己以往有些空想，就無恥地背上了「思想進步」的包袱，認為自己早已傾向革命，狂妄地以為自己的思想、政治、立場在人民一邊是沒有問題的。因為這種反動的唯心主義的思想方法，產生了自滿情緒，一方面，嚴重地阻礙了自我改造，一方面，在工作中感到委屈與不平，以為「好不容易盼望到了共產黨，而黨對我的教育、使用，卻是有一定限度的」，由此又產生了自卑感。「三反」教育與黨課學習之後，認識到工人階級政黨的性質，自己的半生在個人主義範疇裏面，沒有階級鬥爭覺悟，任何一方面都談不上進步。所謂「自食其力」、不做「社會的寄生蟲」等，根本沒有認識到「力」用在哪裏，也沒有認識到是怎樣一個「社會」，所以更促使自己走上反動的一面。為了怕自己失業，也不問來源，為四大家族做工具，不勞而獲，剝削人民，還自以為平生不願把個人幸福寄託在他人的痛苦之上。這樣一個立場不明、自欺欺人的人，政府能給予工作只有過而無不及，從此對黨更感激，對舊社會家庭及自己更痛恨。但由於受到個人主義思想長期毒害，虛榮、愛面子、患得患失，還待積極克服。

……

　　這樣的自我交代與自我批判不知寫了多少。儘管寫得顛三倒四、大而化之，但越是能對自己上綱上線，好像以往的「罪孽」就會減少一些。我不知道這些材料上交之後，同事們會以怎樣的眼光來看我？可我是一個連日記都交出去的人，也就不會在乎那

麼多了！不過，一波接一波的政治運動，對於人性的惡化以及良
善的摧殘，由此而知。

## 九、侍病鶴年

審幹結束，鶴年的情緒又回到之前的狀態，表現更加積極。

1957年11月，單位號召幹部下放勞動鍛鍊，鶴年積極報名，
他是有誠意的。我也報了。好像還被人當作為了一個話題：陳
××也報名了。結果，我未被批准。

鶴年下放勞動在高橋門的高級農業合作社蔬菜大隊。我開始
以為近在郊區，不過種種蔬菜，勞動強度不會太大。後來才知
道，他們種的是芹菜，天不亮，就要起床拔菜，紮成把、裝車，
堆得滿滿的，再送進城來。一車兩人，一推一拉，不論前後都很
吃力，尤其過那座橋，前身幾乎要貼近地面，否則根本拉不動。
一個月下來，回家休息一天，我見了他大為吃驚，怎麼瘦成這
樣？簡直變了人形！

每天送菜回去後，仍要到地裏勞動。同時下放三人，已有一
人因病回城治療。盛暑天熱，鄉親們都穿長袖衣服出工，衣服補
丁加補丁，可以抵擋陽光的照射。鶴年沒有這方面的經驗，上身
不穿衣服，直等到聽進鄉親們的好心勸告，皮膚已被曬得脫皮，
最後連衣服都不能穿了。

鶴年怕熱，夜間就睡在農舍的泥地上，旁邊靠近豬圈，結果
生滿了一背瘡癤。時入秋涼，我騎車為他送被子，過高橋門這座
橋，才體會到他們的送菜之辛苦。我在橋上騎不動，下車推，又
推不動，可謂進退兩難，好不容易才過了橋。

1957年秋，鶴年下放勞動前，全家人合影。

1959年的一天，財貿部公務員老王來告訴我，說鶴年去看病，被醫院留下住院，並通知了單位。我立即請假趕去，在皮膚科病區。適護士長陪他們出來，我問情況，答：「看起來沒什麼。」隔了好幾天，護士長又突然帶信讓我去醫院。對我講：「大組長人好（鶴年在病區被選為病員大組長），你又老不來，不能不帶信給你。他身上生的是落葉性天皰瘡（不是一般所說的天皰瘡），臉上長的是紅斑狼瘡，都是不好的病。我們不能不通知你，但他本人並不知道。」

我立即從市委門診部借來有關皮膚病的醫書。查到病理，稱開始緩慢，但預後不良，最後體無完膚，心臟衰竭。直看得我心驚膽顫、神魂不定，又不敢告訴娘。

工人醫院（今省人民醫院）來義診，為機關幹部普遍測血壓。結果市政府辦公廳陳主任和我，血壓最高，各人休息一

個月。我對處裏説，不休息，改為每天提前下班一小時，去醫院照顧鶴年。處長也同意了，還表揚了我。而今想想，我既無知又很傻！

鶴年的病情一天比一天嚴重。時進盛暑，不能仰臥，吸氣困難。每天敷藥須站著，先是掃下身上的皮屑，再清洗、上藥，非常吃力，明顯體力不支。我在市政府木工房自費打了一張木架躺椅，帆布坐墊，雇三輪車送往醫院。

這樣每天下午一到醫院，就去病區門外的一塊空地潑上五六盆水，等他吃過晚餐，由護士幫著扶他靠在躺椅上。我坐在一旁為他打扇、趕蚊子。臨深夜回家時在公交車上想到他的情況，一天比一天差，不免流淚。娘看我回來這麼遲且哭哭啼啼，暗地給北京兒子發去一信。

一天，仲弟突然來了。他到醫院裏看了鶴年之後，又去市政府辦公廳找到人事祕書任宗玉。仲弟與之商量，説想聯繫北京的醫院試試看，其費用若不能報銷，由他本人來負擔。任請示了市政府祕書長洪百川，説同意公費進京治療。仲弟返京後，不日寄來一張北大醫院同意接收入院治療的通知書。

任祕書同時告訴我，説洪祕書長批准我一個月的假期，以護送病人進京治療。我把情況向處領導報告時，他流露出辦公廳這個決定太草率，「路上出了事怎麼辦？」由於辦公廳已做決定，即便不妥，他也只是説説而已。

到北京站，仲弟與北大醫院皮膚科已用擔架來接。皮膚科主治大夫是王光美的哥哥王光超。他聽説南京的醫院每天只服用三粒激素，表示無怪會發展到這個地步。仲弟是通過思哲妹妹思明的關係，思明當時是北大醫院的醫生。

1960年，鶴年治病北京，攝於北大醫院病房內。

入院後，王光超醫生的主要措施是：（一）每天服考的松（即激素）十二粒；（二）將病人泡在浴缸裏，一天換一次藥水。待我離京回寧時，鶴年已從浴缸出來，皮膚無創疤，只是紋理變粗、變厚，像牛的皮膚一樣，暫定住院一年。王光超醫生表示一年之內可以控制住。但我注意到，他始終不說「可以治好」。

我回南京後，去辦公廳向洪祕書長和任祕書彙報。洪祕書長表示見好就很不容易，讓鶴年在北京安心治療。我乃去單位銷假。並讓娘去北京，藉以幫弟家照應鶴年。

一年後通知可以出院，我帶兩個孩子去北京接父親。由於一年服用激素，鶴年特別胖，幾乎走了形。在北京，特大號的衣服可以買到，褲子卻沒有。在王府井買了九尺布，做成一條寬大的褲子。鶴年這次起死回生，全靠王光超醫師的治療。以前我只知道王光美

有一位商業鉅子的兄長（王光英），不知道還有這麼一位醫術高超的哥哥。在南京時，工人醫院皮膚科主任說過，他參加全國性會議，得知全國發現此疾五個病例，四人不治，一人好轉，但一年後復發，仍不治而亡。所以，他們對鶴年發過幾次病危通知，認為無可救治。

王光超身材魁梧，品貌堂堂，對人和顏悅色。出院那天，他撩起鶴年的衣服，拍拍他的背對我說：「你看一切都恢復了正常。」再三叮嚀：每天仍須服八粒激素，不能疏忽。並給一張診斷書，上寫疾病已經控制，但必須終生服藥，終生高蛋白、低脂肪，終生不能工作。鶴年問：「不是好了嗎，為何終生不能工作？」他笑答：「這是醫囑。」

洪祕書長看到鶴年治癒歸來，很高興，讓他在家好好休

1960年，我與兩個孩子赴京接病癒的鶴年，與父母在北京頤和園長廊合影。

息，並給一張在機關黨委編外休息的證明。鶴年回來後，我們仍在食堂吃飯，盡量為他買高蛋白、低脂肪的菜肴，星期天為他買一條魚補充營養。我勸他戒煙，他說在北京病房抽煙，醫生亦未加阻止，只好由他。

這時我的身體已經不太好，浮腫乏力，腰酸背痛。在市中醫院內科姚伯藩主任處看病，順便談及鶴年的病，說現在完全靠激素控制，有時仍在背部發現水泡。姚主任有心研究，準備查內經，並讓鶴年去他處就診，希望能以中藥代替激素，求得根治。

反反覆覆，起起伏伏，最嚴重時水泡由後背蔓延到前胸，二三天後脫一層痂皮。姚主任不斷更換藥方，最後採取內服外敷的辦法，用一種白色粉末的水劑，用毛筆蘸著在水泡上塗抹，一天三次。下班之後，我就跪在鶴年身後替他用藥水洗背，猶如拖地，說明其背之寬與我力之不足。後背的水泡終見逐漸稀少，乃至全部消失，無用外敷，水藥內服只需維持一段時間。

或許是不能免俗，同樣也真心實意，我們為姚主任送去了一面錦旗。姚係民國時南京著名中醫張簡齋先生的弟子之一，乃師對弟子們的告誡是：救人於水火，解民於倒懸。

## 十、斷不可為

1952年第一次院系調整，教育部在南京組建華東航空學院，由交通大學、南京大學（原中央大學）、浙江大學三校的航空工程系合併而成。此時文媚已從南京大學調入該院工作，擔任政治課助教兼院長辦公室祕書。其間，文媚被派往北京馬列學院讀研究生，畢業後即隨華東航空學院遷往西安。次年，該校與原西北工

學院組建成西北工業大學。文媚任馬列主義教研室副主任、基礎課黨支部書記、校黨委委員。

這一年秋冬，敏弟從南京市委統戰部調往北京中科院哲學研究所工作，所長是潘漢年的哥哥潘梓年，敏弟是他的祕書。文媚放心不下四個孩子，把他們帶到了西安。1957年反右運動，毛澤東引蛇出洞，放言大鳴大放，文媚聯絡教研室教師集體寫出一張大字報，具體內容是什麼我並不清楚。

不久，文媚以校黨委委員的身分帶領一批青年教師下鄉勞動鍛鍊。殊不知，在反右補課時，文媚因那張大字報被打成了右派，到農村勞動。

在這種情況下，1958年3月，敏弟把四個孩子從西安接回到北京。開始沒有地方住，孩子與他同住在哲學所的辦公室裏。

1956年，文媚隨華東航空學院遷往西安，敏弟調北京中科院哲學研究所，全家在南京合影。

1959年前後，娘與兩弟的七個孩子在北京王府井南口老兒童電影院門前，此時仲弟的小兒子尚未出生。

一個多月後，才分配到一間住房。三個大一點的孩子同睡一張大床，敏弟自己睡一張小床，最小的兒子則放在仲弟家中。其時仲弟已有三個孩子（老三被送杭州外婆家暫住），最小的兒子尚未出生。仲弟到交通部才兩年，居住條件也很差，在東皇城根十號院內西側的兩間偏房裏，正對面是公共廁所，相距不過一條兩米的小弄，前面的光線進不來；後窗臨街，馬路卻比屋內高，不得不把後窗用紙糊起來，等於沒有了窗子。

這樣的房子一住就是八年。文媚出事時，思哲下放河南新鄭農村一年。伯與娘赴京幫助照料孩子，攜帶的什物無處可放，只好放在地上的旅行包裏。伯對娘說：「在這裏，好像出門旅行，住在輪船上一樣。」

暑期文媚從西安回北京小住。敏弟居然提出要離婚。夜

裏兩人的談話，被十一歲的大女兒聽到了。文媚不同意，認為自己並沒有錯。以組織上對她的多年培養，肯定是被錯劃了。敏弟執意要離，文媚一氣之下，折回西安，亦不與敏弟聯繫，讓他一人離不成婚。

那年，我出差北京，勸敏弟無論如何都不能離婚，此事斷不可為！並對他這樣說：「右派只是說錯了話，犯了錯誤，等於人身上長了瘤，割了瘤，病就好的。不能因為一個瘤把整個人都不要了。」仲弟也勸他不要離婚。實際上，哲學所的領導也不同意敏弟離婚，其理由之一，就是有四個未成年的孩子。這樣總算才沒有離。

文媚被補進右派行列，面對這突如其來的打擊，始終不能理解。她在檢查中一直不願把自己的「錯誤」上綱上線，即反黨、反社會主義，只承認「受資產階級社會學從理論到思想的毒害」這一條。

大躍進時，文媚被集中到勞改隊，那裏是所謂「地、富、反、壞、右」之聚集地。她發現自己與詐騙犯、貪污犯、刑事犯等為伍，感到震驚、愕然，同時又茫然。我給文媚寄去一雙布鞋、一雙棉鞋、一副墊肩。文媚有哮喘病，經常靠麻黃素噴嘴，我寫信勸她要注意保護身體，好好改造，總有一天會家人重聚。

文媚為人好，到哪裏都這樣。雖已是右派，卻經常受到好心人的暗中保護。有一天，前進二隊的兩位生產隊長來到勞改隊，衝著文媚聲色俱厲地訓責，說她沒有把生產隊的帳目整理好，現在要揪她回去重新再弄。文媚不知內情，辯了幾句，被斥為「犟牛」。當他們三人走上田間小道，這才悄悄地告訴她，說隊上好心的婦女聽說勞改隊一天要幹十八小時的活，怕她一個大學老師

受不了這番罪，才合計想出了這一招。文媚在生產隊足足待了兩週才離開。臨走前，隊長將一把最鋒利的鐵鍬交給她，說用它來深翻地省力、出活。

一次批鬥會，有人說：「你白吃人民的糧食，早該自己去跳樓了！」文媚回答：「我才不跳樓，還要活著看看共產主義是個什麼樣子呢！」那人反譏：「你配嗎？不照照鏡子！」文媚又答：「為什麼不配？我願意活著！」被押送回去的路上，押送她的那個人突然低聲對文媚說：「你在歷史上找不出什麼問題，別怕他們！」然後又大聲喝道：「快走，回去好好交代！」

1959年10月前夕，文媚被摘去右派帽子，從農村回到西北工業大學，在某系做行政工作，同時在西工大附中教語文、英語。但不讓再教馬列主義哲學，打入另冊。教改小分隊下工廠時，又被帶到工廠附近的農村，同樣受到好心人的同情和幫助。

一次，正與鄉親們在炕上聊家常，這家媳婦結婚五六年不懷孩子，那家妹子得了肺病，她媽還要這個十歲的病孩帶不到半歲的弟弟，臘娃都二十五了，婆家催婚，為沒有陪嫁而犯愁，下個禮拜要檢查背語錄，背不出就是心中沒有紅太陽，要受罰……大伙正合計著怎麼辦，突然，婦女隊長來了，對文媚大聲宣佈：「從明天起，帶上饃，到盡頭那塊插花地去勞動，天不黑嚴了不許回來！」實際上，是為了讓文媚避開「活人展覽」，在暗中保護她。

直至1979年4月，文媚才正式接到錯劃右派的改正通知、特嫌假案平反通知書。敏弟託老師陳振漢先生將文媚從西工大調到北大經濟系人口所工作。表兄姚克廣（即姚依林）來看她，叫她好好工作。並叮囑敏弟要善待她，二十年裏她吃了不少苦。

1957年，文媚（前左一）被錯劃為右派，
下放到西安郊區三兆公社勞動。

## 十一、仲弟歐洲七年

仲弟初到交通部，在技術局船舶技術科任副科長，中心任務是籌建沿海、內河和外洋的運輸船舶隊伍，當時國有船舶的數量有限。仲弟時常出差天津新港。那陣子交通部不斷機構調整，仲弟從技術局去了海河局。半年之後，成立遠洋運輸局，仲弟奉命組建船舶技術科，成為中國遠洋運輸的創始人之一。

1961年至1967年，仲弟被派往歐洲。思哲從河南鄉下回京後，離開船檢局，到交通出版社工作，這時他們最小的兒子已出生。1963年，組織上為照顧夫妻關係，思哲也被安排到捷克中捷海運公司工作。臨出國前，思哲要我一張照片，稱一定要帶在身邊。

四個孩子中，兩個大的留在北京住校就讀，請北大醫院思哲的妹妹思明照應，兩個小的送到杭州外婆家中。仲弟與思哲的工資相加正好二百元，被分成三份：五十元寄南京或上海，供伯娘用；七十元交北京思明，兩個大孩子的生活費；七十元匯杭州，兩個小孩子的生活費，剩下十元，作為匯費和其他雜支。機關財務部每月負責匯出。他們自己在國外只用單位給的津貼。

　　匯票寄到杭州，外婆常會舉著匯票高聲說：「北京的錢來了！」


　　仲弟是坐船遠赴歐洲的，海上四十天。這艘杜拉克號由仲弟從東德訂來，載重一萬三千噸。這一年，仲弟三十六歲。在布拉格四年，仲弟每月要出差一次，最常去的地方是波蘭的格旦尼亞或格旦斯格，東德的羅斯托克和瓦勒門特，羅馬尼亞的康斯坦薩，保加利亞的瓦爾那，蘇聯在黑海的油港土阿樸塞。中捷海運公司十餘艘萬噸級貨船，中捷雙方各半。中國船用自己的船員，捷克船以捷克人為主，兼雇一些他國人。捷克是內陸國家，沒有自己的港口。每艘船尾都有PRAHA字樣的船籍港名，卻永遠回不了自己的家。其貨物必須借靠他國的港口，再通過國際列車運回捷克本土。

　　中捷海運公司負責人王伏林，原係周恩來的祕書。仲弟為機務處處長。我與仲弟不能直接通信，必須通過外交部轉交通部才能收到他的信件和照片。仲弟來信說，中捷公司開始很受捷方重視，公司設在布拉格市中心，位於有名的華西利夫大街。華西利夫大街很短，一端是國家博物館，另一端是公司所在地。

　　布拉格是當時東歐社會主義國家的一個政治文化中心，許多常設機構都在這裏。胡啟立當時是中國青聯駐布拉格代表，與仲

弟他們同住一幢樓內，想不到後來成為中共中央政治局常委。中國駐捷克第一任大使是曹瑛，仲弟去時已換成仲曦東。此人不易接近，官氣十足，仲弟等人對他敬而遠之。

仲弟在布拉格時，正值中蘇關係全面破裂。布拉格依附於蘇聯。原駐南斯拉夫大使伍修權回國後在外交部工作，多次來布拉格，要求駐外人員政治掛帥，政治學習壓倒一切。仲弟説，對於像他們這樣從事技術和業務的人説，經常半天的政治學習實在很無奈。既要加深自我認識，還要向捷克人表態：我們才是真正的馬列主義，你們是修正主義。

其實，一般捷克人多數不問政治，可在大使館的統一佈置下，又不得不硬著頭皮去做這些事，結果弄得雙方啼笑皆非。1965年，仲弟離開布拉格，去了法國。

伯與娘攝於北京，幼兒為仲弟小女兒。

1962年，仲弟在布拉格中國大使館前。

1967年，中捷關係隨著中蘇關係的進一步惡化而惡化，中捷海運公司終於散伙分手。

1964年仲弟回國休假，與思哲同來南京看我。我正在市中醫院住院。他送給我一雙淺蘭色呢面、鑲著銀色絲絨口的捷克氈靴，放在床前，引起許多醫生、護士的欣賞與羨慕。捷克的鞋子是世界聞名的，此靴保溫而耐穿，讓我受用了十多年之久。仲弟還帶給我一個小型半導體收音機，當年也是很少見的。我看他身體不太好，便陪他去鼓樓醫院消化科找張志宏主任看病。張主任認為是異國氣候對他不適應，所以血壓偏高，脾臟偏大，無需用藥。

仲弟到法國的任務是監督造船。這次思哲未隨同前往。法國與中國1964年建交後，要有生意可做。中國派出了一個代表團，向法國訂造兩艘貨船和一艘客船。客船是準備用來撤僑民的。原駐印尼大使黃鎮為中國駐法國第一任大使，曾親眼目睹印尼僑民在那裏的悲慘處境。

仲弟為這三艘船的監造組長。想不到次年，思哲患直腸癌，必須立即手術。遠洋局電報打到駐法使館，黃鎮大使在電報上批准仲弟回國照料。誰料陳明參贊扣下了這份電報，只是口頭通知思哲生病，並徵詢仲弟意見是否回國。當時兩艘貨船交付在即，大批船員已來接船，客船審圖正近尾聲，工作正緊張。仲弟並不知內情，認為自己不是醫生，乃同意發電報回國，委託思明代為照料。幸而手術成功，三十餘年無任何後患，否則仲弟要後悔一輩子。

國內文革運動正在興起，仲弟他們一天工作十小時以上，還要應對文革的政治需要。每天飯前、飯後都要朗讀「毛主席語

錄」。大批英文、法文的「毛主席語錄」和像章從國內運來，要他們分送給法國人。使館只管佈置任務，也不派翻譯。限於語言，對法國人説不清為何要送這些東西給他們。

兩艘貨船交付後，剩下一艘客船，大使館的後院已貼滿了大字報，大使與多數參贊回國去了。仲弟他們多次組織招待晚會，法國人多數來看熱鬧和吃中國菜，政治上有什麼效果實在無從而知。

仲弟後來説，他還完成過使館幾次下達的特殊任務。讓他帶錢到馬賽和聖納澤爾，説好有人會向他取錢。只要問清來者，就可交錢，不必打收條。這是法共中的左派，為中共所支持。法共在法國是一個大黨，當時站在蘇聯一邊。所謂左派，即從中分裂出來的那幾位來取錢的年輕人。這些人大都不會説英語，仲弟只好比劃著弄清暗號，交錢給他們。有一次可能嫌錢少或別的原因，情緒不太好。但仲弟無法對他們解釋更多，因為使館因其文革燒身已是自顧不暇。

仲弟在歐洲七年，加上先前不斷出訪並在南斯拉夫待過一段時間，無意間避開了國內一波接一波的政治運動。他説自己僥倖沒有一般知識份子的不堪遭遇，除「三反五反」時當過一回打虎隊長之外，以後既沒有整過人，也沒有被人整。有些人連著進黨校去學習，他一次這樣的機會都沒有。開始還頗為羨慕，之後反而覺得是幸運。

1967年秋，仲弟從巴黎返回國內。文革從派戰進入大聯合三結合階段。仲弟上班之初，就是進毛澤東思想學習班學習。所謂學習，就是以整人為目的。除少數積極份子和造反派，無不人人自危。仲弟入黨時被審查三年，加上國外工作多年，許多事情被

剝離得一乾二淨。造反派找不到他政治上的疑點，莫可奈何。而他的同事李世瑞，當年的地下黨，1949年後忙於工作，未能及時交代在天津讀書時參加過什麼社團以及辦過壁報之類，被造反派追問，一時說不清，遭到圍攻，數天後夜裏上吊自盡，留下妻兒四人，成了反革命家屬。

　　1969年，軍管會選定幹部下放勞動的五七幹校地點，交通部五七幹校分別在吉林省深山老林中的敦化和河南省新鄭的漯河，只留下少數人管所謂的生產。仲弟時為遠洋局船技處處長，處裏四十餘人只留三人，與其他局的留用人員合併成立水運工作組，仲弟為副組長。軍代表找仲弟談話：「你是三朝元老，並不是你政治上好，而是業務上需要，今後必須夾著尾巴做人，不要忘乎所以……」猶如當年對待國民黨留用人員一般，仲弟感到莫大的侮辱。


　　這時敏弟已隨中央統戰部下放到吉林省雙遼五七幹校勞動，後轉到湖北沙洋；他的大女兒下放到東北伊蘭農場；二女兒在東北鶴崗農場；長子在京西煤礦千軍臺礦區當礦工；小兒子下放到內蒙古包頭軍墾農場；仲弟的大女兒在北京電子儀錶廠當工人；

1973年春，敏弟夫婦與插隊在黑龍江、內蒙古及在煤礦工作的兒女們合影。

大兒子初中二年級到了山西雁北天鎮縣插隊；我的兒子也在蘇南高淳縣插隊。

其間，父親故去，卻不敢告訴娘。娘大部分時間在北京，我一直騙她伯在上海，開始時還多次冒充伯給她寫信。一次娘來寧，鄰居王奶奶告訴她說伯一人在上海，住在一間小房子裏。娘聽後自言自語，說：「住在一間小房子裏就是死了。」但娘不問我，也不問兩弟，直至1977年初在北京府右街敏弟家中去世，也未説出心中早已知道伯不在了這件事！

## 十二、遷出機關宿舍

自1956年審幹、下放勞動，到患病大難未死，再到1964年改調房產局工作，鶴年走過了八年由死到生的一段路程。雖遭此厄運，亦欣逢良醫，才得以挽救生命，重新走上工作崗位，也算一件足慰平生之事。

1962年冬，我與鶴年在南京市政府大禮堂前。

但鶴年沒有想到申請恢復工作，卻未被再留在市級機關，而是改調地處新街口的房產局。開始以為與北大醫囑終生不能工作有關，其實是我的誤會，原單位早已沒有他的位置。房產局的業務我不清楚。鶴年說他在那裏辦了幾期會計人員培訓班。他是材料會計，有自己一套特殊的核算辦法，所以後來成為房產局系統會計學會副主任。

文化大革命開始，市政府單位紛紛下放，當時市計委下放蘇北淮陰。我已病退，鶴年被建鄴區借調，在該區房管所工作。我們仍留居公教一村。直至1970年，林彪一號令下達，在公教一村居住二十年之久的家，乃遷至建鄴區豐富路的一處老房子。

1964年，女兒考取南師附中。住校，每週日回家一次。1968年，兒子在十三中念高一，響應知識青年上山下鄉的號召，到高淳縣漕塘鄉插隊落戶，過年時才能回來。農村生活艱苦，既要勞動又要自理飲食，有時無菜只用醬油泡飯。本地與他同齡青年勞動回來食量大增，他累了反而吃不下。我放心不下，每天只能念「老三篇」支撐。

兒子來信，說鄉親質樸善良，有幾家經常照顧他，送菜、送物給他。我們凡能用票購買到的肥皂和香皂、妹妹學工發的白糖，都為他送到農村。前者答謝鄉親，後者讓他自己沖著喝。

文革時單位大字報不少，對鶴年雖只有一條，但也夠他觸目驚心，「香港之行如何？」幸虧沒有人深究，也就過去了。不久，單位發生反動標語案件，眾人議論紛紛。一天大家去雨花臺掃墓，卻不讓鶴年參加。他回家感到奇怪，不知這是為何。次日，軍代表找他查問，來勢洶洶：「據說你表示此案難破，是有什麼根據？何以不是單位的人做的案？」

原來是因為這件事，鶴年回答：「只憑一時直覺。單位的前門在這條街上，後門在另一條街上，如果有外來人貼上反動標語，揚長而去，我們到哪裏去找？我不過與人下棋時隨口說的，確實也沒什麼根據……」這樣斷斷續續一連幾天，仍是問個不停。鶴年感到很懊惱，怪自己多嘴，惹來是非。

我只能勸他：「以後碰到這類事情少多嘴。不過他們沒有證據，也不能定你的罪名。」我甚至感到基層的某些政工人員，有點胡攪蠻纏。案子終未有下落，但也不再來找鶴年了。事後鶴年說，當時真怕被送進公安局去。

1973年，生產隊有上大學的工農兵學員名額，推薦兒子報考。我知道後去農村照應，至少可以改善他的伙食，帶去鹹肉、鹹魚、鹹蛋等一些半成品。兒子是記工員，勞動回來，評工記分，然後自己溫功課，我為他做飯。全縣考了第三名，結果無下文。第二年又推薦，考了第一名。

知青辦負責人犯難，說此人家庭成分高，外公是職員加地主，不紅不黑，至多是「黃五類」。「紅五類」不必說，去年就走了；「黑五類」尚在可以改造好的子女之列，或許還可一試；唯不倫不類的「黃五類」不好辦。對此無話可說。兒子從記工員而拖拉機手又當上生產隊副隊長，最後一個才返城。

高考恢復後，兒子考取南京師範學院中文系。


## 十三、父親猝死

1963年，我住進南京鼓樓醫院消化科治療。

父親在浙江蕭山人民醫院幫助佩永哥（人民醫院副院長）整理病案驗方，準備出版。老人獨自在外，不免使人掛念。我雖住院，但

家住市政府院內，有食堂的方便。鶴年白天工作，孩子年少，同住一起，老少彼此有個照顧，故請父親來寧。伯來之後，表示今後不再外出，自覺活不了多久。我勸他安心家居，不要胡思亂想。

1964年1月14日，雪後初晴。窗外低垂的枯枝，堆上寸許白雪，庭院屋宇處處銀妝素裏，室內四壁和床上閃著一片耀眼的光，病房裏特別亮堂。忽然房門被推開，門口九床叫著：「十一床，你父親來了。」伯笑瞇瞇地向兩位病友打招呼並來到床前。

我看他身穿寬大的棉衣，短小的圍巾遮不住一臉寒意，手套的指頭已破，用粗針長線縫補過。他捧著大袋紙包，我忍不住說：「這樣的天氣老人怎能外出？」他是為我買蘇打餅乾送來的，還連說：「勿要緊的。」鄰床病友聽到都說也想要，伯答應稍坐片刻，為她們去買。

伯是每天六時起床，先到大操場打太極拳；半小時後去食堂打早餐，鶴年去大門口拿牛奶。吃過早餐，鶴年上班，孩子上學，伯獨自在家，整理病理病案，共計八十件。郵寄以後，他就安排自己的生活，寫寫大字、處理信件、看看報紙。雖然冷清，也沒有什麼多餘的時間。

所請短工，每天上午來，九時至十一時，洗衣、搞衛生、燒開水、壓煤球，到時候就走。中午等鶴年和孩子到家，同去食堂，買好飯菜回來同吃。下午兩點去居委會讀報，他的浙江口音，開始有的居民聽不懂，慢慢也就習慣了。他是一個坐慣辦公室的人，做些小事對大家有好處，對自己也是一種寄託。下午孩子放學，祖孫一起喝牛奶；無事時就去散步，孩子自己做功課。晚餐由兄妹去食堂打飯。之後，一家人看書、看報、做功課，生活很有規律。臨睡前自己洗腳，女兒給他上眼藥，每天相安無

事。所以伯一再叮嚀：「小囡儘管放心，好好住院治療，治好了病至少還能工作二三十年。」

時屆晌午，伯要去買餅乾，不得不提前離去。他走後，我即下床，收拾一些東西，是單位同事送的蛋糕、蜜棗之類，到病區大門口病員散步休息的平臺上等他。消化科病房在三樓，又是最後第四幢房子，為免老人上上下下，我才來此等候。

總算看到他捧了兩大紙袋慢慢走來，棉褲幾乎拖到雪地上。問他褲子能不能穿高一點，拖濕了會受涼。他說現在人瘦，褲腰太大，一天不知提多少次，還是往下垂。我要他當心身體，說有什麼不舒服就告訴鶴年。他連聲答應，叫我放心。

醫院離市政府宿舍只有一站路，步行比搭車少過馬路。望著他獨去的背影，心裏不是滋味！想不到這是最後的見面。

回到病房，病友接過餅乾，都說老爺爺為人熱心厚道，我笑而無言！

宅心仁厚是父親的本色。早年他在外面工作，母親帶子女回鄉下居住。他年節返鄉，必帶許多常用藥品，以孤寡維持會的名義施贈鄉里，一直堅持到抗戰結束為止。他也經常給子女買一些東西。記得我上初中第一年，他給我買了一頂太陽紅的陽傘，第二年是一件紅色的雨衣。

那時他在上海十里洋場工作，給一個中學生買這樣的禮物有點不合適，我只能偶爾回鄉時才用一兩次。以後他就不再買這類花俏的東西。但不論走到哪裏，總是不忘帶一點紀念品給我們，如福建龍泉的小寶劍，漳州的漆盒、印泥，青田刻印的石頭，湖南桃源玉鐲，成都銀別針，昆明的紅豆等等。我大學畢業，到衡

陽就業，他還專門買禮品給我。由於習慣了，他說現在沒有東西給我，那種今非昔比的心情是可以理解的。

父親以中央銀行一等專員名義退休。江山易幟，往昔不再。退休金與遣散費被友人借去經營，虧本而無法歸還，現在手頭既沒有積蓄，也沒有收入。仲弟每月匯五十元，他與母親各得其半。住在我處，為他買一份大灶伙食、半磅牛奶。如果不在南京，住弟家或別處，我也不給匯款。

父親從來不向子女索要，一個畢生自食其力的人，到了晚年，目下這個現狀，必然有他自己的感受。至於老人晚年有什麼困難和更多的想法，我自己連年一半工作，一半住院，也沒有餘裕設身處地為他設想，反而以為老少相共，各得其所。

1月20日午前，護士長通知十一床提前開飯。我以為又要做什麼檢查，量了血壓、吃過藥，才交給一個條子：「十一床回家，有事。」同時叮囑晚飯前返院。

病友送我上了公交車，心想可能是鶴年又病了。不料，在家附近就碰到了鶴年，他臉色蒼白，神情慌張，說了一聲：「伯不好。」

1963年秋，伯和我及兩個孩子攝於南京，次年伯去世。

我急忙趕到伯的房中，不禁目瞪口呆。只見伯躺在床上，神態安詳，無任何病態跡象。他已走了，走得相當遠了，至少有一兩個小時。

鄰居把我扶到自己房裏，坐下來，眼淚才不停地往下淌。人擠滿一房，七嘴八舌：「外公昨天下午還在大禮堂聽報告、做筆記」，「早上還打的拳，還打了早餐，怎麼就走了呢！」

後門口的王嫂說，大約早晨八點看到外公從廁所回來，還對他說：「你的皮帶沒繫好。」回房之後，短工突然嚷嚷，說外公在吐，王嫂與樓裏的王奶奶立即趕來。父親對王奶奶說，請到隔壁和平路小學讓外孫女通知她爸爸回來，同時讓王奶奶再去醫務所找任醫生。買藥的錢是伯讓王奶奶在抽斗裏拿的。等王奶奶取藥回來，看伯已不行，口對口為他補氣。

女兒回來哭叫外公不應，任醫生叫來救護車，打了強心針，還是不行，開出腦溢血死亡證明。


時間短促，猝然長逝，父親亡年七十三歲。為人子女未盡人子之道！鶴年只在我之前才趕來，幸虧鄰居們仗義，為我們奔走張羅，不然何人知道？這突如其來的噩耗，幾乎要將我擊倒！稍有平靜，想到此事暫時不能讓娘知道。兒子放學後到食堂找不到外公與妹妹，惶然不已，小小年紀未經風雨，突然遭此變故也只能流淚承擔。

單位辦公室來了人，到伯房中察看。問有什麼困難，可以去找領導，殯儀館由他們通知，並為我發出幾份電報，北京敏弟單位、上海姑母及表姐處。仲弟時在東歐捷克只能以信代電，寄到大使館。敏弟當即回電說要出差成都，不能前來奔喪。表姐之前

曾對我說過，不要再讓舅父去北京住了。我以為她會前來奔喪，結果只匯來奠儀二十元。

　　鄰居又來幫助商量後事。我認為不必另做衣服，貼身的絲棉襖褲和外面棉製服去秋王嫂曾拆洗過，平時穿有包衫，其他內外衣褲都是現成的。按王奶奶所說，五條領子、五個褲腰是要準備的。至於說到如何殯葬，眾口同聲，一致認為「應該棺木葬」、「外婆不在南京，陳同志要為他作主」。而且他們都知道，伯在上海留有二百元存單，自備善後。但這不是錢不錢的問題，該花的作為子女也應當承擔。當時中央雖未規定老百姓也要火葬，但既然有了這個號召，所以敏弟來電囑火葬，我就同意了。事實上，棺木土葬又何補於他呢？

　　所謂「人生寄一世，奄忽若飆塵」，是講人生在世，不過如同飄揚的塵土，轉瞬即煙散而逝吧？據說我家祖上七代為醫，父親為何沒有繼承祖業？帝制沒落，在新潮思想激盪的年代，遠的不說，紹興是秋瑾的故鄉，父親求學於紹興學堂，卻沒有接受新思想。一直以來，明哲保身，只知謀生。或許出生孤苦、無依無靠的緣故，那種生不逢辰的境遇，才導致他後來的一切。

　　下午三時殯儀館來車，伯隨身穿絲棉襖褲，上蓋淺紅色川繡被子，我與鶴年和鄰居送到五角樓門口，人排得滿滿的。我不想招來更多的熟人，所以沒有送到公教一村門口！他去的是黃泉路，我又找不到這條通道，不然我願意獨自送他一程！哪怕再遠的路程！

　　多下來的時間，為伯整理衣服鞋襪，以便鶴年代為送往殯儀館，在房裏粗粗看了一下，桌上是一把找回的零錢，一包合梅素

和一瓶消化合劑，可見醫生未帶血壓計，是以感冒來處理的。燙婆子尚有些餘溫，枕邊是一隻手錶。除了被褥要洗之外，別無急待處理之事。待孩子放學，再三叮囑他們注意生活和學習，由鶴年送我回醫院。

回到醫院，猶如做了一場惡夢，而這個夢還得延續！

心裏木愣愣的，只是悔恨。千叮囑、萬叮囑，就是沒有叮囑他去醫務所量一量血壓。我那時也不知道老年人血管硬化，天冷血管收縮，易出事故。如果那時他有我今日之條件，何至於遭此突變。而他常是手摸後腦，自覺頭痛，尤其是觸及想不通的地方，如自以為畢生自食其力，轉眼卻成為剝削階級的一份子，社會地位、子女對他的態度都有所不同（按內政部規定，他土改時有田地六十畝，應屬職員或高級職員兼地主，但極左思潮則僅以後者視之）。就我而言，一心撲在工作上，對他的侍奉豈能與往昔同日而語，更何況又是在另一個時代！

從小伯對我很寵愛，因個子矮小，叫我「小剝落頭」。說我講義氣，為我取名敬義，所以家人都叫我阿義（鄉音「義」與二同音）。並不因我不如大姐能幹、脾氣孤僻而不歡喜。大姐死後，送我上中學，每見文筆稍有進步，必加鼓勵，我對他亦有極深的父女之情。他潔身自好，不嗜煙酒，連茶都不喝。在外工作，從小職員做起，一做十年，在家每因祖母不快，往往長跪不起。敬老慈幼，對鄉里只要有困難總盡量幫助，雖然十年月薪僅十六元，但來客不斷，有打架頭破血流來杭搶救的，有謀生託找工作的，一住少則數日，多則經月。

記不得哪年，報紙上所介紹的那位中山大學教授、魚類學專家陳兼善，是伯的堂侄。大約1926年前後，我還是小學二年級，

這時家已從頭髮巷搬到佑聖觀巷。伯一天出門上班，突然引回一個高個子青年，看上去比伯小不了幾歲。雖是西裝革履，但衣冠不整，頸子直縮在衣領裏。伯對娘說，他是錫年哥的長子，從法國留學回來，找不到工作，住在客棧裏，身無分文，讓他來家暫住。他行李也沒有，住我家好一段時間。像這些事，伯從不圖報。

父親對子女教育嚴格。當年我考取浙江省立一中二部（女生），伯書面寫下六條：（一）勤學苦練，勿忘學生本分；（二）飲水思源，當思來之不易；（三）遵守校規，尊敬師長；（四）忠誠老實，與人為善；（五）生活樸素，勿染不良嗜好；（六）慎擇同伴，勿交異性朋友。因為不在一地生活，平時書信不斷。1939年，他到閩浙滬各地分行視察，當時日寇已佔領家鄉，我們姐弟奉母在滬借讀。他看到敏弟穿一套粗呢西裝，甚為不滿。

父親視察西南五省行務，那時沒有鐵路，全靠汽車。每到一縣一鎮歇腳，就在自備的小冊上貼一張郵票，到郵局蓋上當日的郵戳，再簡略記下所遇之人及當地之風情，形成三厚冊旅行筆記。這幾本很有紀念意義的冊子，後被人借閱不還，相當可惜。父親這種勤於考察並筆記的習慣一直影響著我。

1947年，南京學生發動「反饑餓運動」，南昌中正大學起來響應。首衝中央銀行，反對通貨膨脹。伯即令警衛解除武裝，親自對學生解說，消除事態糾紛。當時我已工作，能負擔家庭開支。父親的月薪由自己安排。他預購糧食，到冬天在佑民寺施粥，每晨五時出門，查看粥的質量。有時親自掌勺，近晚七點方能回家。

兩弟工作、居家北京後，他們工作忙，孩子多，母親在京為主，父親則三處住住，也自去蕭山。三年所謂「自然災害」，鄰居王奶奶曾怪我不該讓老幼吃同樣的口糧，「外公這麼大年紀、這麼大個子，每餐二兩五的米怎麼夠飽？」

話雖不錯，孩子正是長身體時，況且他們腎臟不好，眼臉浮腫，此困難，又非一朝一夕之事，勻給老人，豈能持久？我當時未能接受這個意見，仍是全家人相等口糧，這自然是出於一種無奈！偶爾讓伯外出買四隻湯圓充饑，亦只能如此！如今撒手西去，無不悔之當初！

第四天下午，計委荀副主任來到病房。我1951年自軍政大學到財委時，他是辦公室主任，曾經是他的屬下。我告訴他大弟已來電，主張火葬，我已同意，他問要不要開追悼會和提供交通工具？我都謝絕了。並告訴他上海表姐來信，稱並無二百元存單，只隨信附來五十元存單一紙。荀主任表示存單留給我母親。

停喪五天期滿，我與鶴年相商，買一個藍色綴幛，落款是母親率我們姐弟三家，再買四個花圈，姐弟三家帶表姐一家，約好當天下午去殯儀館集合。

下午十二時半，我離開醫院。途經婦女商場，進店為伯買一雙毛線手套，這是我最後一次為他買東西，被一種難以形容的情緒所襲擾，悲涼而惶惑。我拿著手套到目的地，基建處小馮扶我進去，「你也來了」！這話應該是我對他說的！小馮代表全處送來花圈，上午還陪鶴年佈置靈堂。先時小馮陪我到後面看伯，他安詳地躺在一個白木盒子裏，我把手套放在他身邊。

鄰居陳愛琴帶來杳燭和紙錢，自己點上香燭，燒了紙錢，哭得很傷心。從她的哭聲中可以聽到，當年她丈夫去世，長子六歲，次子兩歲，伯教他長子識字、寫字，陪她帶次子看病，如同自家老人一樣。

大家先後在伯身邊走了一圈，行了禮。我請小馮回處上班，然後分坐七輛三輪車向清涼山火葬場方向行進。當時殯儀館與火

葬場不在一起，分處兩地。那天，細雨霏霏，寒風凜冽，我坐在第一輛車上。清涼山同在市區之內，並不遠，但車子跟在抬棺人的後面，顯得特別遙遠！

到那裏後，把花圈堆在一起焚燒，又選購一具最好的骨灰盒交給了場方。待火苗熄滅，通知我們離開。我們要求待火化後再走，卻被拒絕。囑三日後去領骨灰。

回到五角樓家前，王奶奶已燒好一堆火，要我們從火堆上跨過，又送來糖水，倍加勸慰。我與鶴年把家中的所有布票集中，購買白布，分送各家，外加每家小碗十隻、年糕四斤，權當不招待他們吃飯，以感謝這幾天來的鼎力相助。

敏弟出差成都辦完事，來南京看我。問伯死後有何感想。我只說了一句：「寂寞身後事。我只能這樣辦了！」鄰居周家夫婦不滿敏弟，說不該讓老人火化！敏弟或許不以為意。

記得三反時，有一次敏弟突然問我，伯在杭州一直是個小職員，既然1921年債務才還清，哪來的錢在老家建新屋？我比敏弟大五歲，卻從來沒有懷疑過，竟被他問住了！可敏弟為何要這樣想、又要這樣問呢？至少在杭州十多年，我們從未外出遊玩過，直至阿復死時才去過一次西湖，而且是為了避開阿復的下葬。那麼多年，伯與娘的勤儉，他又不是不知道。

伯生前寫過「迪兒遺墨」，後來又寫過「六十年回憶錄」。以他挺秀的毛筆字抄寫，用絲線裝訂成冊，希望有朝一日能讓作為共產黨幹部的兒子看到，瞭解他畢生的處世為人。

可惜待到文革來時，迫於形勢，與我的認識水準，他的書稿連同我的外文書籍一起付之一炬！

父親的骨灰寄存在長江路漢府街毗盧寺內。文革時，紅衛兵破四舊，毗盧寺遭破壞。我接到寺裏通知，三日內取走骨灰，否則不負保管責任。鶴年為此奔走幾處，均拒絕寄存。我於限期最後一天下午去該寺，與老僧相商。他們提出幾種辦法，均為我所不能接受。

一位紅衛兵看我身體不好，或許有點同情，乃向他懇求，能否埋在寺內後院？他總算同意了。我將骨灰從盒中取出，只將骨灰埋入土內。因為挖得不深，怕人挖盒！文革後，等我去尋覓時，該寺的前後門均被封，已是一家無線電廠。後來敏弟說，伯的骨灰被我弄丟了！

八十年代，當年由伯一手提拔的分行襄理黃某，到交通部找到仲弟，說自己一直定居在美國。此次回國探親，特來打聽樹老的消息，並表示南昌撤退時對樹老多有不恭之處，請求寬諒。仲弟告訴他父親早已去世了。

父親一生交遊頗廣，為人稱道，但寂寞身後事，沒幾人知道他已經過世，正如沒幾個人知道他來到人間一樣。在歷史的長河中，一個過客消失了。父親早年受人提攜，亦自立立人，自助助人，一切的一切，往事已矣，夫復他言！

## 十四、之後的之後

### 1、娘想吃和飯

父親故後，娘大部分時間在北京。她的身體一直較好，從不肯上醫院，也拒絕吃藥，可能與之長期素食有關。後來食性有所變化，漸漸也開始吃點葷菜。仲弟說，只要娘肯吃了，就勸她多

吃點肉食葷菜。殊不知，對身體並不好。娘常說飯後頭昏，或許是高血壓的緣故。

母親一生沒有工作過，但含辛茹苦，勤儉持家，購田置地，到頭來卻買得一頂「地主婆」的帽子。這件事對她打擊甚深。而兩弟進京後一直很忙，況且仲弟長年在國外，幾乎不能陪伴在側。又因「地主婆」的身分，娘幾乎不到左鄰右舍去串門，白天一人待在家裏，內心之寂寥可想而知！娘對仲弟說過：自己是瞎眼道士敲木魚，無日無夜。這是她晚年最後的道白。

娘愛看戲和電影，也看小說。老了之後，目力大減，最後連小說也看不成了。對於伯的去向或情況，她一直不問也不查。心裏恐怕早已清楚，才會這樣。她是為了不讓兒女因自己晚年的孤獨而有所擔憂，一直深埋心中，不願說出罷了。

1976年3月，一天中午，娘在午餐時突然歪倒，昏迷不醒，乃因血壓過高而突然中風。娘時已九十，兄弟兩人對治療態度有

1960年代，娘與敏弟攝於北京。

所不同。仲弟的意思是娘已高壽，順其自然，或可少受點痛苦（娘生前多次說過，活著時要健康，死的時候要快），敏弟則堅持要送醫院。

經搶救之後，短暫維持生命。一直癱瘓在床，失語，不能進食，靠鼻飼。娘在醫院時，敏仲兩弟的孩子輪替值班，守護著娘娘（家鄉話，即祖母）。

文媚從西安趕回，把娘從醫院接回北京家中。

娘離開醫院時正值唐山大地震。北京風傳也有地震。人心惶惶，家家都在外搭起防震棚，不敢回家。娘仍在昏迷之中，警報響時就把她移至幾張大桌子的下面，待警報解除，再抱到床上去，全靠了文媚和敏弟。

娘中風後，兩弟怕我身體不好受不住，未及時告訴我，女兒接信後也絕口不提，而是獨自一人赴京去看了外婆。回來後才告訴我真相，並說外婆並不是完全神志不清。女兒喊她，尚知這是從南京來的外孫女。

此時敏弟家沒有請幫工。文媚先後四次向單位請假，回北京來照看娘，傾盡對婆母的一片孝心。敏弟又讓兩個在東北農場的女兒輪流回來照顧，嘴上卻說：「不能請貧下中農來照顧地主婆」，他的思想似乎還那樣的「左」，其實，內心未必對娘沒有深情厚意。

我去信說想去看看娘，他一時回信說：「你不能來，沒有人可以照顧你。」一時又來信稱：「現在你可以來了，有人為你做飯了。」總之，使我感到如果我去了，反而增加他們的負擔，就一直沒有去，只給文媚寄去四百元，權當她們母女往返的路費。

1977年1月11日，文媚給娘餵晚飯，娘對她說「想吃和飯」（家鄉的一種菜名），文媚答應第二天就給她做。當日夜裏娘就無

聲而去。敏弟最小的兒子在旁，他幫著母親為娘娘洗抹更衣。待一切安頓完畢，才去辦公室告訴了父親，說娘娘已故。

最終，我都沒有去成北京，沒能看上娘一眼。為此大弟有言：「娘病了這麼久，這樣一個孝順的女兒都不來望一望。」

娘生前對敏弟說過，希望骨灰能留在家中，跟他們在一起。敏弟、文媚遵囑將娘的骨灰盒一直存放在家中的書櫃上，直至三十年多年後，文媚和敏弟先後去世。

## 2、問君何往

1979年，鶴年在區房管所辦理了退休手續。當時尚無電視，鶴年退休後主要是看看報紙、聽聽廣播，用的是仲弟當年從國外帶回的那個半導體收音機。鶴年仍有困惑時，一次不知何故，一聲長嘯似困獸，令人悚然。

實際上，這是心理痼疾的一種折射。鶴年自市委財貿部到市房產局再到區房管所，無法想像一個人每況愈下的真實處境。在「鎮反」、審幹、文革等一系列政治運動中，當年的國民黨員身分、香港九龍大圍村之行、鋼筆手槍、反標事件等，莫須有的罪名，沒完沒了的檢查交代和自我批判，一直讓他心有餘悸，戰戰兢兢，如履薄冰，內心陰霾一片，惡夢不斷。

1976年1月的一天，黎明時分，鶴年在夢中哭號，久喚不醒。我深感心痛，當晚寫下小詩一首，以慰藉：「痛斥往事，／借作畢生鏡；／收拾憤怒辛酸淚，／舉大旗，從頭起……，／誓志恆自勵，／來日是可期。」這一沉重的精神負擔，一直到1982年兒子入黨，才有所解脫。鶴年說：「兒子解決了組織問題，父親總不會是特務了吧？」

其時一雙兒女業已成婚，我們與兒子住一起。本是桑榆暮景，坐看夕陽。未料，1987年2月，鶴年在胸片檢查時疑似左肺門旁佔位性病變；3月，南京胸科醫院做一系列檢查，並與軍區總院會診；4月24日，被確診為左上肺鱗癌。

由於癌腫在心臟主動脈的後面，不能手術。醫生建議去八一醫院做鈷60放射治療，以縮小癌腫。八一醫院認為無須住院，只要定時去該院做治療即可。一星期三次的治療，往返路費是一筆不小的開支。

這時收到北京兩弟匯來的四百元。我立即決定用這筆錢，租了一輛人力三輪車，定車、定人、定時，隔天上午準時接送，兄妹倆輪流請假陪護。我平時不接受兩弟的接濟，而這筆錢正好用在刀刃上。

1982年，鶴年在江蘇連雲港療養。

自患絕症，鶴年深覺拖累家人，千方百計與醫生配合。不論如何治療怎樣經受病魔，

1987年，與鶴年相共的最後一個秋天，攝
於自家陽臺。

對於預後從不與問。經過一個半的療程，病灶明顯縮小。唯恐繼續放射會影響到心臟，便停了下來。即便這樣，療效還是顯而易見。鶴年面色紅潤，精神也不錯。然好景不長，兩三個月後，病情突起變化。

1988年3月28日，鶴年在家度過人生的最後一個春節，住進了胸科醫院，再次進行化學藥物治療。這一去，就再也沒有回來。

兄妹倆要上班，不能頻繁請假。我每天拖著病體，早上八時便離家去醫院，陪伴左右。掛點滴或午睡時，我就在他的病床旁寫一些回憶文章。雖然人很累，但也只有這樣來分散自己的注意力，調節不堪重負的心情。傍晚才回家，每天如此。

我與兒女商定不告訴他最後的病情，也就從未就他的身後事做任何交談。事後想來，他未必不知道，只是彼此心照不宣，誰也不願去捅破這層紙

罷了。病房裏沒有春天，摘幾片合歡樹的葉子、採幾朵藍色的
「毋忘我」，那時他還能珍惜，夾入日記本中。

最後一個月，每天高燒三十九度以上，喉嚨基本上發不出聲
來。一天傍晚，我要回家了，向他道別。他說不出話，用筆在報
紙的邊角上歪歪扭扭地寫下三個字——慢慢走。回家的路上，這
三個字一直在我眼前晃動，淚流不止。

我依然白天到醫院，兄妹倆開始每晚輪流值班，徹夜陪護。
這時藥物已無法控制，高燒不退，不停地用酒精棉球擦拭他的額
頭、頸項等處，並用棉籤蘸了冷開水濕潤那乾裂的雙唇，希望能
減輕一點他的痛苦。其實作用微乎其微。

6月15日這天上午，我到醫院。他愣愣地望著我，沒有任何
表情。右邊吸氧、左邊輸液，加吸痰，醫護忙個不停。鶴年也大
汗淋漓，剛換上的衣服又如水洗。餵藥的吸水管只向外冒氣。護
士來給褥瘡換藥，他歪歪斜斜地寫下「不換」。他不願讓人看到
髒汙，他是一個潔身自好的人。

漸漸地，只見鶴年呼吸微弱，臉色一片蒼白。醫生終於撤去
一切措施。我喚他、拍他的肩頭，已不見反應。他走了，飄若煙
雲。拋下了痛苦的軀體和難捨的親人，離開了不準備離開的人
間。這年他六十九歲。


鶴年一生風風雨雨，坎坎坷坷。我曾說過，在某個問題上一
念之差，失之千里。實則不僅僅是一念之差，鶴年與我一樣，素
無大志，從未以身許國。自1931年的九一八到1941年的珍珠港
事件，不知多少熱血青年參加救亡運動，我們似有所聞，實無所
聞；似有所知，實無所知，在國民政府的金融機關裏一直持潔身
自好的態度。

自與我結婚，南昌撤退、九龍大圍往返，日後蒙受政治上的陰影，從此謹小慎微，性格改變。我一度想過當年若不從九龍到上海，或依祖烈的意思在香港註冊一家會計事務所，人生結局恐會是另一個樣子。然而，從來沒有回頭路。

鶴年彌留之際，一天忍不住哭了，說對不起我。而我至今不知他此言何指？是指平素勸他戒煙不聽，抑或他終究要先我而去？生前未曾訣別，身後渺茫無知。四十年朝朝暮暮終於一弦斷盡。問君何往，應告我知！

敏弟文媚來寧奔喪。怕我在家獨自傷感，接我至北京小住。我帶上小學二年級的外孫一同北上，整整住了兩個月。

## 3、過二十年再來

1992年伊始，一位族弟自上海來信，說：「日前去麗芬家，驚悉望隆哥已於上月去世。他造詣至深，為人正直，一旦謝世，十分可惜……」我為紙箋上娟秀的字體和簡潔的文筆所吸引，對他所驚悉的事卻無動於衷。

幾天以後，不免為自己的淡漠而有所思索。何至於會這樣無動於衷呢？是因為數年來習慣於送夕陽轉瞬西下？還是年年歲歲望盡落木蕭蕭？抑或父母相繼過世，對鶴年亦回天乏術？再或，當年的往事過於遙遠、飄渺，還不如富春江上俞趙村的炊煙使我長留那時國破家何在的悵惘？

1950年初，我與父親自大圍返滬，望隆來祥德路，相見寒喧幾句。當時我已結婚，有了第一個孩子，尚沒有工作。到1956年，我已在財委工作，望隆兩次來訪未遇。第三次來，我正向市

領導彙報工作，無法接待，約次日星期天到公教一村吃中飯。飯後由孩子送他到大門口。鶴年過午不歸。騖望東窗外，正坐在草坪上，莫名其妙，可笑復又可氣。

之後一年，我去上海出差，所到滬涇化工廠，巧的是緊鄰新中柴油機廠。利用午間休息，與女同事同去該廠詢問。傳達室拿出一本會客登記簿，説總工程師很忙，會見須排在兩星期之後。我走後想想又折回頭，請之幫忙問問南京來人見不見。很快，他出來了，説第二天上午去和平飯店看我。

次日到來，約我在二樓餐廳坐坐。吃過午飯，送我回七樓，祕書長已在等著開會了。他走後，我想當年我們在上海有家，他常來，幫我補課或自己做功課。今日他上海有家，卻不邀我，或是有所不便？

1961年，我住進南京鍾孚醫院。一日午飯後，護士告知閱覽室有人等候。是他，請我稍待，讓送他來的車子先回去，準備多坐一會兒。問我怎麼病到這樣？説從我父親那裏知道我住在醫院，身體比在上海讀書時更不如了。又説常回憶起過去，曾寫過一篇文字，放在書架裏，被女兒看到，故而不能請我去家裏……時過境遷，我已長了些閱歷，不像當年那樣膽小，但這些往事，重提使人不快……他久久沉默不語。

説此次來是南京汽車製造廠邀請，幫助該廠解決一些技術問題，不能常來探望。我向他道謝，送至醫院大門口。

搬到新街口居住，已是八十年代。一天收到他從中山陵東郊賓館發來的一封信，説出差到此，該處風景秀麗，邀我們去玩。我囑孩子回一電話，説明我行動不便，他若願意，歡迎來家裏坐坐。

他如約到來。談到二十年不見，太公、太婆均已不在。當年出差北京，在敏弟家還陪太婆吃過一頓飯。沒有提到他在文革中的任何情況。因有車子在外等候，不能久坐，離去前囑我哪也不要去，「交通擁擠」，「這裏很好，推開窗戶，滿目是綠色海洋」，並說：「過二十年再來看你……」

一次去信仲弟，提及當年上海寂寞的陽光。他回信以反感的口吻，叫我不要再提什麼上海的陽光，又說……使我費解。

鶴年去世後，我到北京。一日，仲弟鄭重其事地對我說：「你當年在上海是戀愛。」我愣然，未置可否。說什麼呢？仲弟似乎經過深思熟慮，才下的這個結論，總有自己的依據。我不想評論這個結論對不對，即便此說當真，這個時候，對一個垂暮之年的姐姐，又有什麼意義？終究已是遙遠。

> 陳望隆，高級工程師，內燃機專家。浙江諸暨人。1940年畢業於交通大學機械系，留學美國。曾任上海新中動力機廠（原柴油機廠）廠務主任、副總工程師、總工程師。1960年後，任上海汽車發動機廠高級工程師、總工程師，中國內燃機學會第一、二屆理事。1952年在國內首先用高強度鑄鐵鑄造了160馬力煤氣機曲軸。在缸徑300毫米柴油機上較早應用增壓技術。在上海牌轎車發動機的生產中，首先成功地採用氮化處理方法。

這是諸暨老家的一份名人資料對望隆的介紹，又過了快二十年我才看到。斯人已不在。想起當年店口十里之外的金浦橋碼頭，同坐一條船趕赴杭州暑期開學，他輕聲喊我「亞先」，我怯怯地叫他「望隆先生」，才十六歲。時間過得真快！

## 4、形單影隻

　　文革中，敏弟從吉林雙遼五七幹校轉至湖北沙洋五七幹校。周恩來發出指示，分居兩地的夫妻可以調到一方幹校共同勞動鍛鍊，文媚得以來到湖北沙洋中央統戰部五七幹校，被分配在一連炊事班勞動。

　　從1971年至1973年，敏弟與文媚生活在一起。之後，敏弟回中央統戰部，文媚仍回西北工業大學。二女兒從東北農場調來她身邊。

　　1979年，文媚平反改正，從西工大調入北京大學經濟系人口所。1985年，敏弟改調中國科協工作。文媚到北大時，已五十五歲。從講師到副教授，再到教授，包括退休後，前後又工作了二十五年。

　　2004年7月30日下午，文媚在家中突然倒地，待120急救車趕到已停止呼吸。醫院診斷為心源性猝死，時年八十歲。

1972年，敏弟在湖北沙洋中央統戰部五七幹校。

文媚生性開朗、豁達，說自己是社會學的老兵，重返人口社會學崗位，成了新兵，但一直希望能夠為中國的農民做點什麼。到北大的第二年，與同事在昌平縣建立一個社會調查基地。

　　文媚在全國三十多個縣做過調查，發現現階段農村婦女的總和生育率不可能、也不應當硬行壓到低於兩個孩子的水準，因而堅持一個農民家庭生育兩個孩子的觀點。有人提醒說：「你又右了！」她半開玩笑地回答：「Right is right，讓歷史作公正的見證人吧！」

　　文媚是何時退休的，我一直不清楚。記憶中她就一直在工作，不斷出國參加海外學術活動，並且全國各地跑，還去了臺灣。2003年夏天，與敏弟到江蘇鹽城某地搞社會調查，研究老年問題，路過南京看我，才知道她擔任了不少職務，北京市社會學學會副會長兼祕書長、中國社會學學會副祕書長等。

　　她與敏弟都有課題經費，結伴而行做社會調查。敏弟晚年耳聾，要靠助聽器，文媚似從未衰老，總是興致勃勃的樣子，敏弟已離不開她。


　　之前的一年，敏弟因車禍住院。那天他從木樨地橋下過馬路時，被一輛雙層公交車尾部撞倒在地，當場昏迷，被送進北京急救中心ICU搶救，從此結束了五十九年沒有住過醫院的歷史。

　　這天文媚一大早去了中央電視臺做嘉賓，敏弟是出門取照片。幸虧體魄健壯，年年冬泳，二十五天即出院，只是出院證明的病人注意事項第三條「全體四周」讓他大惑不解。複診時間，原來應是「全休四周」（意即不從事體力勞動四周）被寫成「全體四周」，在家中傳為笑談。

敏弟來信給我女兒，不讓說出此事，免我受驚。敏弟是離休幹部，這個中央大學的研究生、當年的地下黨，晚年從中國科協政研室副主任的位置退下，享受副廳待遇，實際上多年以來一直鬱鬱不得志。仲弟曾與我說過，敏弟後來之所以未被重用，也許與中央對南京地下黨的十六字方針有關。

1997年5月，文媚赴臺灣學術交流，順訪中央大學校友會。

文媚猝死，家人一直瞞著我。女兒、女婿赴京看望敏弟，歸後亦未說。

直至2005年春節，近半年後，才吞吞吐吐地告訴了我，一時不信，老淚縱橫。在北大，文媚不像那些著名教授人人皆知，但她的教學態度、為人處事、尤其人品一直讓共事者心有感懷。去世兩個月後的追思會，不小的會場被擠得滿滿的。敏弟為紀念文媚，編過一本與她的合集，書名為

1999年6月，敏弟訪國立中央研究院舊址，現為江蘇省科技廳所在地。

《陳伯敏、蔡文媚社會調查文集》，淡綠色封面，黑體豎排的書名，很是醒目。

其中兩篇最為我關注，〈三十年了猶未了的移民問題〉和〈新安江移民問題的歷史回顧〉。當年政府為了建造新安江水電站，淹掉淳安、遂安兩座古老的縣城，出現移民二十八萬。所謂「千島湖」其實就是千山，是五十年前「滄海桑田」一個人為造就的景致。

敏弟、文媚對我說過，多少年了，湖中的島嶼仍住有一些滯留的移民，生活十分艱苦。到八十年代，每年每戶才供應三斤煤油以照明。且十分閉塞，敏弟、文媚去調查時，已是1993年，坐著談話的堂屋中央上方，還掛著大幅華國鋒的肖像。一個十八歲的大姑娘，長得楚楚動人，卻是文盲。這裏人很難出島，也就不能上學。新安江移民多次輾轉搬遷，規劃跟不上長官意志的變化。一會說要移了，限期行動，稍有異議，便強制執行；一會又說不移了，即刻對他們置之不理。又說要安置在省內，究竟移至何處，連縣裏都說不清楚。

真是居不能安，何謂樂業？2007年，北大中外婦女問題研究中心出版《蔡文媚教授論文集》，這兩篇文章未被收錄。

文媚死後，敏弟形單影隻，心情不好，對子女的勸慰或幫助拒之千里。一處兩套住房，走到這套是一人，走到那套仍是一人。他不要子女陪，也不願請幫工，獨自不開伙，到附近一個餐廳吃飯，一天三餐，風雨都得外出。

他來信對我說，他的老師與師母以及好友勸其續弦。我以為既然告訴我，可能有這個意思，也就從這方面勸說，其實他並無此意。不過，他既有經濟條件又有住房，本可以使自己的生活恢

復正常，但他猶如與人作對，就是不願意改善，使大家為之擔心。

之前，每年都去信為他們過生日。文媚走後，怕觸痛而有意不提。不論農曆也好，陽曆也好，都不見我去信提及他的生日，敏弟很在意。我於次年（即2006年）給他大女兒匯去五百元，讓分成三次，在每年陰曆四月初一前代為購物，替他過生日。之所以分成三次，因第四年是他八十九歲，與女兒已說好，不管我在與不在了，都要給大舅過九十大壽。

未料只過了一次。次年不到生日他就走了。


北京禁止八十歲以上的老人冬泳，原來一直堅持冬泳的敏弟，便在家堅持鍛鍊。2007年2月曾因心率124次／分而住入醫院，待心率降到70～80／分時出院，診斷書上寫明「早搏」。他自覺心灰意冷，回到家仍是正襟危坐，整理他的未竟文章。

3月上旬一天，仲弟與思哲去看敏弟。只見大門未關，一人正坐在裏間的書桌上寫文章。仲弟走到他身旁才發現，很高興，說了許多話。

仲弟夫婦本想陪他到外面吃飯，他說就到平日自己去的那個餐廳，也可知道他的生活實況。三人同去。那裏環境清潔，飯菜亦不錯。他指著角落的單人一座，說那是自己平時所坐的地方。仲弟聞之不免為之淒然！

仲弟對他說，家中太亂、太髒，要設法清理清理，他說等把文章寫完後再說。這天，他精神尚好，只是言談中流露出一種矛盾而無奈的心情，說總感到乏力而困。事後方知，這是心衰的表現。

距仲弟、思哲去他那裏不到十五天，3月22日，他午睡起來，一下子跌倒在家門口，頭在房裏，腳在門外，人失去了知

覺。被鄰居發現，120急救車送到醫院，昏迷未醒，靠藥物維持生命，八天後停止呼吸，終年八十六歲。

那年文媚棄世，他對仲弟說，想把娘與文媚的骨灰合葬於萬國公墓。只是價格較高，一個平方要數萬元。仲弟說無妨，大家湊湊。不料，僅隔兩年八個月，他也走了。敏弟跌倒昏迷的前兩天，也就是3月20日，給我寫來一信。想不到成了他的最後一封信。在這封信中，提及魯迅的一個什麼觀點，還問我：「你擁有《魯迅全集》快一個花甲，知道這個觀點的出處嗎？」

我不知道。人老了，對魯迅已沒有多大興趣，這位周先生一生不懂得寬恕。敏弟與文媚合葬於八寶山革命公墓。不知為什麼不是萬國公墓？

## 5、南非的賀卡

1947年夏天，在南昌與郭棟材取消訂婚後，彼此之間往來不多。

1949年後，郭在上海繼光中學任教。繼光是他的母校，就是原來的麥倫中學，當年英國人創辦的一所教會學校。在這裏，郭與敏弟是高中同學，與仲弟結為至友。後經仲弟介紹，郭與思哲的大姐思真結婚，有兩個女兒。

很多年來，郭一直對我有很深的誤會。認為南昌訂婚之所以被取消，是由於鶴年的緣故。實際上，我到南昌之前已與鶴年談妥，兩人是不會有結果的，已經分手。郭暑假自上海來，我從內心已開始願意接納他。想不到，缺少溝通、認知不一，終究未能走到一起。

1972年前後，仲弟出差上海，與郭棟材夫婦及女兒合影。前排左一為仲弟、右一為郭棟材、前排中間為思真；後排右一、左一分別為仲弟大、小女兒，後排中間兩人為郭家女兒。

事後不久，杭州一面。我說：「如果你心裏不服舒，我這輩子就不結婚了。」他說：「那不要這樣。」1954年秋天，我出差上海，再次相見。沒有再說起這件事。之後，多事之秋，不敢聯繫。歷次運動自我交代材料，郭是我的社會關係之一。不過，由於仲弟之故，他對我們家的情況包括住所之遷移，自在心中。我則很少問及他的情況。文革之後，人心稍定，一年兒子出差上海，代我去看望過一次。在他家吃的飯，大女婿沈福葆很會做菜。

大約八十年代末，仲弟想收回上海祥德路十號的房子。父親故後，一直交由他姐姐孩子的孩子代為保管並居住。誰知不肯還，並且振振有詞，說正是因為住了此房，單位才分不到房子的。仲弟聞之不悅，這是當年伯用十九兩黃金為他與思哲購買的

房子，經手人是郭棟材。多年來白住且不說，居然找出這麼一條不是理由的理由。

乃打官司，委託郭棟材的大女兒辦。贏了。把房賣掉，房款一分為三，敏弟、仲弟和我各一份。以為郭會親自把錢送來南京，結果是他大女兒拿來的。

後來才知道，郭根本不會辦理此類事情。他的大女兒說父親循規蹈矩乃至到了膽小怕事的地步。1979年前後，思真中風，不久成了植物人在床，與樓下的親戚起糾紛要搬遷。從看房到辦理各種繁雜手續，都是兩個女兒一手操辦。搬家那天，自己卻躲到蘇州去了，等搬好了才回來。更不可思議的是，大女兒結婚時，他居然也跑到蘇州躲避了一天。

思真是1981年病逝的。之後孩子問是否考慮續弦？他搖頭。1992年3月，他的大女兒定居南非，不久後他也去了。聖誕節總有賀卡從南非來，不像一般人在元旦或春節。1954年後我們就沒有再見過面。後來讀到過一本1999年上海文史資料選輯（第五十九

2000年，郭棟材從南非寄來的聖誕賀卡。

輯），其中一篇〈深切的懷念〉，是他寫的，紀念麥倫中學的老校長沈體蘭先生。郭中學時得過上海中學生作文比賽一等獎。

對於我和他的事情，從他南非的大女兒那裏知道一些，郭直至晚年去世，都一直想不通。他的大女兒對我女兒說：「當年不僅是你母親的改變，而且她事先未通知我的父親，告知鳳伯伯的出現，我父親非常尷尬地回來了。之後，你母親也未做任何解釋……」從這一點看，我與郭之間好像永遠缺少的就是溝通。

他的大女兒又說：「大概應當是阿伯（孩子對我的稱謂）嫌我爸太乏味，我爸雖是個好人，學識淵博，可太循規蹈矩，不諳人情，不懂交際，不會照顧別人，沒有激情，對自己所愛的人不敢大膽地去追求……」其實，也不盡然。1940年，兩弟在牙醫謝映齋伯伯的護送下，從皖南一帶穿過封鎖線往內地求學，敏弟委託他照顧我與娘。他經常帶來一些蔬菜和食物，還有他母親做的廣東點心。一年後，我與娘離開上海去內地尋父親，是他送我們到了江邊。我與娘再三向他道謝，他仍是無言無語。娘對他很放心，把祖父留下的田契和伯以年終獎金購買田地之契約，均交他代為保管。我也有許多東西存放在他那裏。

2006年，我九十歲，郭已去世。他的大女兒從南非寄來生日賀卡。我在回信中說：「要說這輩子欠了誰的人情，那就是你父親，但我也不是故意的……」這是我生平第一次表達內心的歉意，只是他已聽不到了。

女兒也去信南非，有點動情地說：「我母親是個書生氣十足的人，她性格敏感而又要強。多次說過，當時只想著要幫家裏分擔經濟上的壓力，要把兩個弟弟培養出來，且受到當時一些思潮的影響，對婚姻缺乏激情，甚至排斥，直到三十二歲才結婚。這

在當時的年代是很少的，也可見她對婚姻的態度。⋯⋯郭伯伯當年送我母親一套漆盒，從大到小數隻，最後一隻裏面放著那隻訂婚戒指。這麼多年來，我母親始終珍藏著，一直帶在身邊。」

## 6、從大海到內河

1970年初，國務院機構大整編，交通部、鐵道部、郵電部合併為一個部，即交通部。原在北兵馬司的交通部大樓讓給三機部（即現在的航空航天工業部），合併後辦公地點遷至木樨地原鐵道部內。

這時仲弟家居和平里，原來上班騎車只要十五分鐘，現在改去木樨地要一個小時。思哲之前患急性脊髓炎，差一點癱瘓。大病初癒後，被分配在機關留守處。這個處當時沒有遷去木樨地，仍在北兵馬司，免去不少往返之苦。

仲弟身體不好，卻不相信醫生、不相信藥物。有一次來南京，我陪他去南京市中醫院請傅宗翰院長為他看病。傅是南京的名醫，我是他的病人，能掛到他的號不易。他看了仲弟的西醫病歷與診斷，問了自我感覺，切脈、看舌苔，說要吃一段時間的中藥。要仲弟把服藥後的反應來信告知，再為其改方、轉方，囑病人要有耐心。不料仲弟回京之後來信，說中藥太苦，不想吃了，也不說吃後有何反應。我的滿腔希望成為泡影，付之東流。

娘還在時，告訴過我：一次飛機都要起飛了，他卻因痔瘡出血而站不起身來。思哲也說，仲弟血脂之高是交通部的狀元。

事實上，鐵路火車、水上輪船和公路汽車是合不到一起的。1975年，國務院又重新下令三部分開。鄧小平被重新起用，在國務院主持工作，全面整頓開始。郵電部很快搬走，交通部原大

1979年仲弟夫婦赴杭州途經南京，我、鶴年（左一）與仲弟（右一）、思哲（右二）在玄武湖留影。

樓被三機部佔著，無處可去，仍留在木樨地，一個大門掛兩個牌子。仲弟來信說，這一併、一撤、一搬，是一次空前的破壞。對於機關無非是一些桌椅、板凳、書櫥、資料櫃等，一些附屬科研院校、實驗工廠則不一樣了。許多工作和任務面臨重新調整，實驗設備儀器或閒置或更換，損失巨大。

那個年代，搞業務同樣避不開政治鬥爭。這一次，仲弟未能躲開。

六機部與交通部為造船有過一次激烈的政治鬥爭。六機部的前身即一機部的造船局和三機部。最早一機部包羅萬象，所有的機械製造都包括在內。後來才分為一至八機部，六機部專門造船、造軍艦，交通部、水產部以及海軍與它是甲乙方關係。五六十年代，國內造船工業剛剛起步，交通部要求的船舶數量也很有限。不過，雙方在質量問題上已經發生了爭執。

進入七十年代，達到登峰造極，他們的特點是自己造不出船、造不好船，還把責任推到交通部。說交通部要的船太複雜、太不規範化，不成批量，導致他們製造上的困難，更是借交通部在國外訂船為由，攻擊這是「崇洋媚外」、「洋奴哲學」，扼殺國內造船業。

交通部的陣線很長，船隊建設只是其中一個部分。部長諸公不可能分出很多心力去應對六機部，作為分管此項工作的仲弟，則不得不與之周旋。1974年3月，交通部、六機部在北京召開一次船舶定型會，會上一位來自上海滬東船廠的副廠長，向仲弟借閱一份有關他們造船質量方面的材料，仲弟認為提出質量問題有助於改進，就給了他。

殊不料，此件連夜被複印傳到上海，再由上海工交組方面上報北京的王洪文（時為中共中央副主席），作為交通部誣衊國產船的罪證之一。王洪文借題發揮，向總理周恩來發難，做了很長的批示，點名交通部犯了路線錯誤，更成為不久「風慶輪事件」之前奏。分管此方面工作的國務院副總理李先念不得不批示交通部做出深刻檢討。

仲弟悔之晚矣。幸虧交通部領導查清整個事件的來龍去脈，並未怪罪下來。但一時間烏雲壓頂，後果難料。交通部連夜通報全國交通系統的主要幹部進京，全面檢討在買船問題上的路線錯誤，即便無人指責仲弟，但起因終究是仲弟把文件借給了他們。

多年以後，仲弟對此仍慨然萬千，終於領教了所謂的政治鬥爭，原來竟是如此醜陋不堪！當時最讓仲弟傷心的是，各色人等先後登臺表演，其中不乏技術幹部的所謂知識份子。這些人多少

懂一點科學技術，居然也趨炎附勢、顛倒是非、投其所好。仲弟說大開眼界。

1981年9月，國務院通知成立中國船舶工業總公司，由交通部的修船廠與六機部合併而成。交通部被指定三人參加籌備組，一位是副部長程望，一位是水工局局長齊新華，另一位是水工局副局長、總工程師陳永曉（仲弟）。這是當時國務院考慮機構改革在薄一波籌畫下的一個決定。仲弟等人對合併持不同看法，交通部領導骨子裏也反對合併。

副部長程望對合併、組建新公司十分熱心。程望早年在一機部主管造船局，五十年代末，因右傾被調至京西煤礦場去挖煤。文革後期，粟裕主管交通工作時把他從煤炭部調來交通部，初在水工局任副局長，後為副部長。仲弟與之打交道很早，他也瞭解仲弟，故一再做仲弟的工作，拖他也去。

由於仲弟十多年來與三機部、六機部有著糾纏不清的恩恩怨怨，如今與他們坐在一起共事，實在無法接受。當部長和幾位副部長聽了仲弟的理由之後，口頭上表示同情，認為也可以不去，要改變國務院已經下達的成命則難如登天，能做到只是暫不去報到。

籌備期整整一年，中國船舶工業總公司才正式掛牌。1982年9月，交通部二十二名幹部帶著三十多個企業和六機部共同成立了上述公司。仲弟不贊成合併，本人也不願意去，還有一位高志明出頭反對合併，於是兩人在原來的辦公室裏整整閒等了一年三個月。

直至1983年12月，仲弟才被通知去內河局任總工程師。原來準備把仲弟調到北京某情報所任職的，理由是不服從分配。後

安度晚年的仲弟夫婦在北京。

經副部長王西萍出面說項，才改去內河局。高志明則因禍得福，到香港遠洋當了總經理。交通部反對合併又不敢明講，有高這樣的人，說出大家的心裏話，算是不同的聲音。高志明被壓了一年半，最終讓他去了遠洋。

自1958年成立遠洋局以來，仲弟在遠洋系統工作長達二十年（包括在海外），理應讓他回遠洋。可是偏不，你不是想去遠洋嘛，這次非讓你去小河溝不可。至此，仲弟被迫離開了一生所鍾情的大海。當年他考上交大造船系，父親並未反對，只一次訕笑他是「船匠師傅」。

在以後的五年裏，仲弟幾乎走遍了全國的大小河流。

1988年底，仲弟超齡三年從交通部內河局退休。參加完部長為司局級離退休幹部舉辦的座談會後，即動身從北京去了珠海。這是四十年來第一次

沒有任何負擔的長途旅行。他的大女兒芸在珠海。離開珠海後，到廣州、杭州和上海，又來南京看我。

我們姐弟之間，一直不乏精神上的交流與溝通。1986年，他因病住鐵路總醫院，適逢母親百歲忌日，他寫下長詩一首，題名「母誕百歲祭」。每行五字，計八十六行。開頭是「悠悠江河水，母逝忽十載。兒輩長相憶，母恩深似海」，把母親一生為建家園、對子女兩代人的撫養與教育，濃縮在這首長詩裏，詩情並茂，我不禁為之泣下。

我年老失聰，聽力極差，凡來電話只好由女兒代聽，不然就會打岔。仲弟的視力不行，不能多看、多寫。一般我去信，他以電話答覆，但有時仍難免提筆。如2007年敏弟病故，有許多情況不能不與我說，這是電話裏所做不到的。平時為免他看信，我也很少提筆。仲弟覆信，一寫就是數多頁，正反都有字，如江河流水，止不住。若不是思哲在旁勸阻，也不知告停，可見姐弟情意之長。

## 十五、回店口

「少小離家老大回，鄉音未改鬢毛衰」。九十老人還做故鄉行，說來話長。

1937年11月，日軍自金山衛登陸，不久杭州淪陷，逼近店口，無奈奉母棄家去上海求學。日軍進村，家園燒毀，自此與故鄉隔絕。半個多世紀以後，敏弟與文媚因其工作之便，順道還鄉，店口已變，而我家火燒後的宅基地仍保留未動，據說「他家外面有人」。

後幾年，仲弟夫婦結伴還鄉。北京第二代、第三代也有人去過店口。可惜南腔北調，言語不暢，情緣難達。那時壽金叔的女兒阿玉妹還未去紐西蘭，年年還鄉。有一次，我半真半假地對她說：「能否帶我回去？」她回答十分乾脆：「你家既無人又無屋，回去誰接待？」至此落下一個心病，想回家鄉，並非戲言。

家裏有了私家車，提出送我回店口看看。只待時機。2006年初冬，敏弟兩個孩子在安徽蕪湖辦事，得知我們有返鄉之意，相約同往。這一天終於來了。

11月23日上午八時，兩輛車一行八人，從南京出發。從網上查得浙江未來五天的天氣預報，稱「多雲」。這一天還是下了雨，但未能阻擋既定的計劃。車子開出環城公路，駛向祿口機場，再轉上寧杭高速，南京的雨天被甩在了後面。

六十九年前離開店口，我才十八歲，是杭女中一個流亡的中學生。這麼多年，之所以從未回去，乃因伯娘親手建造的家園，一夜之間蕩然無存，這種悲情一直壓在心頭，以致於不想返鄉。然鮐背之年，早已耳順，似亦可順心而為，動念而不離乎道也。

此或為自嘲，且不管了，只見車已過臨安，進入浙東山區，沿途滿目青山，層巒疊嶂。再過臨浦，駛入店口地段。路牌上店口與次塢並列。車行不短，出現湄池。當年湄池只是一火車站，店口一帶的乘客都在此上下車，不見村落與人煙。

至店口，過中午。太陽從雲層中探出，女兒說：「老太太還鄉，太陽都出來歡迎。」下榻新亞大酒店。一個女服務員是湄池人，問其店口的情況，說不知道。說老闆是店口人，其父已八十多，可向他打聽。午飯畢已下午三點。問我要不要休息，答在車上休息過了。

即去店口老街、小學校、祠堂等地。靠近老街時，我坐上輪椅。所謂老街，除街面狹窄、地面不平，所有店面找不回舊時風貌，同昌南貨店和泰豐布店，早已不復存在。

一家店門口站著幾個婦女，望著我好奇。向她們打聽同昌的阿五、阿六還在不在。都死了哇！又問泰豐的兆泉、兆明哥，說早不在了，後人好像都在外頭。我耳朵不好，也不便多問。不覺已來到下街頭，打聽在紫北小學做過校長的德林先生（小學時的班長），一老者說也不在了，但還有一個兒子，要替我去找他出來。我說不打擾，因為不認識。

我要求回家去看看被火燒的宅基地。原來老屋的後門頭是對著新房子的，老屋後面有株多年的杏樹。杏子熟了，一掰就是兩半，核子脫開，不黏杏肉，很甜。當年老屋裏住著桂章哥、錦章哥，與大門口的馬生伯、全芳叔，還有培松

2006年初冬，細雨霏霏，我和女兒在諸暨店口鎮政府樓前留影。

家、九斤家。如今偌大一片廣場，建一座臨時看臺和一個籃球場，邊上的房屋都為山牆或後壁，看不到大門，因而無從打聽。

這時跟上來一位老者，問我是什麼人。我告訴他是「馬法先生的囝」。馬法是父親的乳名。他說知道馬法先生，並說起當年房屋被燒時的情景——新房子燒了幾天餘火不盡，大概是地下埋了東西。其實，他有所不知，當時地下並未埋什麼。只是走時伯雄哥住在我家，堂前樓上是他之江藥房的藥品，後半間是家中書籍（包括伯寫的「迪兒遺墨」）、箱櫃、沙發、風琴等堆置其內，所以一時不易燒光。

老者八十七歲，清健、開朗。說自己姓朱，是店口人的外甥，其外公也是四房人。我問：「四房人都住在觀巷裏，你對我們上街頭的情況為何這麼熟悉？」不知是他沒回答，還是我聽不清，孩子們也聽不懂店口話。他指點說，這裏是真君廟，現改為上一村老人活動室；那邊是你們家的花園，還有沒被燒光的後屋（原來農會會長住兩間，娘在土改那年被叫回來住過一個月，當時讓出一間給娘住），不過也不是原來的了，是後來修繕的。

籃球場大塊大塊的水泥地坪，我問會不會是我家前庭？（前庭是水泥地坪，左右花壇，種有金桂、銀桂各一株，花壇周圍種植鬚帶草、石竹花、美人蕉等）孩子們笑說不會，都幾十年了，哪能保留到現在？記得我家外面還有一塊廢墟地，才到真君廟。朱先生現在指點的花園、未燒光的平屋緊靠真君廟旁，這就弄不清了。可能是記憶的距離。

朱先生帶我們去祠堂。記憶中的老地方都變小、變近了。很快就到了。小時候的祠堂多大啊！旁邊一條長長的弄堂，高白牆黑瓦的大房子，是大房子豪先生家（望隆的祖父）。現在祠堂卻變小了，弄堂高房也不那麼顯眼。我口袋裏藏有一張事先寫好的字

條，「先祖汝達公暨祖母何太夫人，先父樹周公先母謝氏夫人，亞先率……回鄉禮拜祖先」，但我沒有拿出來，也沒下輪椅。孩子們問我小時候進去過沒有？他們不知，往昔祠堂只允許男人進入，女人犯了錯才會去。

朱先生找來一位白髮、白鬚的老人。他滿面笑容，開口就說馬法先生家有兩個女兒迪先、亞先，大兒子伯敏，還有一個小兒子。迪先生病死了，是有鬼。我說：「那是小阮嫂說的。」老先生說：「我爹是雪山，炳生是我二伯。」當年雪山伯與炳生伯常來我家，是我娘的表兄（我外婆是他家姑娘，嫁到謝家）。發現他亦耳背，只顧自說自話。問他住哪，未答。也沒說讓我去他家坐坐。

輪椅往回推時，追上來一個中年婦女，手拿一串鑰匙，拉住輪椅不放，原來是叫我回祠堂去。我說，已去過了。她說：「太公很靈，你去燒燒香，他會保佑你的。今天不能去，明天去也行。」我交給她二十元，請代為辦理。這才放了我們。

這一夜，住在了老家店口。賓館的枕頭寬而軟，像枕在六十九年前的記憶之上。終於回來了，此生可已矣！第二天一早，早餐是自助式的。隨即在餐桌上寫下一紙：

> 當年（1937年）我離開時，夜航船埠頭茶亭在三里路外，輪船埠頭金浦橋在十里路外，湄池火車站則更遠。現在店口大大發展，不知方圓有多少公里？包括哪些地方？多少人口？兩年前《光明日報》稱店口現有個體企業五千多家，工業產值一百八十億，農民年均收入一萬四千元，外來打工者三萬多人，不知現在發展如何？昨日訪舊去了老街、祠堂等處。六十九年後重返家鄉，可見老人已不

多，往事和現狀兩難得知。希望知道家鄉發展情況，上詢問題，望撥冗見示為感……

紙條是寫給鎮政府的，署名：當年上街頭居民，現南京市政府退休幹部老人陳亞先。

上午要離開了。我在大廳等待。酒店總經理陳延共趕過來說話。說自己也是四房人，錫字輩的。他的輩分大，父親也是錫字輩。向他打聽兩家的情況。一是做過蕭山人民醫院院長的陳佩永家，一是在杭州開過之江藥房的伯雄哥家。告訴我說，佩永哥的兒子百福已過世，其子也是醫生，現在開診所。至於伯雄哥家，則無人知曉內情。

原來想上觀山的。那位朱先生說，我家祖母的墳做得很好，但祖墳與大姐的墳早被日軍所毀。原來墳山各有歸屬，我家墳山在何處，只有阿浩叔一人知道。那時，他幫我們上墳、挑東西，還為我打栗子。而今已無人辨識，加之天落雨，就不去了。

車停鎮政府，孩子拿著我寫的紙條子進去。細雨霏霏，迷濛一片。女兒撐了傘要我下車，說讓我再吸吸家鄉的空氣、淋淋家鄉的冬雨、看看家鄉的遠山，以及那裏的物是與人非……我理解孩子的心情。六十九年了，是第一次，也是最後一次。

可惜伯娘苦心經營的美好家園被日軍所毀，只留下白茫茫的一片空地，心中不免升起一陣悲涼！此地一為別，了卻思鄉心！一切比想像中的還要順利，也比想像中的沉甸。

人生或許就是這樣，生離死別，周而復始，家鄉其實也在路上，永遠走不完。

# 後　記

　　這本小書斷斷續續寫來，一晃，有二十多年了。

　　我一生簡單平凡，與這個時代中一些相識相知、多有成就的人物相比，黯淡失色許多。其實，這也是大多數人的命運，並沒有什麼不好。潮流中的點滴，既有社會的一面，亦有個人的原因。我對自己的道路選擇曾經有所懷疑，甚至後悔當年的一些做法。現在想來，已沒有必要。人生沒有回頭路。你選擇了大海，或許會波瀾壯闊；你選擇了小溪，未必不是高山流水。我已習慣在記憶中思索和敘說，因為活得太久，說點往事無妨，於是有了這本書。

　　不知自己的敘說，與這個時代是否相去甚遠？在某些時候，我確實無法融入到洪流之中。在家與國之間，我的力量有限，有許多事情，我做不到。我要關注的只是親人的幸福與安危。正如父親一生所告誡的那樣，不要輕易去指責他人，也不必簡單地否定自己。我對此生此家的敘說，一直抱以平靜的心態，既不怨，亦不悔，否則不可能寫出。其中的每個人和每件事，都與我的情感有關。

　　書中人物大都故去，吾輩中尚有仲弟、思哲與我。晚近整理這本書稿，不論仲弟與思哲，還是家中晚輩，都給予支持與幫

助。我年殊九十，複印、修改、校對等，力有不逮，是他們幫我做了許多工作。

　　這本書不是自傳，只是一個普通家庭在時代變遷中一段微不足道的故事。我是沒有資格作傳的，因為傳者傳也。我不想傳世，也不可能傳世。大人物尚可，小人物只有敘事，一時之感觸，隨手寫下，即片段，「不是文，而是筆」，這是陶希聖先生說的。

　　感謝傅國湧先生為本書作序，知道他十分忙碌，結果還是打擾了他。感謝丁東、謝泳、李劼、陳遠諸先生寫來評語，多有褒獎，愧不敢當。感謝臺灣秀威資訊出版公司發行人宋政坤先生、主編蔡登山先生，此書交由他們在臺灣出版，是我的莫大榮幸。責任編輯詹靚秋小姐為此書的編輯工作盡責盡職，其專業水準令人感佩不已，謹表謝忱。

　　是為記。

陳亞先

2009年11月8日於南京

國家圖書館出版品預行編目

此生此家：大時代中的小敘事 / 陳亞先作. --
一版. -- 臺北市：秀威資訊科技, 2010.05
面；　公分. --（史地傳記類；PC0112）
BOD版

ISBN 978-986-221-436-7（平裝）

1.陳亞先　2.回憶錄

783.3886　　　　　　　　　　　99004950

史地傳記　PC0112

## 此生此家——大時代中的小敘事

作　　　者 / 陳亞先
主　　　編 / 蔡登山
發　行　人 / 宋政坤
執 行 編 輯 / 詹靚秋
圖 文 排 版 / 鄭維心
封 面 設 計 / 蕭玉蘋
數 位 轉 譯 / 徐真玉、沈裕閔
圖 書 銷 售 / 林怡君
法 律 顧 問 / 毛國樑　律師
出 版 印 製 / 秀威資訊科技股份有限公司
　　　　　　　台北市內湖區瑞光路583巷25號1樓
　　　　　　　電話：02-2657-9211　傳真：02-2657-9106
　　　　　　　E-mail：service@showwe.com.tw
經　銷　商 / 紅螞蟻圖書有限公司
　　　　　　　台北市內湖區舊宗路二段121巷28、32號4樓
　　　　　　　電話：02-2795-3656　傳真：02-2795-4100
　　　　　　　http://www.e-redant.com

2010 年 5 月　BOD 一版
定價：320 元

# 讀 者 回 函 卡

感謝您購買本書，為提升服務品質，煩請填寫以下問卷，收到您的寶貴意見後，我們會仔細收藏記錄並回贈紀念品，謝謝！

1. 您購買的書名：＿＿＿＿＿＿＿＿＿＿＿＿＿＿＿＿＿＿

2. 您從何得知本書的消息？

　　□網路書店　□部落格　□資料庫搜尋　□書訊　□電子報　□書店

　　□平面媒體　□ 朋友推薦　□網站推薦 □其他＿＿＿＿＿＿

3. 您對本書的評價：(請填代號　1.非常滿意 2.滿意 3.尚可 4.再改進)

　　封面設計＿＿　版面編排＿＿　內容＿＿　文/譯筆＿＿　價格＿＿

4. 讀完書後您覺得：

　　□很有收獲　□有收獲　□收獲不多　□沒收獲

5. 您會推薦本書給朋友嗎？

　　□會　□不會，為什麼？＿＿＿＿＿＿＿＿＿＿＿＿＿＿＿＿

6. 其他寶貴的意見：＿＿＿＿＿＿＿＿＿＿＿＿＿＿＿＿＿＿＿＿

　　＿＿＿＿＿＿＿＿＿＿＿＿＿＿＿＿＿＿＿＿＿＿＿＿＿＿＿＿

　　＿＿＿＿＿＿＿＿＿＿＿＿＿＿＿＿＿＿＿＿＿＿＿＿＿＿＿＿

　　＿＿＿＿＿＿＿＿＿＿＿＿＿＿＿＿＿＿＿＿＿＿＿＿＿＿＿＿


## 讀者基本資料

姓名：＿＿＿＿＿＿＿＿＿　年齡：＿＿＿　性別：□女 □男

聯絡電話：＿＿＿＿＿＿＿　E-mail：＿＿＿＿＿＿＿＿＿

地址：＿＿＿＿＿＿＿＿＿＿＿＿＿＿＿＿＿＿＿＿＿＿＿

學歷：□高中(含)以下　□高中　□專科學校　□大學

　　　□研究所(含)以上 □其他＿＿＿＿＿＿＿

職業：□製造業 □金融業 □資訊業 □軍警 □傳播業 □自由業

　　　□服務業 □公務員 □教職　□學生 □其他＿＿＿＿

To：114

台北市內湖區瑞光路 583 巷 25 號 1 樓

秀威資訊科技股份有限公司　　　收

寄件人姓名：

寄件人地址：□□□

-----------------------------------------------

(請沿線對摺寄回,謝謝!)

## 秀威與 BOD

BOD（Books On Demand）是數位出版的大趨勢,秀威資訊率先運用 POD 數位印刷設備來生產書籍,並提供作者全程數位出版服務,致使書籍產銷零庫存,知識傳承不絕版,目前已開闢以下書系:

一、BOD 學術著作—專業論述的閱讀延伸
二、BOD 個人著作—分享生命的心路歷程
三、BOD 旅遊著作—個人深度旅遊文學創作
四、BOD 大陸學者—大陸專業學者學術出版
五、POD 獨家經銷—數位產製的代發行書籍

BOD 秀威網路書店：www.showwe.com.tw
政府出版品網路書店：www.govbooks.com.tw

永不絕版的故事・自己寫・永不休止的音符・自己唱